Bahri Karaçay

TÜBİTAK
POPÜLER BİLİM KİTAPLARI

TÜBİTAK Popüler Bilim Kitapları 846

Mutlu Beyin
Bahri Karaçay

Tashih: Cevat Sucu

TÜBİTAK Popüler Bilim Kitapları'nın seçimi ve değerlendirilmesi
TÜBİTAK Kitaplar Yayın Danışma Kurulu tarafından yapılmaktadır.

ISBN 978 - 605 - 312 - 282 - 1

Yayıncı Sertifika No: 15368

1. Basım Aralık 2018 (10.000 adet)
2. Basım Kasım 2019 (20.000 adet)

Genel Yayın Yönetmeni: Bekir Çengelci
Mali Koordinatör: Adem Polat
Telif İşleri Sorumlusu: Öznur Kılıçkaya

Yayıma Hazırlayan: Nurulhude Baykal
Basım Hazırlık ve Son Kontrol: Mustafa Orhan
Kapak Tasarımı ve Sayfa Düzeni: Elnârâ Ahmetzâde
Basım İzleme: Duran Akca

TÜBİTAK
Kitaplar Müdürlüğü
Akay Caddesi No: 6 Bakanlıklar Ankara
Tel: (312) 298 96 51 Faks: (312) 428 32 40
e-posta: kitap@tubitak.gov.tr
esatis.tubitak.gov.tr

Salmat Basım Yayıncılık Ambalaj San. ve Tic. Ltd. Şti.
Sebze Bahçeleri Cad. (Büyük Sanayi 1. Cad.) Arpacıoğlu İşhanı 95/1 İskitler Ankara
Tel: (312) 341 10 24 Faks: (312) 341 30 50 Sertifika No: 26062

Mutlu Beyin

Bahri Karaçay

TÜBİTAK POPÜLER BİLİM KİTAPLARI

İçindekiler

Önsöz	I
Teşekkür	VII
İnsanlığın Beyinle İlk Tanışması	1
1450 Gramlık Hazinenin Yapısı	17
Kadın Beyni, Erkek Beyni	31
Mutlu Beyin	43
Okuyan Beyin	57
Müzisyen Beyin	69
Âşık Beyin	81
Korkusuz Beyin	93
Başarılı Beyin	103
Endişeli Beyin	115
Uykulu Beyin	125
Unutan, Hatırlayan Beyin	139
Gizemli Beyin	153
Yaratıcı Beyin	165
Tanıyamayan Beyin	179
Suçlu Beyin	189
Kaynakça	203

Önsöz

Evrendeki en karmaşık yapı olarak kabul edilen ve yaklaşık yüz milyar sinir hücresinden oluşan beynimiz; günlük yaşamı idare ederken nereden geldiğimiz ve ne amaçla bu dünyada olduğumuz sorularına cevap arayıp durur, milyonlarca ışık yılı uzaktaki gökadaları inceleyerek evrenin başlangıcı ve seyri konularında hipotezler üretir, fonksiyonlarını idare ettiği vücudun el kitabı olan gen haritasını çıkarır, ondan elde ettiği bilgiler ışığında canlının kodunu değiştirerek yaşama yön verir, bunlar yetmiyormuş gibi bir de kendi kendini inceleyerek kendisinin -beynin- nasıl çalıştığını ortaya koymaya çalışır. Hayranlıkla seyredilen sanat eserleri; resimler, heykeller, mimari örnekleri, eşsiz yazılı eserler de beynin yaratıcı özelliğinin kanıtlarıdır.

Özellikle moleküler yaşam bilimlerinde son yıllarda elde edilen ilerlemeler sonucu, bir zamanlar anlaşılmasının insan yetisinin ötesinde olduğuna inanılan beynin çoğu işlevini detaylarıyla anlamaya başladık. Beyin hakkında öğrendikçe bizleri biz yapan özelliklerimizin pek çoğunun gerisinde beyinde gerçekleşen elektriksel ve kimyasal işlemlerin olduğunu öğreniyoruz. DNA ikili sarmalının yapısını çözen üç bilim insanından biri olan Francis Crick, beyinle özelliklerimiz arasındaki ilişki için "siz, sevinç ve kederleriniz, hatıralarınız, hırs ve tutkularınız, benliğiniz ve özgür iradeniz aslında milyarlarca sinir hücresi ve onların moleküllerinden başka bir şey değildir" diyor. Beynin henüz çözemediğimiz gizemlerini, örneğin bilincin nasıl oluştuğu gibi özelliklerini göz önüne aldığımızda Crick'in bu tanımlaması için biraz erken gibi görünse de çoğu özelliğimiz için bu ifadenin doğru olduğu yadsınamaz bir gerçek. Nitekim bütün bu gelişmelerin sonucu olarak bir zamanlar cinlerin ve kötü ruhların etkisinde olduklarına inanıldığı için işkence gören, istismarlara maruz bırakılan hatta yaşamları sonlandırılan insanların aslında beyinlerindeki anormalliklerin kurbanı olduklarını anladık. Beyin hakkında elde edilen bilgiler ve bu bilgilere dayanılarak geliştirilen ilaçlar sayesinde günümüzde pek çok zihinsel rahatsızlık tedavi ediliyor, bu insanlar normal bir yaşam sürmeye başlıyor ve yaşadıkları toplumla bütünleşebiliyor.

Beyin konusunda yaşanan bu olağanüstü gelişmeler, insanlık tarihini yönlendiren diğer gelişmelerle karşılaştırıldığında önem açısından ilk sırayı alıyor. Çünkü bu gelişmelerin çoğu insanın dış dünyası ile, dış dünyanın insanların ihtiyaç ve arzuları doğrultusunda değişitirilmesi şeklinde oldu. Beyin ise iç dünyamızla, insan olmamızla, dolayısıyla kendimizi tanımamızla ilgili. Daha önceki gelişmeleri olası kılan bu organın ve işlevlerinin nasıl gerçekleştiğinin anlaşılması aynı zamanda insanlığın geleceği için de olağanüstü gelişmelere kapı aralıyor. Örneğin beynin yeni bilgileri nasıl depoladığını, hafızanın nasıl çalıştığını öğrendikten sonra hafıza hapları hakkında konuşmaya başladık. Hafıza hapı geliştirmek için kolları sıvamış çok sayıda özel şirket var. Yeni bir dil öğrenme sürecini yıllardan aylara belki de haftalara indirebilecek hafıza haplarının satışa sunulması sadece zaman meselesi.

Çok sayıda zihinsel rahatsızlık için tedavi geliştirilmiş veya geliştiriliyor olmasında moleküler biyoloji alanında elde edilen ilerlemenin, bilgi ve tecrübenin tıp bilimlerine uygulanmasının çok önemli bir katkısı var. Bugün yaşam bilimlerindeki araştırmaların altın çağını yaşıyor olmasında şüphesiz bu iki alanın birleşmesinin çok büyük katkısı var. Aynı kaynaşmanın beyin araştırmalarında gerçekleşmesi, beyinle ilgili rahatsızlıkların henüz ortaya çıkmadan teşhis edilebilmesini dolayısıyla önlenmesini mümkün kılacaktır. Bu düşünce ve bakış açısının bir sonucu olarak hem Amerikan hükümeti hem Avrupa Birliği ülkeleri birbirlerinden bağımsız olarak 2013 yılında iki ayrı beyin projesi başlattılar. Her iki projenin de hedefinde beyni anlamak için beyindeki sinir hücreleri arasındaki bağlantılar ve beynin işlevleri hakkında detaylı bilgiler elde etmek var. Ayrıca Avrupa Birliği projesinde, elde edilen bilgilerin beyni model alan sistem ve cihazların geliştirilmesi için kullanılması ve bu bilgilerin bilgisayar bilimlerine de uygulanıp beyin benzeri yapay zekâ geliştirilmesi amaçlanıyor. Bu hedefe ulaşıldığında enerjinin etkin kullanımı, günümüz teknolojilerinin etkinliğinin artırılması ve programlanabilirliği gibi konulardaki limitlerin de aşılması planlanıyor. Şüphesiz bu hedeflere ulaşılması şimdiye kadar sadece filmlere konu olan yapay zekânın da gerçek olması anlamına geliyor. Bilgisayarların günlük yaşantımızın bir parçası olmaya başladığı 80'li ve 90'lı yıllardan bu yana gözlemlediğimiz olağanüstü değişime bakınca yapay zekânın gerçekleşmesiyle insanlığın yepyeni bir çağa gireceğini öngörmek sanırım abartı olmayacaktır.

Bu kitabı yazmamdaki ana neden ilk kitabım *Yaşamın Sırrı DNA*'yı yazma nedenimle aynı oldu: Ülkem insanının beyin hakkında elde edilen bu olağanüstü gelişmelerden haberdar olması. Bilgi kirliliğinin ciddi boyutlara ulaştığı ve bunun sonucunda bilimsel gerçeklerin, şehir efsanelerine ve yanlış bilgilere karıştığı günümüzde, okurun bu tür bilgileri doğrudan bu konularda çalışan bilim insanlarından öğrenmesi gerektiği inancındayım. Ülkemizin bilimsel geleceği açısından bunun çok önemli olduğunu düşünüyorum.

Son yirmi beş yılımı dünyanın önde gelen ve en iyi ilk 150 üniversitesi arasına girmiş üç üniversitede (Friedrich Wilhelm Üniversitesi, Bonn, Almanya; The Ohio State Üniversitesi, Columbus, Ohio ve University of Iowa, Iowa City, Iowa) eğitim ve araştırma faaliyetleri yaparak geçirdim ve geçirmekteyim. Bu sürenin son yirmi yılını beyin ve sinir sistemini etkileyen hastalıklar üzerinde, genler düzeyinde araştırma yaparak geçirdim. Bu süre içerisinde dahi bilim dünyasında onlarca yıldır hatta yüz yılı aşkın bir süredir kesinleşmiş olarak görülen doğruların değiştiğini gördüm. Bu konuda güzel bir örnek beynin yaşam boyu geçirdiği değişikliklerle ilgili. 20. yüzyılın büyük bir bölümünde bilim insanları arasında beynin doğuştan hemen sonraki kritik döneminin ardından herhangi bir değişime uğramadığına, yetişkinlerde hem yapı hem de işlev açısından beynin değişmediğine inanılıyordu. Halk arasında ise bu bilgi "beynimizde belli sayıda sinir hücresi ile doğuyoruz ve hayatın geri kalanında yavaş yavaş bu sinir hücrelerini kaybediyoruz" şeklinde yayılmıştı. Özellikle 1990'ların sonlarına doğru yapılan çalışmalar bu inanışın doğru olmadığını, beynin yaşam boyu değişim gösterdiğini ve hatta yetişkin beyninde özellikle zedelenme sonucu yeni sinir hücrelerinin oluşabildiğini gösterdi. Yine bu çalışmalar sonucu sinir hücrelerinin birbirleri ile olan bağlantılarının da hayat boyu değişebildiği keşfedildi. "Beyin plastisitesi" adını verdiğimiz bu özellik, Parkinson ve Alzheimer gibi sinir hücrelerinin ölümüne neden olan hastalıkların tedavisi için umut vadediyor.

Sırası gelmişken *Mutlu Beyin*'in, beyin hakkında detaylı bilgiler içeren bir kitap olmadığını, diğer bir deyişle onun bir ders kitabı olmadığını belirtmek isterim. Bu nedenle kitap beyinle ilgili konuların sadece belli bir kısmını kapsıyor. Doğrusu; işlenen konuların pek çoğunun ders kitaplarında dahi yer almadığını göreceksiniz. Amacım sizin beyin konusunda uzman olmanıza yardımcı olmak değil; evrenin bu en karmaşık organı hakkında çok yakın geçmişte öğrendiğimiz son derece ilginç gerçeklerden haberdar olmanızı sağlamak. Bunun yanında sınırlı da olsa kitaba yaşam kalitenizi artırmaya yönelik, beyin hakkındaki bazı bilgileri eklemeye çalıştım.

Öyle tahmin ediyorum ki çok az sayıda da olsa aranızdan bazılarınız "Tanımayan Beyin" bölümünü okuduktan sonra yıllardır sizi zor durumlarda bırakan insanları tanıyamama durumunuzun antisosyal bir insan olmanızdan değil beyninizdeki bir kusurdan kaynaklandığını öğrenecek. Belki siz de "Tanımayan Beyin" makalemi TÜBİTAK Bilim ve Teknik Dergisinde okuyan 73 yaşındaki İ.Ş. gibi "bunu öğrenmek beni tedavi etmedi ama beni rahatlattığını, sakinleştirdiğini samimiyetle ifade etmek isterim" diyeceksiniz. Belki de çok iyi tanıdığınız ama çok defa tanımamazlıktan geldiği için bozulduğunuz arkadaşınıza bambaşka bir gözle bakıp onda *prosopagnosia* olup olmadığını soracaksınız.

Umarım pek çoğunuz; Sonya Lyubomirski'nin çalışmalarıyla keşfettiği mutluluğumuzun %40'ının kendi davranışlarımız tarafından belirlendiği gerçeğini okuduktan sonra mutlu olmak için bilimin önerdiklerini yaşamınıza uygularsınız.

Beyin hakkında daha fazla öğrenmek isteyen okurlarım için "1450 Gramlık Hazinenin Yapısı" başlıklı, beynin yapısını genel hatlarıyla anlatan bir bölüm ekledim. Her ne kadar kitabın diğer bölümlerinde yazılanları anlamanız için bu bölümü okumanız zorunlu değilse de beynin yapısının nasıl keşfedildiğinin ilginç hikâyesini zevkle okuyacağınızı tahmin ediyorum.

Şimdi gelin birlikte evrendeki bu en karmaşık, karmaşık olduğu kadar da insanı hayretler içerisinde bırakan bu olağanüstü organa biraz daha yakından bakalım.

Dr. Bahri Karaçay
Iowa, 2015

Teşekkür

M*utlu Beyin*'i yazabilmemi, öncelikle beni dünyaya getirip büyüten, büyük fedakârlıklarla benim ve kardeşlerimin üniversite eğitimi almasını sağlayarak bizlere yepyeni ufuklar açan, hayallerimin peşinde koşmama maddi ve manevi desteklerini hiçbir zaman esirgemeyen canım annem ve babam Mensüre ve Zeki Karaçay'a, kütüphanelerde ve çalışma odamda, bilgisayar başında geçirdiğim sayısız saatleri anlayışla karşılayan ve bu konuda bana destek olan eşim Kate Karaçay'a, sevgi ve neşe pınarı, en değerli varlıklarım İlene Nur ve Annalisa Elif'e borçluyum. Her zaman hissettiğim sınır tanımaz destekleri için kardeşlerim Baki ve Elif Karaçay'a da teşekkürlerimi ifade edecek kelime bulamıyorum.

İlk kitabım *Yaşamın Sırrı DNA*'yı okuduktan sonra bana, bir yazar için en büyük hediye niteliğindeki duygu dolu mesajlarıyla ulaşan bilime gönül vermiş okurlarım başta olmak üzere bütün okurlarıma ayrıca teşekkür ederim. Sizlere esin kaynağı olduğumu ve yaşamınıza küçük de olsa olumlu bir katkı yapabilmiş olduğumu duymanın beni yeni kitaplar yazmaya yönlendiren olağanüstü bir güç kaynağı olduğunu bilmenizi isterim.

İnsanlığın Beyinle İlk Tanışması

İnsanlığın beynin yapı ve işleyişine olan ilgisi binlerce yıl öncesine uzanıyor. Beyin hakkındaki ilk yazılı kayda MÖ 4000 yıllarına ait bir Sümer yazıtında rastlıyoruz. Kim olduğu bilinmeyen yazar, haşhaş bitkisi yendiğinde hissedilen oforik duygulardan bahsediyor. "Beyin" kelimesineyse ilk kez MÖ 1500'lü yıllara ait olduğu tahmin edilen ve "Edwin Smith'in Ameliyat Papirüsü" adıyla bilinen eski bir Mısır yazıtında rastlıyoruz. Beyin zedenlenmesi vakalarına ait tanı, teşhis ve tedavi bilgileri içeren bu yazıt vakalara rasyonel ve bilimsel yaklaşımı nedeniyle de önem taşıyor.

Eski Mısır'da vücudun en önemli organının beyin değil kalp olduğuna inanılıyordu. Onlara göre kalp iyilik ve kötülüklerin de kaynağıydı. Bu nedenle ölen birisinin kalbi kuş tüyü ile tartılır ve kişinin iyilik ve kötülüğünün derecesi belirlenmeye çalışılırdı. Yine Eski Mısır'a ait *Ölümün Kitabı*'nda belirtildiği üzere, ölen kişinin kalbi haricindeki bütün organları vücuttan çıkarılıp mumyalanır ve mumyalanan kadavranın yanına konurdu. Zihinsel işlevlerin kaynağının kalp olduğu düşünüldüğü için kalp kadavrada bırakılırdı. Önemsiz olduğu düşünülen beyin ise diğer organlarla beraber çıkarılıp atılırdı, bu da beynin önemsiz olduğuna dair inancı kanıtlıyor. Bununla beraber o günlerde beyin hakkında en fazla bilgiye sahip olanlar da bu törelerinden dolayı yine Eski Mısırlılar olmuştu. Çünkü beyni çıkarırken onun rengi, kıvamı, girinti ve çıkıntıları, özetle fiziki yapısı hakkında bilgi sahibi oluyorlardı.

Mısırlılar kadavraların beyinlerini çıkardıkları esnada beyinle tanışırken Anadolu'nun da dâhil olduğu, dünyanın pek çok bölgesindeki insanlar beyin hakkındaki ilk bilgilere bizzat beyne açtıkları fiziksel pencereler aracılığıyla ulaşıyordu. Bunu baş ağrılarını gidermek, epilepsiye çare bulmak, mental hastalıkları tedavi etmek ve hatta kafatası içinde yuva kurmuş kötü ruhları defetmek amacıyla yapıyorlardı. *Trepanasyon* adı verilen bu yöntemde, hastaların kafatasına çapı birkaç santimetreye ulaşan yuvarlak veya değişik boyutlarda dört köşe delikler açılarak tedavi amaçlanıyordu.

Trepenasyonun kökü Yunancada delik, delgi veya burgu anlamına gelen *trypanon* kelimesinden geliyor. Tecrübeli büyücü-hekimler tarafından gerçekleştirildiği düşünülen trepanasyon operasyonlarının Neolitik hatta Mezolitik çağlardan beri uygulandığı tahmin ediliyor. Bilinen en eski trepanasyon örneği, İsrail'de Mont Carmel Mağarası'nda bulunmuş ve Mezolitik Dönem'e (M 12.000-11.000) aittir. Anadolu'da bulunan en eski trepanasyon örneği ise Erken Neolitik Dönem'e ait ve Aksaray'ın 25 km güney doğusunda yer alan Aşıklı Höyük'te yapılan kazılar sonucu keşfedilmiştir (Aşıklı Höyük MÖ 7008-6661'e tarihleniyor).

O günlerde anestezi ve antibiyotikler henüz geliştirilmemiş olduğu için bu operasyonlar sırasında hastaların ne kadar acı çektiği ve enfeksiyonlardan kaynaklanan ölümlerin sayısı merak konusu olmaya devam ediyor. Ancak Güney Amerika'dan Anadolu'ya, Afrika'dan Uzak Doğu'ya kadar birçok bölgede trepanasyon örneklerine rastlanması, bu operasyonlarda göz ardı edilemeyecek düzeyde başarı sağlandığını düşündürüyor. Günümüzde Peru'dan Malezya'ya uzanan bir coğrafyada yaşayan bazı yaban kabilelerde trepanasyonun hâlâ uygulandığını biliyoruz. Bu kabileler hastanın acı çekmesini ve operasyondan sonra yaranın enfeksiyon kapmasını önlemek için uyuşturucu ve antibiyotik etkisi olan bitkileri kullanıyor.

Trepanasyon örneklerinde de açıkça görüldüğü gibi insanoğlu binlerce yıl öncesinde dahi beyne yönelik tedaviler uygulamaya çalışmıştı fakat uzun bir süre beynin önemsiz olduğuna inanmıştı. Bütün zamanların en büyük düşünür ve filozoflarından biri olarak kabul edilen ve MÖ 348-322 yılları arasında yaşamış olan Aristoteles bile vücudun kontrol merkezinin beyin değil, yaşam boyu aktif bir şekilde çalışan ve yaşamın kaynağı olarak gördüğü kalp olduğunu öne sürmüştü. Aristoteles, hatalı bir şekilde, beyni kansız damarsız ve dokunulduğunda soğuk olduğu hissedilen bir organ olarak tanımladı. Biraz da bu soğukluk hissinden ve beynin yüzeyinin boğumlu olmasından dolayı, beyni kalbin soğumasını sağlayan bir soğutucu olarak tanımlamıştı.

İnsanlığın çok uzun bir süre beyin ve diğer organlar hakkında gerçekçi bilgilere ulaşamamasının gerisinde insan vücudunun kutsal sayılması ve bu nedenle de dokunulmaması gerektiği inancı yatıyor. Eski Yunan'da, ölü bile olsa insan vücuduna dokunulması uzun bir süre kanunlarla yasaklanmıştı. Bir doktor olan Herophilus (MÖ 335-280) bu yasaktan kurtulmak için ülkesini terk edip Mısır'a göç etmişti. Eski Mısır'ın idarecileri, Heraophilus'a, çoğu suçlulara ait kadavralar üzerinde çalışma izni verince binlerce yıl devam eden yanlış bilgilerin düzeltilmesi konusunda bir dönüm noktası yaşandı. Herophilus kadavralar üzerinde çalışarak iç organları ve organların şekillerini, renklerini, sertlik ve yumuşaklığını vücuttaki konumlarını ve diğer organlarla olan bağlantılarını en ince detaylarına kadar belirledi. Bu çalışmalarından dolayı Herophilus anatomi biliminin babası sayılıyor. Herophilus beyin üzerinde de detaylı çalışmalar yaptı. Hatta sinirlerin bir kısmının beyne gittiğini, bir kısmının beyinden geldiğini, bir kısım sinirlerin hareketleri kontrol ettiğini, bir diğer kısmının ise mesajlar gönderdiğini öne sürdü. Ayrıca düşüncenin de beyinde oluştuğunu, bu işlevin beyindeki boşlukları dolduran sıvıda gerçekleştiğini düşündü.

İnsan vücudu üzerindeki dokunulmazlık uzun bir süre devam etti, cerrahlarsa insan vücudunun işleyişi hakkında daha fazla bilgi elde edebilmenin yollarını aramaya devam ettiler. Bu cerrahlardan biri de milattan sonra 129-200 yılları arasında Bergama'da yaşayan ve gladyatör oyunlarında yaralananların tedavisinden sorumlu olan Galen'di. Gladyatörlerden bazılarının aldığı derin yaralar Galen'in insan vücudunu ve iç organlarını yakından incelemesini sağladı. Galen gözlemlerine dayalı tezlerini test etmek üzere çiftlik hayvanlarıyla deneyler yaptı. Bu denemelerinden birinde, hayvanın boyun bölgesinde yaptığı bir operasyonla ses tellerini açığa çıkarmış, daha sonra bu telleri keserek etrafında onu seyredenlere deneğin artık ses çıkaramadığını göstermişti. Galen bu deneyi ile vücudu beynin kontrol ettiğini ispatlamış oluyordu. Ayrıca beynin duygu, algılama, planlama ve hareketten de sorumlu olduğunu öne sürmüştü. Galen bu keşfiyle bir yandan çağını aşanlar listesine girerken, diğer yandan çağdaşı olan doktorlar gibi, hâlâ insan sağlığını vücudun ürettiği düşünülen dört salgı arasındaki dengenin belirlediğine inanıyordu. Fakat şurası bir gerçek ki Galen'in beyin hakkındaki fikirleri yepyeni bir çığır açtı ve düşünceleri tıp dünyasında, ölümünden sonra geçen bin yılı aşkın bir süre değişmeden kabul gördü.

Beyin hakkında ciddi araştırmalar Galen'in ölümünden on dört asır sonrasına, 1500'lü yıllara rastlıyor. Hollandalı bir doktor, anatomist ve aynı zamanda sanatçı olan Andreas Vesalius (1514-1564), Galen'in çizimlerini hem eski hem de yetersiz bulduğu için daha iyisini yapabilirim düşüncesiyle insan vücudunun yapısını çizimleriyle belgelemeye koyuldu. Devlet yetkililerinden özel izin alarak idam edilen katillerin kadavraları üzerinde çalışmaya başladı. 1543 yılında, henüz 28 yaşındayken olağanüstü detaylar içeren çizimlerini *İnsan Vücudunun Yapısı Üzerine* adlı kitabında yayımladı. Vaselius'un bu çizimleri günümüz tıp fakültelerinde, anatomi derslerinde kullanılabilecek doğruluk derecesine ve detaylara sahip.

Vesalius insan beyni yanında hayvanların beyinlerini de inceledi. Ona göre düşünce, Herophilus'un yazdığı gibi beyindeki boşlukları dolduran sıvıda gerçekleşiyor olamazdı çünkü aynı yapı ve sıvı hayvanların beyninde de vardı. Ona göre düşünce insan beyninde olup da hayvanların beyninde olmayan kısım veya yapılarda gerçekleşiyor olmalıydı.

Vesalius'tan sonra geçen dört yüz yıl boyunca doktorlar beynin yapısı üzerinde çalıştılar, yapısı hakkında detaylı bilgiler elde ettiler ama onun işlevlerinin neler olduğuna bir açıklık getiremediler. Beyin hakkında detaylı bilgi içeren ilk ders kitabı olan *Cerebri Anatome* (Beyin Anatomisi) 1664 yılında, Oxford Üniversitesinde profesör olan Thomas Willis tarafından yazılacaktı. Kitabın görsellerini daha sonra Londra'da yapılacak ünlü St. Paul katedralinin mimarı olan Sir Christopher Wren çizdi. Willis, ilk defa beynin farklı kısımlarının farklı işlevlerden sorumlu olduğunu, örneğin düşüncenin gerçekleştiği kısımla yürümeyi veya solunumu idare eden kısmın birbirinden farklı olduğunu öne sürdü. Willis kitabında ayrıca beynin sağlıklı işleyişini sağlayan kan dolaşımını da detaylarıyla açıklıyordu. Bu bilgiyi kendi geliştirdiği ve günümüzde uygulanan kan nakli için de başlangıç sayılan bir metot sayesinde elde edebilmişti. Wren ile birlikte önce hayvanlarda beyne giden damara, günümüzde laboratuvarlarda kullanılan Hindistan mürekkebini enjekte ettiler. Mürekkep beyindeki en ince kılcal kan damarlara kadar dağılarak sadece dolaşım sistemini boyamış, böylece beynin ince detaylarına kadar görülmesi mümkün olmuştu.

1700'lere gelinceye kadar beyin konusunda insanlığın elde ettiği bilgiler, yukarıda önemli birkaçını sıraladığım, aralarında onlar ve hatta yüzlerce yıl fark olan çok sayıda doktorun çalışmalarının ürünüydü. Ancak beynin tıp alanında ilgi ve öncelik kazanması 1700'lü yılların sonuna ve özellikle 1800'lü yıllara rastlıyor. Üç isim sayesinde beyin hakkındaki bilgilerimiz o günlere kadar görülmemiş derinliklere ulaştı, bu isimler Phineas Gage, Paul Broca ve Carl Wernicke'ti.

***

Beyindeki Kişiliğimiz

1848 yılının güneşli bir eylül günüydü. 25 yaşındaki Pheneas Gage, Vermont'taki Green Dağlarına demiryolu döşeyen bir şirketin şantiyesinde çalışıyordu. Gage'in işi dağın kayalık kısımlarına gelindiğinde dinamitle kayaları parçalayarak demiryolu inşaatının önünü açmaktı. İş makinelerinin henüz icat edilmediği o günlerde yol inşaatları kas gücüyle gerçekleştiriliyordu. 1,68 boyundaki Gage, önce patlatacağı kayada bir delik açıyor ve deliğin dibine barut yerleştiriyordu. Özel olarak yaptırdığı, yaklaşık bir metre boyunda, üç santimetre çapında, kalem gibi bir ucu sivri diğer ucu ise düz olan demir çubuğun sivri ucuyla önce barutun ortasına fitil yerleştiriyor daha sonra deliğin geri kalan boş kısmını kumla dolduruyordu, ardından demir çubuğun düz ucuyla kuma küçük darbelerle vurarak deliğin içindekileri bastırıyordu. Böylece barut patladığında basınç deliğin ağzına doğru değil kayaya doğru yöneliyor ve patlamayla ortaya çıkan basınç kayayı paramparça ediyordu. Bütün bu işlemler çok büyük bir dikkat gerektiriyordu. Gage sadece yaptığı işe değil şantiyede çalışan diğer işçilerin ne yaptığına da dikkat etmek zorundaydı. Patlama sonucunda havaya uçan kaya parçaları bazen şarapnel parçaları gibi metrelerce öteye düşebiliyordu. Kısacası işçileri istenmedik kazalardan korumak da onun sorumluluğundaydı. Kullandığı barutun doğru kıvamda olması da çok önemliydi. Eğer nemli olursa barut patlamıyordu. Gereğinden fazla kuru olduğundaysa en küçük bir dokunma bile barutu ateşleyebiliyordu. Ama Gage bu işlemi yüzlerce defa tekrarlamıştı ve işinin ehliydi. Hem uzmanlığı hem de çalışkanlığıyla iş sahibinin gözüne girmiş, güzel davranışlarıyla da himayesinde çalışan işçilerin sevgi ve saygısını kazanmıştı.

O öğleden sonra Gage'e çırağı yardım ediyordu. Önce deliği açtılar. Çırak deliğin tabanına barutu yerleştirdi. Gage demir çubuğun sivri ucuyla fitil için dikkatlice bir yer açıp fitilin ucunu barutun içine sokuşturdu. Bu aşamada deliğin kumla doldurulması, demir çubuğun düz ucuyla kumun bastırılması, fitilin ateşlenmesi ve büyük bir hızla koşarak delikten uzaklaşılması gerekiyordu fakat bir şeyler yanlış gitti. Bir şeyler Gage'in dikkatini dağıtmıştı, bir an için çırağının deliği kumla doldurduğunu düşünmüş olmalı ki demir çubuğun düz ucuyla deliğe küçük darbelerle vurmaya başladı. Sert kayaya inen demir çubuk darbelerinin çıkardığı kıvılcımdan olsa gerek barut ateşlendi ve barutun patlamasıyla füze gibi fırlayan demir çubuk, deliğin üzerine hafif eğilmiş olan Gage'in sol elmacık kemiğinin altından girip sol gözünden geçtikten sonra kafatasını delerek havaya fırladı. Bir metre boyundaki demir çubuk birkaç salise içerisinde Gage'in beyninin ön tarafını dağıtarak kafatasında açtığı delikten çıkmış, birkaç saniye havada uçtuktan sonra 10 metre öteye düşmüştü. Gage darbenin etkisiyle sırtüstü yere yığıldı. Mucizevî bir şekilde hâlâ hayattaydı. Patlamanın erken geldiğinin ve bir şeylerin yanlış gittiğinin farkında olan işçiler yerde yatan ustaları Gage'e doğru koştular. Barutun dumanından ne olduğunu birkaç saniye görememişlerdi ama ona ulaştıklarında Gage'in, yattığı yerden oturacak şekilde doğrulduğunu gördüler. Gage sanki önemli bir şey olmamış gibi konuşmaya ve onlara ne olduğunu anlatmaya koyuldu. İşçiler kollarından tutarak kaldırdıkları Gage'i doktora götürmek üzere öküz arabasına taşımak istediler. Yüzü kafasındaki kırıktan akan kanla bulanmış olan Gage, bu hâline rağmen önce o günkü işi bitirme saatini çalışma defterine işlemek istediğini söyledi. Çıkış saatini deftere kaydettikten sonra öküz arabasına yürüdü. Öküz arabasıyla birkaç yüz metre ötedeki Cavendish kasabasına ulaştı (kaynaklar bu yolculukta öküz arabasını Gage'in kendisinin kullandığını bildiriyor). Bu arada işçilerden biri kasabanın doktorunu bulmak üzere bir atla hızlıca kasabanın yolunu tutmuştu fakat Dr. Harlow o gün kasabada değildi.

Gage kaldığı kiralık eve ulaştı önce. Öküz arabasından kimsenin yardımı olmadan kendi başına inerek evinin önünde duran sandalyeye oturdu. Onun hâlini gören ev sahibi yanına geldiğinde Gage sanki çok küçük bir kaza atlatmış gibi ona olup biteni anlatmaya başladı. Etrafına işçiler ve kasabanın sakinleri yığılmıştı. Oraya yarım saat sonra ulaşan yan kasabanın doktoru Edward Williams, Gage'i etrafındakilerle muhabbet ederken buldu. Doktor Williams, kafasında kocaman bir delik olan ve sanki beyninde bir bomba patlamış gibi duran fakat hâlâ hayatta olan Gage'e hayretler içinde baktı önce, sonra ona ilk müdahaleyi yaptı. Kısa bir süre sonra kasabanın asıl doktoru John Harlow da oraya ulaştı. Doktor Williams'la görüştükten sonra Gage'in tedavisini o üstlendi.

Doktor Harlow, Gage'in yarasını temizledi, kafatasındaki kırık kemikleri normal konumlarına getirerek bantladı. Sargı bezi ile yarayı sardı ve Gage'in uyku başlığını sargı bezlerini bir arada tutacak şekilde kafasına sıkıca geçirdi. Daha önce dikkatini çekmemişti ama Doktor Harlow, Gage'in kafasındaki yarayı sardıktan sonra Gage'in kollarında da barut patlamasından dolayı yanıklar olduğunu fark etti. Yanıklarına pansuman yapıp sardı.

Doktor Williams gibi Doktor Harlow da gördüklerine inanamamıştı. Beyninden 6 kg'lık demir bir çubuk geçmiş olan birinin hâlâ hayatta olması olağan dışıydı. Kan kaybından ölmemiş olsa bile aldığı darbeden dolayı beyinde meydana gelen şişme dahi onun yaşamını sonlandıracak düzeydeydi. Vücudun diğer kısımlarında olduğu gibi beyinde de darbe sonucunda şişme olur. Beyin şişince artan hacimden dolayı kafatasına baskı yapmaya başlar. Kafatası sert kemikten oluştuğu ve belli bir hacme sahip olduğu için şişen beyni içeride sıkıştırır. Bu sıkışma beyne giden kan akışını da azaltır. Kan akışı azalınca beyne ulaşan oksijen de azaldığı için beyin oksijensiz kalır ve uzun süreli hasarlar ortaya çıkar.

Gage bu açıdan şanslıydı. Demir çubuk kafatasında delik açtığından beynin genişleyeceği bir açıklık oluşturmuştu ancak beyninin açık olması onu daha büyük bir tehlikeye karşı korumasız kılmıştı: Enfeksiyon. 1848'de enfeksiyonlara bakterilerin neden olduğu bile henüz bilinmiyordu.

Gage'in kanaması yirmi dört saat sonra durmuştu. Annesi ve kardeşi de ziyaretine gelmişti. Gage, Doktor Harlow'a "Arkadaşlarımın beni ziyaret etmeye gelmelerine gerek yok çünkü birkaç gün sonra işe döneceğim" dahi demişti. Fakat beklediği gibi olmadı ve iki gün sonra Gage'in durumu kötüleşmeye başladı. Ateşi yükseldi ve yarasından çok kötü kokan bir irin akmaya başladı, Gage'in yarası enfeksiyon kapmıştı.

"1450 Gramlık Hazinenin Yapısı" başlıklı bölümde detaylı bir şekilde okuyacağınız gibi, aslında beyin vücuttaki diğer organlardan çok daha iyi korunmaktadır. Kemikten oluşan kafatası beyni dış dünyaya karşı koruyan güçlü bir yapıdır. Beyin içeriden yani vücuttan kan dolaşımıyla gelecek zararlara karşı da korunmuştur. "Kan-beyin bariyeri" adını verdiğimiz bu koruma mekanizması sayesinde bir şekilde kana karışmış olsa bile hastalık yapıcı mikroorganizmaların veya zararlı olabilecek bazı moleküllerin beyne ulaşımı engellenir.

Doktor Harlow kazadan sonraki iki hafta boyunca Gage'in durumunu sürekli izleyerek onu tedavi etti. Yaşının genç olması ve Doktor Harlow'un özenli tedavisi Gage'in kısa sürede gücünü iyice geri kazanmasını sağladı. Gage iyileşme yolundaydı ama Doktor Harlow bir şeylerin normal olmadığını gözlemlemeye başladı. Başka bir hastaya bakmak için birkaç gününü kasaba dışında geçirdikten sonra geri döndüğünde, Gage'i kafasındaki bantla ve ayağındaki ince pabuçlarla kasabada, yağmurun altında dolaşır hâlde buldu. Onun eksikliğinde Gage hemşireyi de dinlememişti. Otuz kilometre ötedeki bir kasabada yaşayan annesinin yanına gitmek istiyordu. Doktor Harlow bir müddet daha tedaviye devam etti. Kazadan iki buçuk ay sonra Gage'in yeterince iyileştiğine karar vererek onu annesinin bulunduğu New Hampshire'a gönderdi.

O yılın ilkbaharında Gage eski işine dönmek üzere demir çubuğuyla Cavendish'e geri geldi. Doktor Harlow onu bir defa daha kapsamlı bir muayeneden geçirdi. Bulguları onu çok şaşırttı, Gage artık eski Gage değildi. Dr. Harlow, Gage hakkında 1848 yılında hazırladığı rapora şunları yazdı: "Fiziksel olarak sağlıklı, baş ağrısı çekmiyor ama tanımlayamadığı garip bir şeyler hissettiğini söylüyor. Kazadan önce onu en üretken ve çalışkan işçi olarak gören patronu Gage'e eski işini verdikten kısa bir süre sonra kişiliğindeki değişimden dolayı onu işten çıkarmış. Sanki insani özellikleri ile hayvani özellikleri arasındaki denge ortadan kalkmış gibi. Düzensiz, saygısız, söz dinlemeyen, arada birçok kötü küfür eden (kazadan önce hiç görülmemiş bir durum), birlikte çalıştığı diğer işçilere karşı saygısız ve uyumsuz, isteklerine ters düştüğü zaman kısıtlama veya önerilere karşı sabırsız, bazen inatçılıkta ısrarlı ama kaprisli, keyfince davranan, kararsız, yapmak istedikleri için hazırlık yapmak yerine onları unutup yapabildiklerine yönelen biri hâline gelmiş. Zihinsel kapasitesine ve ortaya koyduklarına bakıldığında bir çocuk seviyesinde ama hayvansı duyguları bir yetişkinle aynı düzeyde. Okumamış olmasına rağmen kazadan önce onu tanıyanların imrendiği, enerjik, başarılı bir profesyonel ve planlarını gerçekleştirmede ısrarlı biriyken kazadan sonra kişiliğindeki değişimden dolayı arkadaşları ve yakınları ona artık Gage gözüyle bakmıyorlar." Harlow bu bulgularını *Boston Medical and Surgical Journal*'ın "Editöre Mektuplar" kısmında yayımladı fakat yazdıkları tıp çevrelerinde kabul görmedi. Kimi doktorlar beyni bu kadar büyük bir darbe almış birinin yaşamasının imkânsız olduğunu öne sürdü, diğer bir grup ise Harlow'un yalan söylediği görüşündeydi.

Gage'in kişiliğindeki değişiklik onun diğer insanlarla olan ilişkilerini de olumsuz yönde etkiledi. Kazadan sonra girdiği işlerde uzun süre tutunamadı. Buna tek istisna, altı atın çektiği posta arabası sürücülüğü oldu. Kaynaklar Gage'in bir buçuk yıl kadar Amerika'da araba sürücülüğü yaptıktan sonra aynı işi yedi yıl da Şili'de yaptığını bildiriyor.

1859'da sağlığı kötüleşen Gage, o günlerde Kaliforniya'da yaşayan annesinin yanına geri döndü. Epilepsi hastalığına yakalanmıştı ve kazadan 13 yıl sonra, 20 Mayıs 1860 tarihinde geçirdiği çok güçlü bir epilepsi nöbetinden sonra yaşama veda etti.

Yıllar sonra Doktor Harlow, Gage'in izini bulmak için yola koyuldu. Çünkü Gage onun doktorluk kariyerinde gördüğü en ilginç ve en önemli vakaydı. Önce Gage'in annesi Hannah Gage ile yazıştı. Oğlunun yaşamını kurtarmış olan doktorla tekrar irtibat kuran Gage'in annesi çok mutlu olmuştu. Doktor Harlow, Hannah Gage'e oğlunun durumunun tıp bilimi için ne kadar önemli olduğunu açıkladıktan sonra çok ilginç bir teklifte bulundu. Hannah Gage'den oğlunun mezarının açılarak kafatasının incelenmek üzere kendisine gönderilmesini istiyordu. Hannah Gage, Doktor Harlow'a karşı minnet duymaktaydı, bu yüzden onun teklifini kabul etti. Görgü tanığı olarak orada bulunan damadı ve doktor olan San Francisco belediye başkanı gözetiminde Gage'in mezarı açıldı. Bir cerrah olan J. D. B. Stillman da oradaydı ve açılan mezardan Gage'in kafatasını ve tabutunun içinde onunla birlikte gömülmüş, yaşamı boyunca kendinden hiç ayırmadığı demir çubuğunu çıkardı. Kafatasındaki delik hâlâ çok barizdi. Gage'in kafatasını ve demir çubuğunu Doktor Harlow'a gönderdiler. Harlow, 1868'de Massachusetts Tıp Derneği üyelerine verdiği bir seminerde başlangıçta Gage hakkında yayımladığı gözlem ve düşüncelerine tıp camiasının inanmadığını ama aradan geçen yirmi yılda beyin konusunda yapılan çalışmaların kendini haklı çıkardığını gururla anlattı.

Gage vakasının tıp tarihinin en önemli vakaları arasına girmesinin önemli bir nedeni var. O günlerde bilim dünyasında beyne, konuşma gibi, uzuvların kontrolü gibi daha çok fiziksel işlevleri kontrol eden bir bakıma merkezi bir organ gözüyle bakılıyordu. Gage vakası ise beyinde kişiliğin belirlenmesini sağlayan sistemlerin varlığını gösteriyordu. Bir diğer deyişle, Gage'in hikâyesi beynimizde kişisel sorumluluklarımızla, diğer insanlarla olan ilişkilerimizle, toplumda nasıl davranmamız gerektiğiyle veya geleceğe ait planlar yapmamızla ilgili bölgelerin bulunduğunu gösteriyordu. Gage kazadan önce çalışkan, yaptığı işe önem veren ve onu özenle yapan, birlikte çalıştığı insanlara karşı sorumluluk ve saygı duyan, işini iyi yapmasının kendi geleceğini etkileyeceğinin bilincinde olan bir insanken kazadan sonra toplumsal kuralları âdeta hiçe sayan, aklına eseni yapan, etrafındakilerin ne hissettiğini ve hissedeceğini umursamayan, geleceğini garanti altına alacak bir yaşam sürdürmesinin gerekliliğinden habersiz yaşayan bir insan olup çıkmıştı. Kazanın neden olduğu önemli bir diğer değişim ise Gage'in ahlakında gözlenmişti. Daha önce küfrettiği duyulmamış olan Gage, son derece çirkin küfürler etmeye başlamış ve bu tarzını etrafında kadın veya çocuklar olsa bile değiştirmemişti.

Beyinde fiziksel faaliyetler gibi zihinsel faaliyetleri de kontrol eden bölgelerin varlığı o yıllarda bilim çevreleri için kabul edilmesi oldukça güç bir düşünceydi. Bunu kabul etmeyen bir grup bilim insanı ve doktor, demir çubuğun Gage'in beyninde parçaladığı kısmın aslında pek bir işe yaramadığını, öylece orada durduğunu, bu nedenle Gage'in kazadan sonra normal yaşama dönebildiğini bile öne sürdüler. Böyle bir fikri öne sürmelerinin nedeni Gage'in fiziksel olarak herhangi bir anormallik göstermemiş olmasıydı. Örneğin konuşması etkilenmemişti, ayrıca beyin zedelenmesi sonucunda belli uzuvların felç olması gibi bir durum da yoktu Gage'de.

Beynin akıl ve duyguların merkezi olduğunu ilk ileri süren kişi Franz Joseph Gall (1758-1828) adında Avusturyalı bir doktor oldu. Gall,1800'lü yılların başlarında kafatasının şekline bakarak beynin kişiliği, zihinsel ve ahlaki gelişimi belirleyebileceğini öne sürüyordu ve hatta beynin hangi kısımlarının hangi özellikleri kontrol ettiğini gösteren diyagramlar bile çizdi. Gall'in kafatası bilimi anlamına gelen "kraniyoloji" yöntemi daha sonra onun takipçilerinden Johan Spurzheim tarafından "frenoloji" (zihin çalışmaları) olarak adlandırıldı. Roman Katolik Kilisesi, Gall'in ileri sürdüğü, zihnin beyinde bir yeri olduğu görüşünü din karşıtı ilan etti. Rönesans Fransa'sının bu tür fikirlere daha uygun bir yer olacağını düşünen Gall, Paris'e taşındı ama fikirlerine o sırada imparator olan Napoleon Bonaparte ve Fransız bilim dünyasında otorite olan "Fransa Enstitüsü" tarafından bilimsellikten yoksun damgası vurulunca orada da umduğunu bulamadı. Fakat Gall'in fikirleri özellikle İngiltere'de yönetici sınıf tarafından kabul gördü çünkü frenoloji kendilerinin üstün, koloni halklarının ise geri olduklarını göstermeleri için bir fırsattı.

Gall şüphesiz zamanını aşan bir görüş ileri sürmüştü, beyinde zihinsel özellikleri kontrol eden özel bölgelerin olduğu sezgisinde yanılmamıştı fakat bu bölgelerin birbirinden bağımsız olarak çalıştığını düşünerek hata yapmıştı. Çünkü beyinde belli bölgeler özel işlevleri yerine getirmektedirler ama bunu sinir sisteminin diğer kısımları ile bir ağ ilişkisi içerisinde gerçekleştirmektedirler. Günümüzün ünlü beyin bilimcilerinden Antonio Damásio'nun dediği gibi, "zihin beynin birbirinden ayrı bileşenlerinin çalışmasıyla, bu bileşenlerden oluşan sistemlerin birbiriyle uyum içerisinde çalışmasıyla ortaya çıkar".

Beynin Dil ve Konuşma Merkezine Yolculuk

Pierre Paul Broca (1824-1880) - Beyindeki işlev merkezlerinin ilk anatomik delili

Gage vakasının meydana geldiği sıralarda Fransız bir doktor olan Pierre Paul Broca konuşma problemi olan hastalar üzerinde araştırma yapıyor ve bu anormalliğin nedenlerini belirlemeye çalışıyordu. Hastalarından biri *sifilis* (frengi) hastalığına yakalanmış olan Leborgne'di. Leborgne daha önce konuşmada hiçbir problemi yokken hastalıktan sonra "Tan" kelimesinden başka anlaşılır bir şey söyleyemiyordu (Broca ona "Tan" takma ismi vermişti). Broca, Tan'ın ölümünden sonra onun beynini incelerse konuşma bozukluğuna neden olan bir anormallik, bir hasar bulacağına inanıyordu. Eğer bulursa beyinde dil yetisini kontrol eden bir bölgenin var olduğunu ve bu bölgenin hastalık nedeniyle zedelenmesi sonucunda konuşmanın olumsuz yönde etkileneceğini kanıtlamış olacaktı. Broca düşüncesinde yanılmamıştı çünkü Tan'ın beyninin frontal lob adını verdiğimiz, alnın arkasında yer alan bölgesindeki sol beyin küresinde bir lezyon vardı.

Broca'nın ikinci hastası olan Lelong sadece beş kelimeyi doğru söyleyebiliyordu: "Evet", "hayır", "üç", "daima" ve "Lelo" (kendi ismi ama onu bile tam söyleyemiyordu). Ölümünden sonra onun beynini incelediğinde Broca yine aynı bölgede lezyon olduğunu keşfetti. Broca'nın bulduğu bu bölgeye günümüzde "Broca alanı", bu bölge ve civarındaki sinirlerde oluşan lezyon sonucu konuşma kabiliyetinin kaybolmasına da "Broca afazisi" deniyor. Bu hastalar söylenen her şeyi normal anladıkları hâlde söylemek istediklerini bir türlü söyleyemiyorlar.

Broca'nın bu keşfi bir ilkti ve dilin oluşumu, konuşmanın ortaya çıkması ve anlaşılması konularında bir çığır açtı. Brocanın delilleri o güne kadar süregelen beyinde işlev merkezlerinin var olup olmadığı hakkındaki tartışmalara da son notkayı koyuyordu.

Carl Wernicke (1848-1905) – Beynin Dil Merkezi

Alman nörolojist Carl Wernicke de (1848-1905) dil ve konuşma konusuna ilgi duyuyordu. Özellikle Broca'nın bulgularını yayımlamasından sonra beyin rahatsızlıklarının dil yetisi ve konuşma üzerindeki etkilerini araştırmaya başladı. Bu çalışmaları sırasında Wernicke dil ve konuşma bozukluklarının hepsinin sadece Broca alanında meydana gelen lezyonlardan kaynaklanmadığını gözlemledi. Yine sol beyin küresinde ama Broca alanından daha gerideki bir bölgede (tıpta *posterior superior temporal gyrus* adı verilen bölge) meydana gelen lezyonların konuşulan dili anlamayı ve anlamlı cümleler kurabilmeyi engellediğini buldu. Bu hastalar cümleler kurup her bir kelimeyi anlaşılır bir şekilde söylerler ama söylediklerinden hiçbir şey anlaşılmaz. Onun keşfinden dolayı beynin bu bölgesi günümüzde "Wernicke alanı" olarak biliniyor.

Örneğin bu iki grup hastaya havanın nasıl olduğu sorulduğunda Broca alanında hasar olan bir kişi sadece "güneşli" demekle yetinir ama bunu zorlanarak söyler. Eğer biraz zorlanırsa belki "güneşli gün" diyebilir ve konuşması kesik kesiktir. Öte yandan Wernicke afazisi olan bir hasta aynı soru karşısında –örneğin– şöyle bir cevap verir: "Ben öbür taraftakindeydim ama onlar bölüme girdikten sonra ben bundaydım" veya hiç beklenmedik bir şey söyleyiverir: "Arjantin tüfekleri". İlk bakışta sanki normal konuşuyor görünen bu hastaların söylediklerinden bir anlam çıkarmak imkânsızdır. Broca ve Wernicke'nin bulgularının da açıkça gösterdiği gibi beynimiz sadece uzuvlarımızı istediğimiz şekilde oynatmamızı sağlamakla kalmıyor, sahip olduğu özelleşmiş bölge ve sistemlerle lisan ve sözcükleri anlamlandırma gibi zihinsel faaliyetlerimizin de sağlıklı bir şekilde yerine getirilmesinde görev alıyor. Ayrıca Broca ve Wernicke'nin keşifleri, sadece insana ait olan ve bu nedenle insanı hayvanlardan ayıran en önemli özelliklerden biri sayılan konuşabilmenin ve bu yolla iletişim sağlamanın beynin özelleşmiş bölgeleri tarafından idare edildiğini gösterdi ve tarihin en önemli keşifleri arasında yerini aldı.

Gage'in vakasına geri dönecek olursak; kazanın Gage'in beyninde önemli düzeyde hasar yaptığı biliniyordu ama beynin özellikle hangi kısmının zedelenmiş olduğu bilinmiyordu. Onun ölümünden yaklaşık yüz elli yıl sonra Iowa Üniversitesinden Hannah Damásio, Gage'in beyninin hangi kısımlarının kazadan etkilendiğini belirlemek üzere yola koyuldu. Eğer bu bilgi elde edilebilirse, Gage'in kişiliğindeki değişiklikten beynin hangi kısmının sorumlu olduğunu söylemek mümkün olacaktı. Damásio, "Brainvox" adı verilen bir teknik kullanarak insan beyninin yüksek çözünürlüklü manyetik rezonans taramalarla (güçlü bir manyetik alan içinde yüksek frekanslı radyo dalgaları kullanılarak iç organların görüntülenmesi tekniği) elde edilen fotoğraflarını bilgisayarda bir araya getirip beynin üç boyutlu görüntüsünü elde ediyordu. Bu tekniği kullanarak demir çubuğun Gage'in beyninin hangi bölgesini parçaladığını bulabileceğini düşünüyordu. Aslında bu teknikle elde edilen resimlere bakmak, otopsi masasında gerçek beyne bakmakla neredeyse eşdeğerdi. Ayrıca bilgisayarda beyni istenilen yönde çevirmek, ona farklı açılardan bakmak sadece bir tıkla sağlanabiliyordu. Gage'in beyni korunmamıştı ama kafatası Harvard Üniversitesine bağlı Warren Tıp Müzesindeydi. Harvard Üniversitesinden Dr. Galaburda, Gage'in kafatasının resimlerini çekip Damásio'ya gönderdi. Fotoğraflara ek olarak demir çubuğun, Gage'in elmacık kemiğinden girip tepesinden çıktığı yerlerin koordinatlarını da gönderdi. Damásio ve arkadaşları önce Gage'in kafatasının üç boyutlu görüntüsünü çıkardılar. Daha sonra Gage'in demir çubuğunun da görüntüsünü oluşturdular ve bu görüntüyü daha önce elde ettikleri kafatası görüntüsüne yerleştirdiler. Bir bakıma Gage'in geçirdiği kazayı bilgisayar ortamında tekrarladılar ve böylece demir çubuğun Gage'in beyninin hangi kısımlarını parçaladığını büyük bir kesinlikle belirleyebildiler. Elde ettikleri sonuçlar demir çubuğun Gage'in beyninde dil ve konuşmayla ilgili bölgelere dokunmadığını ve Broca bölgesinin yerli yerinde olduğunu gösterdi. Ayrıca demir çubuk, Gage'in motor işlevlerini kontrol eden beyin bölgelerine de dokunmamıştı, beyninin frontal bölgesini ve özellikle de sol tarafını parçalamıştı. Dr. Damásio'nun çalışmasında çok önemli bir gerçek daha gün ışığına çıktı: Gage'in frontal lobunda yer alan ve beynin karar vermeden sorumlu olan bölgesi kazada parçalanmıştı. Bir diğer deyişle Damásio ve arkadaşları, kaza sonucu Gage'in *prefrontal korteks* dediğimiz beyin bölgesinde meydana gelen hasarın onun gelecek için planlar yapma, toplum içinde uygun bir şekilde davranma ve yaşamını devam ettirecek yönde adımlar atma yeteneğini olağanüstü düzeyde zayıflattığını bildiriyorlardı.

1450 Gramlık Hazinenin Yapısı

Beynin yapısını, onu oluşturan bölümleri, onun temel yapı taşı olan sinir hücrelerini ve işleyişini bilmek hem beyin hakkında önemli bazı bilimsel gerçekleri öğrenmeyi hem de kitapta açıklanan konuları daha iyi anlamayı sağlayacağı için şimdi gelin birlikte beyne biraz daha yakından bakalım. (Beynin mikroskopik yapısını daha sonra öğrenirim, şimdi beyinle ilgili ilginç gerçekleri okumak istiyorum diyorsanız sayfaları çevirmenizi ve bir sonraki bölümden okumaya devam etmenizi öneririm. Bununla beraber bu bölümün, temel bilgiler içermekle birlikte, ilginç tarihi gerçeklerle de dolu olduğunu belirtmek isterim).

Beynin ortalama ağırlığı yaklaşık 1450 gramdır. Fiziki açıdan büyüklüğü ise iki elimizi bir araya getirdiğimizde avucumuza sığacak kadardır, ağırlığının %85'i su olduğu için jöle kıvamında yumuşak bir yapıya sahiptir. Beyin dokusunun yüzeyi ise ceviz içinin yüzeyini andırır, onun gibi girinti ve çıkıntılarla donanmıştır.

Girus (girintiler arasındaki kalan yüksek kısımlar) ve *sulkus* (girintiler) adını verdiğimiz bu yapılar sayesinde beynin aslında geniş olan yüzey alanı çok daha küçük bir hacme sığmıştır. Her akşam pencerelerimizi örtmek için kullandığımız perdeler girus ve sulkusun sağladığı bu önemli özellik için güzel bir örnektir. Perdeler, gece boyu büyük bir pencere alanını kapatırken açtığımızda bir akordiyon gibi pencerenin bir kenarında az bir yüzeyi kaplarlar. Beyindeki girus ve sulkuslar bu perde örneğinde olduğu gibi aslında geniş olan beyin yüzeyinin dar bir hacme sığmasını sağlarlar. Beynin yüzeyi, okuduğunuz bu sayfanın kâğıdı gibi düz olsaydı yaklaşık 0,25 m2'lik bir alanı kaplardı (avuç içine sığan beyin alanına karşılık yaklaşık bir yastığın yüzey alanı) ve başın çok daha büyük olmasına neden olurdu. Bu da başın dar olan doğum kanalından geçmesini imkânsız kılardı. Girus ve sulkusların yarattığı geniş alan bir yandan beynin doğum kanalından geçebilecek kadar küçük olmasını sağlarken diğer yandan da olağanüstü sayıdaki işlev ve bilgi birikimi için gerekli olan milyarlarca sinir hücresinin beynin küçük hacmine sığmasını da olası kılar.

Beyin dediğimizde pek çoğumuzun aklına ilk gelen bu kıvrımlı yapıdır ki bilimsel terminolojide onu *serebrum* olarak adlandırıyoruz. Aslında bu kıvrımlı yapı beyni oluşturan üç kısımdan biridir. Serebrum beynin en büyük bölümü olmakla birlikte beyni oluşturan iki ayrı bölümü daha vardır. Beynin ikinci önemli bölümü serebrumun altında, kafatasının tabanında ve boynumuzun hemen üstünde yer alan beyinciktir (*serebellum*). Beyincik beynin arka kısmında yer alır ve fiziki görünüşü bakımından karnabaharı andırır. Beynin üçüncü kısmı ise serebrum ve beyincikten aşağı doğru inen ve beynimizi vücudumuzun geri kalanına bağlayan "beyin sapı"dır.

Bu üç ana bölüme ek olarak beynimiz, birbirine yapı olarak tıpa tıp benzeyen fakat daha sonra göreceğimiz gibi türümüze özgü işlevler açısından farklılıklar gösterebilen, başımızın önünden arkasına doğru, sağ ve sol olmak üzere iki yarı küreden oluşur. Beynin iki yarısı *korpus kallosum* adını verdiğimiz âdeta bir köprüyü andıran bir yapı ile birbirine bağlanmıştır.

Girus ve sulkuslar, beyne daha fazla alan kazandırmalarının yanı sıra beynin değişik bölümlerini tanımaya yarayan bir çeşit beyin haritası işlevi de görürler. Tahmin edeceğiniz gibi böyle bir harita, beyin üzerinde çalışan bilim insanları, doktorlar ve cerrahlar için son derece önemlidir.

Beynin önünden arkasına doğru bakıldığında, tam ortasında yer alan büyük yarık *longitidunal sulkus* olarak adlandırılır. Beyindeki ikinci yarık, beynin her iki yanında ve çene ile yaklaşık aynı açıda yer alan *sylvian fissur*'dur. Diğerlerine göre daha sığ olan ve *merkezî fissur* adı verilen üçüncü yarık beynin ortasında tepeden yanlara doğru iner ve *sylvian fissur* ile birleşir. Beyindeki bu ana girinti ve çıkıntılar beyni bir bakıma suni olarak dört loba ayırır:

Frontal lob: Merkezi fissur'un önünde ve alnımızın arkasında kalan kısım. Düşünce, hafıza ve konuşma gibi işlevleri kontrol eder.

Parietal lob: Merkezi fissur'un gerisinde, kulaklardan geriye doğru yer alan beynin üst kısmıdır ve dokunma işlevinde olduğu gibi duyu organlarından gelen bilgilerin işlendiği yerdir.

Oksipital lob: Beynin arkasında yer alan, temporal lobun hemen altındaki kısmıdır ve görme ve görsel bilgiyle ilgili işlevlerden sorumludur.

Temporal lob: Sylvian fissur'un altında ve oksipital lobun önünde kalan beynin yan lobudur. Ses, koku ve tadın algılanması gibi işlevlerin yerine getirildiği kısımdır.

Görüldüğü gibi beyindeki değişik loblarda birbirine benzer işlevler yerine getirilmektedir. Alnın hemen arkasında yer alan frontal lob, türümüze ait yüksek işlevlerin gerçekleştiği ve bizleri diğer insanlardan ayıran kişisel farklılıkların kazandırıldığı beyin bölgesidir. Okuyup yazmamızı, konuşmamızı sağlayan dil merkezi burada yer alır. Günlük yaşantımızla ilgili düşünüp sorgulamamızı, karar vermemizi sağlayan kısım yine burasıdır. Önümüzdeki masada duran su dolu bardağı almamız gibi istemli hareketlerimiz de frontal lob tarafından kontrol edilir. Geçmişe ait hatıralarımızın, hafızamızın frontal lobda depolandığı düşünülüyor.

Bir yemeğin tadına baktığımızda, bir müzik dinlediğimizde veya bir çiçeği kokladığımızda onunla ilgili bilgi, kulaklarımıza yakın parietal loba ulaşarak orada işlenir. Burnumuzla parietal lob arasında, koku alma işlevini sağlayan olfaktör adını verdiğimiz bir bağlantı vardır. Tat ve koku ile ilgili hafızanın parietal lobda depolandığı düşünülüyor.

Beynin arka kısmında yer alan oksipital lob görme işlevinin yerine geldiği bölgedir. Görmeyle ilgili bilgi gözlerden oksipital loba ulaşır. Aslında görme işlevi gözlerimizde değil işte bu beyin bölgesinde gerçekleşir. Gözlerimiz dış dünyadan, baktığımız nesnelerden gelen ışıkların ulaştığı ve görüşle ilgili bilginin algılanarak oksipital loba aktarıldığı âdeta beynin dış dünyaya açılan penceresi gibidir. Bu açıdan bazı bilim insanları gözleri beynin uzantısı olarak kabul eder. Görme ile ilgili hafızaların da oksipital lobda depolandığı düşünülüyor. Birini hatırlamaya çalıştığımızda o kişinin görüntüsüne ait bilgi oksipital lobdan, o kişinin sesine ait bilgi ise temporal lobdan gelerek frontal lobda işlenir. Böylece hatırlamaya çalıştığımız kişinin yüz özelliklerini ve sesini aynı anda hatırlarız.

Beynimizin üst kısmında yani tepemizin hemen altında ve frontal lobun arkasında yer alan parietal lob, bir şeye dokunduğumuzda onunla ilgili bilginin ulaşıp işlendiği ve vücudumuzun ne tür bir hareketle yanıt vereceğinin belirlendiği bölgedir. Elimizdeki lahmacunu kokladığımızda, ona dokunduğumuzda ve onun tadına baktığımızda onun kokusu, tadı ve dokusu ile ilgili bilgiler parietal lobda toplanır ve işlenerek hepsini birlikte lahmacun olarak algılamamız sağlanır. Beynimizin bu bölgesi sayesinde bir cismin ağırlığını ve yüzey yapısını yani dokusunu da algılarız. Yine diğer cisimlere göre konumumuzu belirlememizi sağlayan "uzamsal farkındalığımız" parietal lob tarafından kontrol edilir. Bu işlev sayesinde etrafımızdaki cisimlerle aramızdaki mesafeyi tahmin eder ve onlara çarpmadan yürürüz.

Beyin iki yarı küreden oluşur ve her bir yarı kürede dört adet olmak üzere toplam sekiz lob vardır. Beynin sol yarı küresi vücudumuzun sağ yanını, sağ yarı küresi de sol yanını kontrol eder. Bir diğer deyişle sanki iki beynimiz var gibidir, bunun sonucu olarak vücudun bir yanına bir şey olduğunda diğer yarının işlevlerine devam etmesi sağlanmış olur.

Sol yarı küre dil ve konuşma için önemlidir. Aynı zamanda, matematik ve mantık geliştirme yetileri için de önemlidir. Sağ yarı küre ise genelde yaratıcı beyin olarak kabul edilir çünkü resim, müzik ve yazma yetenekleri sağ yarı küre tarafından idare edilir. Bazı insanlarda sağ, diğerlerinde ise sol yarı küre daha baskın gibidir. Bu nedenle örneğin beynin sol küresini daha aktif olarak kullananların iyi bir bilim insanı, muhasebeci veya bilgisayar programcısı olacağına, sağ beynini daha çok kullananların ise sanatçı veya müzisyen olacağına, yeni şeylerin tasarlanmasında ve geliştirilmesinde yetenekli olacağına inanılır. Bununla birlikte çoğu insan, beyninin her iki yarı küresini de etkin bir şekilde kullanır.

Beynin mikroskobik yapısı da diğer organlara göre daha karmaşıktır. Beynin dış tabakası "korteks" adını verdiğimiz, yaklaşık 4-6 mm kalınlığında, bütün beyni bir ağaç kabuğunun ağacın gövdesini sardığı gibi saran bir yapıdan oluşur ("korteks" ağaç kabuğu anlamı taşıyan Latince bir kelimedir). Mikroskop altındaki koyu renginden dolayı gri madde adı da verilen korteks, hem ön beyni hem de beyinciği kaplar. Korteks beynimizin en gelişmiş bölümüdür ve çoğunlukla sinir hücrelerinden oluşur. Düşünce, karar verme, konuşma, gelecek için planlar yapma gibi türümüze özgü olan ve bizi diğer hayvanlardan ayıran işlevlerimizin gerçekleştiği yer olduğu için korteks "düşünen beyin" olarak da adlandırılır.

Korteks beynin sadece yüzeyini değil iki yarı küre arasındaki kısmını da kaplar yani her bir yarı kürenin tamamını kapsayan kendi korteksi vardır. Korteksin hemen altında, yine mikroskop altındaki görüntüsü nedeniyle "beyaz madde" adını verdiğimiz tabaka yer alır. Beyaz madde henüz açılmış bir beyinde pembemsi beyaz bir renktedir aslında. Beyin, laboratuvar çalışmaları için uzun süreli korunması gerektiğinde fiziksel yapısının bozulmasını önleyen "formaldehit" adlı kimyasal madde içerisinde korunur. Formaldehit pembemsi beyaz rengi beyaza dönüştürdüğü için mikroskop altında incelenen beyinde korteks gri, korteksin hemen altındaki kısım ise beyaz görünür. Beyaz rengin temelinde ise sinir hücrelerinin uzantılarını, bir elektrik kablosunun metal bölümünü dış ortamdan ayıran ve izole eden plastik kısım gibi saran, *miyelin* adını verdiğimiz yapının yağ moleküllerince (lipid) zengin olması yatar.

Miyelin tabakası, biraz sonra açıklayacağım sinir hücrelerinin *akson* adını verdiğimiz uzantılarını sararak sinir hücreleri arasındaki iletişimin hızlı bir şekilde gerçekleşmesini sağlar. Miyelin tabakasının tahrip olmasıyla sonuçlanan hastalıklarda sinir hücreleri arasındaki iletişim zayıfladığı için beyin ile vücudun farklı kısımları arasındaki bağlantı da zayıflar. Bunun sonucu olarak görme ve işitme bozuklukları veya kaybı, el veya ayaklarda hâlsizlik veya uyuşma, hafıza kaybı ve konuşma güçlüğü gibi bilişsel işlevlerde anormallikler, hareketlerin kontrolünde güçlükler gibi hastadan hastaya değişen çok sayıda semptomlar ortaya çıkar.

Uzun bir süre beyaz maddenin pasif bir doku olduğuna inanıldı fakat modern neurobilimcilerin bulguları beyaz maddenin beynin öğrenme gibi önemli işlevlerinde de rol oynadığını ortaya koydu. Gri madde daha çok bilişsel işlevlerde rol oynarken beyaz madde sinirler arasındaki iletişimi ve beynin değişik bölgeleri arasındaki koordinasyonu sağlar. Gri madde sinir hücrelerinden oluşurken beyaz madde çoğunlukla *glial hücreler* olarak bilinen merkezi sinir sisteminin en az sinirler kadar önemli ikinci tip hücrelerinden ve sinir hücrelerini birbirine bağlayan milyarlarca uzantıdan oluşmuştur.

Şimdi gelin birlikte beynin yapısına biraz daha yakından, hücre düzeyinden bakalım.

Yaklaşık iki yüz yıl kadar önce bilim insanları bütün canlıların hücre adı verilen temel yapı taşlarından meydana geldiğini keşfettiler. Bunda mikroskobun hücreleri görebilecek düzeyde geliştirilmiş olması önemli rol oynadı fakat diğer dokuların hücreleri açık seçik birbirinden ayırt edilebilirken beyne ait hücreler ilk zamanlarda görülemedi. Çünkü yukarıda bahsettiğim beyin hücreleri arasındaki sayısız bağlantıdan dolayı beyine bakmak yağmur ormanlarına bakmaktan farksızdı. Bu kalabalık arasında beyin hücrelerini görmek imkânsızdı. Bu nedenle beyni meydana getiren hücrelerin yapısını çözmek biraz daha zaman alacaktı. Sinir hücrelerinin ilk defa tek tek gözlenmesini sağlayan olay aslında küçük bir kazaydı. Camillo Golgi adında bir bilim insanı, laboratuvarda slaytları hazırlarken üzerinde çalıştığı baykuş beynini kazara kullandığı gümüş nitrat çözeltisinin içine düşürdü. Golgi bu beyinden slaytlar hazırlayıp mikroskop altında incelediğinde olağanüstü bir resimle karşılaştı. Gümüş nitrat çözletisi beyin hücrelerinden bazılarına rastgele girerek onları koyu bir renge boyamıştı. Gümüş nitratı alan hücreler kara kalemle çizilen bir ağacı andırıyordu. Sinir hücresinin de diğer bilinen hücreler gibi bir gövdesi vardı ama diğer hücrelerden farklı olarak bu, gövdeden çıkan uzantılar içeriyordu. Bu uzantılar yapraksız bir ağacı andırıyordu. Ağacın ana dalları gibi sinir hücrelerinin de kalın ve uzun uzantıları, ayrıca ana dalın kısa ve ince yan uzantıları vardı. Böylece bir sinir hücresinin fiziki yapısı ilk defa detaylarıyla ortaya çıkmıştı. Beyni oluşturan hücreler diğer organları oluşturan hücrelerden farklıydılar. Ayrıca diğer dokularda yanyana bulunan hücreler birbirlerine dokunurken sinir hücrelerinden bazılarının uzantıları yanlarındaki sinir hücrelerini atlayıp daha ötedeki sinir hücrelerine doğru uzuyordu. İspanyol sanatçı ve sinirbilimci Santiago Ramón y Cajal, sinir hücrelerinin diğer vücut hücreleri gibi birbirlerine dokunmadıklarını ve aralarında *sinaps* adını verdiğimiz boşlukların olduğunu belgeleyecekti. Keşiflerinden dolayı Golgi ve Ramón y Cajal 1906 yılı Nobel Fizyoloji veya Tıp Ödülü'nü paylaştılar.

Beynin değişik kısımlarındaki sinirler kendi aralarında farklılık göstermekle birlikte her sinir hücresi *soma* olarak bilinen ve diğer vücut hücrelerine benzeyen bir gövde kısmına sahiptir. Hücrenin çekirdeği bu kısımda yer alır. Sinir hücresini oluşturan ikinci yapı uzun bir kırbacı veya kuyruğu andıran aksondur. Aksonun görevi sinir hücresinin çekirdeğinden gelen mesajı diğer sinir hücrelerine aktarmaktır. 20 yaşındaki bir erkek beyninde bulunan yaklaşık yüz milyar sinir hücresinin aksonlarının uzunluğu 176,000 km'ye kadar ulaşır. Sinir hücresini oluşturan üçüncü yapı *dendrit* adını verdiğimiz uzantılardır. Dendritlerin görevi ise diğer sinir hücrelerinden gelen mesajları alıp uzantısı oldukları sinir hücresinin çekirdeğine iletmektir. Diğer vücut hücreleri fiziksel olarak birbirlerine dokundukları hâlde sinir hücreleri arasında fiziksel bir temas yoktur. İki sinir hücresi arasındaki iletişim *sinaps* adını verdiğimiz bölgelerde gerçekleşir. Sinaps bir sinir hücresinin akson ve dendritlerinin diğer bir sinir hücresinde sonlandığı kısımdır. Her bir sinir hücresi binlerce sinir hücresi ile iletişimde olduğu için beyinde trilyonlarca sinaps bulunmaktadır.

Fiziki yapılarının belirlenlenmesi bu kadar zor olan sinir hücrelerinin nasıl işlev gördüklerinin belirlenmesi de tahmin edeceğiniz gibi bilim insanlarını uzun bir süre uğraştırdı. Sinir hücrelerinin birbirlerine dokunmadıkları gerçeğinin ortaya çıkması ve sinapsların keşfi, bilim insanlarının bu hücreler arasındaki iletişimin bir şekilde sinapslarda gerçekleşiyor olacağını ileri sürmelerine neden oldu. Ancak iletişimin nasıl gerçekleştiği bilinmiyordu. 1800'lerin sonlarına gelindiğindeyse bilim insanları beyinde bir biyoelektrik akışı olduğunu, beynin değişik kısımlarında âdeta küçük çapta elektrik fırtınaları gerçekleştiğini düşünüyorlardı. Bu nedenle sinir hücrelerinin birbirleriyle biyoelektrik akış sayesinde iletişim kurdukları savını ortaya atanlar oldu. Onlara göre sinirler arasında, arabanın motorundaki bujilerden çıkan elektrik kıvılcımının motoru harekete geçirmesine benzer bir olay gerçekleşiyordu.

Beyindeki iletişimin sadece biyoelektrik akış ile sınırlı olmadığını gösteren ilk gözlem, 1921 yılında Avusturyalı araştırmacı Otto Loewi tarafından yapıldı. Loewi kurbağa sinirleri üzerinde çalışıyordu. Kurbağanın kalbine giden iki sinirden birine elektrik akımı verdiğinde kalbin daha hızlı attığını, diğerine verdiğinde ise kalbin yavaşladığını gözlemledi fakat her iki sinire de aynı miktarda akım vermesi gerekiyordu. Hâlbuki yine araba örneğinden yola çıkarsak, arabanın hızlanması için gaza basılması gerekirken yavaşlaması için gazı kesmenin yeterli olması gibi elektrik akımının kesilmesi veya akım gücünün azalması ile kalbin de yavaşlaması beklenirdi. Oysa durum böyle değildi, Loewi kalbin hem hızlanması hem de yavaşlaması için elektrik akımı veriyordu. Bu gözlem Loewi'e kalbin hızının ayarlanmasında elektrik dışında ikinci bir mekanizmanın işliyor olduğunu gösteriyordu. Çok ilginç bir şekilde Loewi bu ikinci mekanizmanın ne olduğunu bir gün rüyasında görecekti. Loewi rüyasında kalbin hızının ayarlanmasında kimyasal maddelerin görev aldığını gördü. Uyanıp rüyasını bir kâğıda yazdı fakat sabah uyanıp kâğıda baktığında büyük bir hayal kırıklığına uğradı çünkü uykulu hâlde yazdıkları okunur gibi değildi. Yine de Loewi'nin şansı yaver gidecek ve ertesi gece aynı rüyayı tekrar görecekti. Bu sefer gördüklerini yazmak yerine Loewi gece yarısı kalkıp laboratuvarının yolunu tutacak ve sinirbilim tarihinin en önemli deneylerinden birini yapacaktı.

İlk olarak iki kurbağanın kalbini çıkarıp içinde sıvı olan iki ayrı deney tüpüne koydu ve kalp atışlarının devamını sağlamak için her iki kalbi de pile bağladı. İlk kalbin atışlarını yavaşlatmak için yavaşlatıcı siniri uyardı. Uyarı üzerine bu kalbin atışları yavaşladı. Yavaşlayan kalbin tüpündeki sıvıdan bir miktar alarak ikinci kalbin olduğu tüpe aktardı fakat sıvıyı aktarır aktarmaz ikinci kalbin yavaşladığını gördü. Loewi bunun üzerine ilk kalbin yavaşlatıcı sinirini uyardığında içinde bulunduğu sıvıya bir takım "yavaşlatıcı kimyasal maddeler" salgılandığı sonucuna vardı. Loewi keşfinde ve yorumunda haklıydı çünkü daha sonra yapılacak çalışmalar bu kimyasal maddelerin varlığını kanıtlamakla kalmayıp kimliklerini de ortaya çıkaracaktı.

Bugün Loewi'nin kurbağanın kalbini yavaşlatıcı kimyasal madde olarak tanımladığı molekülün *asetilkolin* olduğunu ve onun, sinir hücreleri arasında bilgi iletimini sağlayan yaklaşık elli civarındaki *neurotransmiter*'den sadece biri olduğunu biliyoruz. Kurbağanın kalbinin hızlanmasını sağlayan da yine bir neurotransmitterdi: *adrenalin*. Daha sonra yapılan çalışmalar insan beyninin kalp atışlarını hızlandırmak için kullandığı neurotransmitterin farklı bir molekül olan *noradrenalin* (veya *norepinefrin*) olduğunu gösterecekti.

Şimdi gelin birlikte bir uyarının sinir hücresine ulaşması durumunda neler olduğuna birlikte bakalım.

Biraz önce sinir hücresinin soma adı verilen bir gövde kısmı olduğunu ve sinir hücresinin dendtritleri aracılığı ile gelen uyarıların somaya iletildiğini belirtmiştim. Başlangıçta sinir hücresinde herhangi bir işlevin olmadığını yani hücrenin dinlenme durumunda olduğunu düşünelim. Doğal süreçte de gerçekleşen bu dinlenme durumu saliselerle ölçülebilecek bir zaman diliminde gerçekleşir. Sinir hücresi binlerce dendritinden biri aracılığıyla uyarıldığında hücrede birtakım değişiklikler meydana gelmeye başlar. Bu durumu pilli bir oyuncağa pil takıp düğmesine basmaya benzetebiliriz. Hücre içinde harekete geçen moleküllerin elektrik yükü belli bir düzeye ulaşınca, uyarı akson boyunca yolculuk etmeye başlar. Bu elektriksel hareketlilik tıp literatüründe "aksiyon potansiyeli" olarak adlandırılır. Uyarı, açıklarda oluşan bir dalganın sahile doğru yol alması gibi akson boyunca ilerler ve aksonun sonuna ulaşır. Buraya kadar elektriksel olarak iletilen uyarının bir sonraki sinir hücresine geçişi farklı bir yolla, kimyasal yolla gerçekleşir. Elektriksel uyarı akson sonuna ulaştığında, mikroskobik kesecikler içerisinde birikmiş olan nörotransmiterleri harekete geçirir. Harekete geçen nörotransmiterler ise sinir hücresini terk ederek sinaps boşluğuna boşalırlar. Bu safhanın gerçekleşmesine "sinir hücresinin ateşlemesi" diyoruz. Nörotransmiterler ikinci sinir hücresine doğru yol alırlar ki bu bir santimetrenin milyonda birinden daha az bir mesafedir. İkinci sinir hücresinin dendritinin yüzeyinde, bir diğer deyişle hücre zarında, her bir nörotransmitere özgü "almaç" (*reseptör*) adını verdiğimiz moleküller yer alır. Nörotransmiter ait olduğu almaca, anahtarın ait olduğu kilite takılması gibi özel bir şekilde bağlanır. Böylece birinci sinir hücresinden gelen uyarı, ikinci sinir hücresine iletilmiş olur ve ikinci sinir hücresinde bir seri reaksiyonun başlamasına neden olur. Uyarı sonucu ikinci sinir hücresinin nasıl davranacağı nörotransmiterin yapı ve işlevine bağlıdır. Sonuçta uyarı ya ilk sinir hücresinde olduğu gibi akson boyunca yol alarak bir sonraki sinir hücresine aktarılır ya da ulaştığı sinir hücresini ateşlemek yerine onu susturur. Bu sinir hücreleri arasındaki iletişim, saniyede yüzlerce defa tekrar eder. Beynimizde gerçekleşen milyonlarca işlevin gerisinde bir sonraki sinir hücresinin harekete geçmesini veya susmasını belirleyen işte bu karar mekanizması yatmaktadır.

Beyin nörotransmiterleri son derece ekonomik kullanır. Nörotransmiterler işlerini gördükten sonra salgılandıkları sinir hücresine geri dönerler ve bir sonraki sinir hücresinin ateşlenmesi ile tekrar sinaps boşluğuna boşalırlar, yine kendi almaçlarına bağlanarak önceki sinir hücresinden gelen uyarıyı sonraki sinir hücresine aktarırlar.

Sinirler arasındaki bu bilgi veya uyarı aktarımı sadece beyinde değil vücudumuzun diğer kısımlarında da gerçekleşir. Bir grup sinir hücresi uyarıları beyinden vücuda taşırken diğer bir grup sinir hücresi uyarıları vücudun diğer doku ve organlarından beyne taşırlar. Uyarıları beyne taşıyan sinirlere (duysal) "sensör nöronlar", beyinden organlara taşıyan sinirlere ise" motor nöronlar" adını veriyoruz. Elinizi kazara sıcak bir nesneye dokundurduğunuzda bu bilgi önce duysal nöronlarınız aracılığı ile beyninize iletilir, beyniniz ise motor nöronlar aracılığı ile parmaklarınıza ve onu hareket ettiren kaslara elinizi geri çekme uyarısı gönderir.

Şimdiye kadar anlattıklarımdan beynin sadece nöronlardan oluştuğunu düşünüyor olabilirsiniz. Her ne kadar nöronlar beynin en önemli hücreleri olarak kabul görseler de onların normal işlevlerini yerine getirebilmeleri için glial hücrelere ihtiyaçları var. *Glia* kelimesi aslında yapışkan anlamına geliyor. Glial hücreler sinir hücrelerini bir arada tutarlar ve sinir hücrelerinin işlevlerini yerine getirmeleri için gerekli olan çok sayıda molekül üretirler. Aslında beyinde her bir sinir hücresine karşılık yaklaşık on glia hücresi bulunur. Son zamanlarda yapılan çalışmalar eskiden inanıldığının aksine glial hücrelerin beyinde çok daha önemli işlevlerden sorumlu olduklarını gösteriyor. Örneğin daha önce bahsetmiş olduğum miyelin kılıf, glial hücreler tarafından meydana getirilir ve miyelin tabakasının problemli olması önemli hastalıklara neden olur.

Beyinde bu iki ana tip hücre yanında sayıları daha az olan fakat önemli işlevler yerine getiren diğer hücre tipleri de yer almaktadır. Ancak onlar hakkındaki bilgiler bu kitabın kapsamı dışında kalıyor çünkü daha önce de belirttiğim gibi amacım sizlere beyni tüm incelikleriyle anlatmaya çalışmak değil, onun hakkında önemli olan birtakım bilgileri aktararak kitabın geri kalan kısımlarını daha iyi anlamanıza yardımcı olmak.

***

Şurası bir gerçek ki beyin sayesinde insanoğlunun yapabildikleri beyni evrenin sadece en karmaşık yapısı kılmakla kalmıyor, onu evrenin en olağanüstü yapısı tahtına da oturtuyor. Bu karmaşıklık ve olağanüstülük sadece gelişimini tamamlamış bir beyinde değil onun gelişim safhalarında da gözleniyor.

Ana rahmindeki bir embriyo üç haftalık oluncaya kadar beyinle ilgili sadece yaklaşık 125.000 hücreden oluşan bir katman içerir. Bu 125.000 hücre daha sonra yüz milyar hücreden oluşan değişik işlevlerden sorumlu fakat birlikte çalışan özelleşmiş bölgeleri içeren beyne dönüşür. Bu çoğalım ve başkalaşım sürecinde beyin hücrelerinin önemli bir kısmı bölünerek sayılarını artırdıkları yerde de kalmazlar. Çoğaldıkları yerden ayrılır ve yetişkin bir beyinde bulunmaları gereken noktalara doğru hareket ederler. Beynin normal çalışabilmesi ve işlevlerini yerine getirebilmesi bu göçün doğru adreslerde sonlanmasına ve gerekli bağlantıların hatasız oluşturulmasına bağlıdır. Geçmişte yaşayan milyarlarca insanı ve şu anda yaşamakta olan yaklaşık yedi milyar insanı düşünürsek bu gelişim büyük oranda problemsiz gerçekleşir. Bu nedenledir ki dünyanın neresinde ve hangi şartlar altında dünyaya gelmiş olursak olalım aşağı yukarı hepimiz benzer bir beyin yapısına sahibiz. Bu benzerlik nedeniyle Türkiye'deki bir beyin cerrahı ile Amerika Birleşik devletlerindeki, Endonezya'daki, Nijerya'daki veya Norveç'teki bir beyin cerrahı kendi ülkelerinde ve ortamlarında doğmuş büyümüş hastalarına aynı ameliyatları uygulayabiliyorlar ancak bazen bu gelişimde aksaklıklar ortaya çıkabiliyor. Normal gelişim gerçekleşmeyince semptomları geniş bir yelpazeyi kapsayan zihinsel rahatsızlıklar ortaya çıkıyor. Beynin yapısındaki ortalamadan sapmalar bazen hepimizi hayretler içerisinde bırakacak âdeta insanüstü özellikler taşıyan beyinlerin ortaya çıkmasına neden olabiliyor. Buna, binlerce kitabı harfi harfine hafızasında tutabilen "Yağmur Adam" Kim Peek veya daha önce hiç ziyaret etmediği bir şehrin üzerinden bir defa helikopterle geçtikten sonra şehrin resmini fotoğraf makinasıyla çekilmiş gibi bütün incelikleriyle çizebilen savant Stephen Wiltshire gibi beyinler örnek olarak verilebilir.

Şimdi gelin birlikte ortalama bir beynin işlevlerinden bazılarına ve ortalamadan sapma gösteren birkaç örneğe biraz daha yakından bakalım.

Kadın Beyni, Erkek Beyni

Amerikalı yazar ve ilişki danışmanı John Gray'in kadınlar ve erkekler arasındaki iletişimi irdeleyen *Erkekler Mars'tan Kadınlar Venüs*'ten adlı kitabı, yedi milyon satarak 1990'ların en fazla okunan kitaplarından biri olmuştu. Kitabın başlığı ve konusu popüler kültürün de bir parçası hâline geldi. Gray, erkeklerin ve kadınların âdeta farklı gezegenlerden geldiğini, kendi gezegenlerine özgü alışkanlıkları olduğunu yazıyordu. Örneğin kadınların kendilerini rahatsız eden bir konuyu biriyle paylaşıp ona anlatmak istediğini, oysa erkeklerin sadece dinlemek yerine hemen çözümler üretip önermeye başladığını dile getiriyordu. Bu da iki taraf arasında doyurucu bir iletişim kurulmasını engelliyordu.

Eğer cinsiyetler arasında farklılıklar gerçekten varsa onların arkasında da bu davranışları yöneten biyolojik nedenler olmalı. Bu soruların cevaplarını arayan bilim insanları doğal olarak davranışlarımızı yöneten beyne, beynin yapısına ve işlevlerine yöneldi. Erkek ve kadın beyni arasında yapısal ve işlevsel farklar olup olmadığını belirlemeye çalıştılar.

Uzun bir süredir yeni doğan bebekler arasında cinsiyet açısından davranış farklılıkları olduğu konusunda ipuçları vardı. Ancak davranışların, yaşamın ilerleyen dönemlerinde sosyal ve bilişsel faktörler tarafından etkileniyor olması doğumla gelen farklılıkların gerçek olup olmadığı konusunda belirsizliğe neden oluyordu. Örneğin kız çocuklar oyuncak bebeklerle, erkek çocuklar oyuncak arabalarla oynamayı gerçekten kendileri mi seçiyor, yoksa oyuncak tercihleri anne ve babaların seçimi sonucu mu şekilleniyordu? Bu soruya cevap bulmak üzere yola çıkan Texas A&M Üniversitesinden Gerianne Alexander ve Melissa Hines, çocuklar arasında gözlenen oyuncak tercihi farklarının ne ölçüde doğuştan gelen bir özellik olduğunu belirlemeye çalıştı. Alexander ve Hines, oyuncak tercihini etkileyebilecek sosyal ve bilişsel etkenlerden arınmış bir ortam sağlamanın imkânsız olduğunu bildikleri için araştırmalarını maymunlarla yaptı. Daha önce hiç oyuncak görmemiş maymun topluluklarında maymunların oyuncaklara vereceği tepkiler, oyuncak tercihinin biyolojik temellerinin olup olmadığı hakkında kesin cevaplar elde edilmesini sağlayacaktı. Araştırmada vervet maymunları (*Cercopithecus aethiops sabaeus*) kullanıldı. Maymunlara top, polis arabası, bebek, tencere, resimli kitap ve içi doldurulmuş bez bir köpek olmak üzere altı oyuncak verildi. Maymunlar filme alınarak her bir oyuncakla geçirdikleri zaman belirlendi. Oyuncaklar, daha önce çocuklarla yapılmış olan çalışmalara dayanılarak özellikle üç grup olarak seçilmişti: Erkeksi (top ve araba), kadınsı (bebek ve tencere) ve nötr (kitap ve köpek). Veriler değerlendirildiğinde maymunların tıpkı çocuklar gibi cinsiyete bağlı oyuncak tercihi yaptığı ortaya çıktı. Erkek maymunlar zamanlarını daha çok topla ve arabayla, dişi maymunlar daha çok bebekle ve tencereyle oynayarak geçirmişti. Her iki cinsin nötr oyuncaklarla geçirdiği zaman aynıydı. Bu araştırmanın sonuçları oyuncak tercihlerinin sosyal ve bilişsel etkenlerden bağımsız olduğunu, dolayısıyla cinsiyete dayalı olduğunu gösteriyordu. Araştırmacılar hem kız çocukların hem de dişi maymunların oyuncak bebekle daha fazla zaman geçirmesini annelik güdüsüne bağlıyor. Erkek çocukların ve erkek maymunların araba ve topla daha fazla zaman geçirmesini ise bu oyuncakların onları harekete geçirmesine ve konum belirleme yetilerini kullanmalarını sağlamasına bağlıyorlar. Bu sonuçları, dişilerin milyonlarca yıldır zamanlarının çoğunu yeni doğanlara bakıp büyütmekle, erkeklerin ise avlanma, yiyeceklerin yerini belirleme ve eş bulmakla geçirmesinin doğurduğunu düşünüyorlar.

Cambridge Üniversitesinden Simon Baron-Cohen liderliğinde bir araştırma grubu, cinsiyete bağlı farklılıkları belirlemek üzere yaptıkları ilginç bir çalışmada, doğumları üzerinden sadece 24 saat geçmiş 102 bebeğe bir kadın yüzü ve bir top üzerine yapıştırılmış ama değişik kısımlarının (göz, ağız, burun) yerleri değiştirilmiş "mekanik" bir yüz fotoğrafı gösterdi. Araştırmacıların amacı, bebeklerin kadın yüzüne veya farklı konumlarda olsa da aynı yüz kısımlarını içeren bir yüze ne kadar süre baktıklarını belirlemekti. Bebekleri yüzlere baktıkları sırada filme aldılar. Kız bebekler zamanlarının %36'sında kadın yüzüne bakarken erkek çocuklar zamanlarının %25'inde kadın yüzüne baktı. Bunun aksine, erkek bebekler zamanlarının %43'ünde mekanik yüze baktı. Kız bebeklerde bu oran sadece %17'ydi. Bu sonuçlar erkek bebeklerin mekanik yüze, kız bebeklerin ise kadın yüzüne daha fazla ilgi gösterdiğini ortaya koyuyordu. Ayrıca bu bebeklerin doğumlarının üzerinden sadece 24 saat geçtiği ve henüz herhangi bir sosyal veya bilişsel etki altında kalmadıkları için cinsiyete bağlı bu farklılıkların temellerinin biyolojik olduğu anlaşılıyordu. Her ne kadar bu çalışma bebekleri grup olarak değerlendirmiş olsa da elde edilen sonuçlar kız bebeklerin/kadınların erkek çocuklara/yetişkin erkeklere göre daha sosyal olmasına biyolojik bir açıklama getiriyordu. Bu sonuçlar, bu konuda daha önce yapılmış çalışmalarda elde edilen ve kız bebeklerin/ kadınların göze bakma, duygusal ifadelere karşı hassaslık ve hikâyelerdeki sosyal konuları kavrama açısından erkeklerden daha iyi olduğunu gösteren verileri de destekliyordu.

Bilim insanları uzun bir süre erkek ve kadın beyni arasındaki farklılıkları hormonlara ve beynin hormon salgılanmasında önemli rolü olan *hipotalamus* bölgesine atfetti. Fakat bilimsel ilerlemeler sonucunda, cinsiyetler arasındaki farkların çok sayıda bilişsel özellik ve davranış üzerinde (hafıza, duygu, duyum, stres hormonlarına beynin verdiği tepki gibi) önemli etkileri olduğu bulununca bu görüş terk edildi. Bu ilerlemelerde şüphesiz PET (pozitron-emisyon tomografi), MRI (manyetik rezonans görüntüleme) ve fMRI (işlevsel manyetik rezonans görüntüleme) gibi beyni dışardan görüntülemeyi sağlayan tekniklerin geliştirilmesi en önemli rolü oynadı. Bu teknikler sayesinde sağlıklı beyinlerin nasıl işlediği hakkında olağanüstü bilgiler elde ettik.

Erkek ve kadın beyninin beyin görüntüleme teknikleri kullanılarak karşılaştırılması, bu iki cinsiyet arasında yapısal birtakım farklılıklar olduğunu ortaya çıkardı. Harvard Üniversitesi Psikoloji Profesörü Jill M. Goldstein liderliğinde bir grup bilim insanı, MRI tekniğini kullandıkları bir çalışmada kadınlarda beynin frontal korteks adını verdiğimiz, ileri düzey bilişsel işlevlerden (karar verme, planlama gibi) sorumlu olan kısmının ve ayrıca limbik sistem olarak adlandırdığımız beyin bölgesinde yer alan bazı kısımların örneğinin *hipokampus*'un erkeklerde olduğundan daha büyük olduğunu buldu. Öte yandan erkeklerde de *parietal korteks* adını verdiğimiz, görsel-uzamsal algılamadan sorumlu bölge ile badem şeklindeki, *amigdala* adını verdiğimiz, duygusal (örneğin tehlike karşısındaki) tepkimizi belirleyen bölgenin kadınlardakine göre daha büyük olduğunu buldular. Burada karşılaştırmaların beyinler arasında değil, o bölgenin büyüklüğünün beynin tümüne oranı arasında yapıldığını belirtmek gerekiyor. Bir diğer deyişle, erkek beyninde amigdalanın büyük olduğu söylenirken erkeklerde amigdalanın beynin tümüne oranının, kadınlarda amigdalanın beynin tümüne olan oranından daha yüksek olduğu kastediliyor.

Einstein'ın beyni üzerinde yaptığı çalışmalarla bilinen, Kanada'nın McMaster Üniversitesinden sinirbilimci Sandra Witelson 1970'lerde yaptığı çalışmalarda erkek çocukların okurken çoğunlukla beyinlerinin sadece bir yarı küresini, kız çocuklarının ise çoğunlukla iki yarı küreyi de kullandığını buldu. Witelson'un amacı aslında beyindeki cinsiyete dayalı farklılıkları araştırmak değildi. Onun hedefi beyindeki yapısal farklılıkların aklı ve zekâyı nasıl etkilediğini bulmaktı. Ayrıca solaklar ile sağ ellerini kullananların beyinleri arasında ne tür farklılıklar olduğunu da merak ediyordu. Bu soruların cevabını öğrenmenin tek yolu deneklerin beyinlerinin yapısını belirleyip onları karşılaştırmaktı. Witelson on yıl boyunca ölümcül kanser hastalarından gönüllü olanların beyinlerini yaşama veda etmelerinden sonra topladı ve laboratuvarda koruyucu sıvılar içinde depolamaya başladı. Hastalar hayattayken yaşamları, alışkanlıkları, fiziksel ve zihinsel işlevleri ve yetenekleri hakkında detaylı bilgi topladı. 1987'ye gelindiğinde Witelson toplam 120 erkek ve kadın beyni biriktirmişti. Onları teker teker detaylı olarak incelemeye başladı. Beyinlerin değişik bölgelerinin hacimlerini ölçtü, gri madde olarak bilinen ve sinir hücrelerinin bulunduğu beyin bölgelerindeki o hücrelerin sayısını, bu hücreler arasındaki bağlantılardan oluşan beyaz madde miktarını belirledi. Her bir beyne ait bilgileri topladıktan sonra bu sefer beyinleri birbirleriyle karşılaştırdı. Beyinler arasında farklılıklar vardı. İşin ilginç yanı, farklılıkların tek açıklaması beyinlerin sahiplerinin cinsiyetiydi. Örneğin bir hasta solaksa iki beyin yarı küresini birbirine bağlayan ve iki yarı küre arasındaki iletişimi sağlayan korpus kollosum adı verilen yapı daha büyüktü fakat bu gerçek sadece erkekler için geçerliydi. Kadınlar solak da olsalar, sağ ellerini de kullansalar *korpus kollosum*'un büyüklüğü açısından aralarında bir fark yoktu. Beynin diğer bölümlerinde de benzer bir durum söz konusuydu. Erkekler arasında solak olanlar ile sağ ellerini kullananların beyinlerinin bazı bölgelerinin büyüklüğü arasında fark varken kadınlarda böyle bir farklılık yoktu. Witelson beynin değişik bölümlerindeki sinir hücrelerinin sayısını incelediğinde, kadınlarda beynin dış kısmını oluşturan ve korteks adını verdiğimiz kısımda sinir hücrelerinin birbirlerine daha yakın olduğunu ve bu kısımda erkek beynine kıyasla %12 daha fazla sinir hücresi olduğunu keşfetti. Witelson'a göre bu fark, kadın beyninin erkek beyninden küçük olmasına rağmen (ortalama bir erkek beyni ortalama bir kadın beyninden %9 daha büyük) kadınlarla erkeklerin aynı akıl ve zekâ düzeyine sahip olmasını açıklıyor. Ayrıca kadınlarda temporal lobun dil ve kavrama ile ilgili olan bölümlerinde de sinir hücrelerinin daha yoğun olduğu bulundu. Kadınların sözel yeteneklerinin genelde erkeklerinkinden daha gelişmiş olmasının nedeni belki de bu fark.

Harvard Üniversitesi psikoloji profesörü Jill M. Goldstein geçtiğimiz 25 yıl içinde yapılan bilimsel çalışmaların, belli sözel ve duygusal yetenekleri belirleyen testlerde kadınların daha iyi, belli sayısal ve uzamsal yetenekleri belirleyen testlerde ise erkeklerin daha iyi olduğunu gösterdiğini ancak bu cinsiyet farklılıklarının her tür sözel ve sayısal yetenek için geçerli olmadığını bildiriyor. Öyle ki bu özellikler açısından sadece kadınların veya sadece erkeklerin kendileri arasında belli bir yetenek açısından görülen farklılıklar, grup olarak karşılaştırıldıklarında erkekler ve kadınlar arasında görülen farklılıklardan çok daha fazla olabiliyor.

Golstein ve arkadaşlarının erkek ve kadın beyni arasında bulduğu bir diğer fark da erkek amigdalasının kadın amigdalasından büyük olmasıydı. Erkek kobayların amigdalasındaki sinir hücrelerinin birbirleriyle dişilere oranla daha fazla bağlantı kurduğu da biliniyordu. California Üniversitesinden Larry Cahill ve arkadaşları, stresli durumlar karşısında işlev gördüğü bilinen amigdalanın erkeklerde ve kadınlardaki etkinliğini ve bu stresli durumları aradan bir süre geçtikten sonra nasıl hatırladıklarını belirlemek üzere bir çalışma yaptı. Denekler şiddet sahneleri içeren bir film seyrederken PET ile beyinlerinin görüntüleri kaydedildi. Birkaç hafta sonra deneklere filmden ne hatırladıklarını sordular. Sonuçlar film izleme sırasında amigdalanın etkinlik düzeyinin deneklerin filmleri ne ölçüde hatırladığının bir göstergesi olduğunu ortaya koyuyordu. Bir diğer deyişle, bir film deneklerin amigdalalarının etkinliğini ne kadar çok artırırsa film de sonradan o kadar çok hatırlanıyordu. Sonuçları inceleyen Cahill ilginç bir şeyin farkına vardı. Bu ve benzer çalışmalarda deneklerin bazılarında sadece beynin sağ yarı küresindeki amigdala etkinleşiyor, bazılarında ise sadece sol yarı küredeki amigdala etkinleşiyordu. Cahill denekler hakkındaki bilgilere bakınca sağ amigdalası etkinleşen deneklerin erkek, sol amigdalası etkinleşen deneklerin kadın olduğunu gördü. Bu sonuçlar erkeklerin ve kadınların duygusal hatıraları hafızaya farklı şekillerde aktardığını gösteriyordu. Cahill ve arkadaşları bu farklılığın ne anlama geldiğini öğrenmek için film izleyen erkek ve kadın deneklerin amigdalalarının etkinleşmesini farmakolojik yolla önleyip sonuçlarına bakmayı planladı. Sağ yarı kürenin olayların genel anlamda anlaşılmasıyla, sol yarı kürenin ise olayların detaylarıyla ilgili olduğu yönünde bir kuram vardı. Eğer Cahill ve arkadaşlarının düşünceleri doğru ise verilen ilaç erkeklerin filmin ana konusunu hatırlamasını, kadınların ise filmin detaylarını hatırlamalarını önlemeliydi. Deneklere propranolol verildi. Bu ilaç adrenalin ve noradrenalin adlı hormonların işlevini baskılayarak amigdalanın etkinliğini azaltır, bunun sonucu olarak da duyguları harekete geçiren hatıralar daha az hatırlanır. İlaç verilen deneklere, otomobil çarpmış bir erkek çocuğun kazadan hemen sonra annesi ile birlikte çekilmiş bir fotoğrafını gösterdiler. Bir hafta sonra deneklerin neler hatırladığını belirlemeye çalıştılar. Propranolol erkeklerin olayın genelde ne olduğunu hatırlamada zorlanmasına (örneğin çocuğa otomobil çarpmış olduğunu), kadınların ise tam tersine olayın detaylarını (çocuğun elinde bir top olması) hatırlamakta güçlük çekmesine neden olmuştu. Bu sonuçlar, erkek ve kadın beyni arasındaki farklılıkları göstermenin yanı sıra özellikle travma sonrası stres bozukluğu (TSSB) rahatsızlığının tedavisinde cinsiyet farkının göz önüne alınması gerektiğini de gösteriyordu. Nitekim Almanya'daki Ludwig Maximillan Üniversitesinden Gustav Shelling ve arkadaşları yaptıkları çalışmada, TSSB tedavisinde propranolol ve benzeri beta önleyicilerin kullanılmasının travmatik olaylarla ilgili hafızayı erkeklerde değil sadece kadınlarda zayıflattığını buldu.

Bilim insanları cinsiyet farklılığının sadece TSSB'yi değil başka bazı psikolojik rahatsızlıkları da etkilediğini belirledi. Örneğin uzun süredir kadınların depresyona erkeklerden daha yatkın olduğu biliniyordu. Kanada'nın McGill Üniversitesinden Mirko Diksic liderliğindeki bir araştırma grubu, PET tekniğini kullanarak beyindeki sinir hücreleri arasındaki iletişimi sağlayan ve nörotransmiter adını verdiğimiz moleküllerden biri olan serotoninin beynin hangi bölgelerinde ve ne kadar üretildiğini belirledi (antidepresanların önemli bir kısmı, beyindeki sinir hücreleri arasındaki iletişimin gerçekleştiği, sinaps adını verdiğimiz kısımlardaki serotonin miktarını artırır). Erkek deneklerin beyinlerinde kadınlarınkinden %52 daha fazla serotonin üretildiğini buldular. Kadınların beyinlerinde daha az serotonin üretilmesi depresyona olan yatkınlıklarının nedeni olabilir. Depresyon, bağımlılık, şizofreni gibi psikolojik rahatsızlıklar üzerinde yapılan bu ve benzeri çalışmalar, bu rahatsızlıklara yakalanma açısından erkek ve kadın beyni arasında önemli farklılıklar olduğunu, cinsiyet farklılıklarının teşhis ve tedavide göz önünde bulundurulması gerektiğini gösteriyor.

Beyindeki cinsiyete bağlı benzerliklerin ve farklılıkların belki de toplum düzeyindeki en önemli yönü, kız ve erkek öğrencilerin sözel ve sayısal yetenekleri ile bunun uzantısı olarak ileri yaşlarda seçtikleri çalışma alanları ve bu alanlardaki başarılarıdır. Sadece geri kalmış ve gelişmekte olan ülkelerde değil ABD ve Batı Avrupa gibi gelişmiş bölgelerde de fen bilimleri dallarında ve üst düzey yönetici kadrolarında kadınların sayısı erkeklere oranla çok geride. Yıllardır üzerinde yeterince durulmayan bu konu, 2005 yılında Harvard Üniversitesinin o günkü rektörü Lawrence Summers'ın "kadınların üstün kalitede bilimsel çalışma yapabilme olasılığının erkeklere göre çok daha az olmasının en önemli nedenlerinden biri, çok daha az sayıda kadının bu sahalarda doğal yeteneğinin olmasıdır" şeklindeki ifadesi üzerine bir anda gündeme oturmuştu. Summers bu ifadesinden sonra koltuğundan olmuştu ama konunun gündeme oturmasına da yol açmıştı. ABD'de 2007 yılında genel iş gücünün %46'sını kadınlar oluştururken bilim ve mühendislik alanlarında iş gücünün sadece %27'sini kadınlar oluşturuyordu.

ABD'de yapılan çalışmalar, okul öncesi eğitimde erkek ve kız çocuklar arasında herhangi bir fark yokken okul başlangıcından itibaren ve özellikle ilkokul bitiminde, bu iki grup arasında önemli farklılıklar ortaya çıktığını gösteriyor. Kız öğrenciler sözel yetenekte erkek öğrencileri geride bırakıyor, bunun yanı sıra yüzleri hatırlama, "episodik hafıza" dediğimiz yani olayları ve kişisel tecrübeleri yer ve zamanlarıyla hatırlama yetisinde de erkeklerden daha avantajlı duruma geçiyor. Erkek öğrenciler ise görsel-uzamsal olarak tanımlayabileceğimiz, yön ve yol bulma ve objelerin zihinde üç boyutlu olarak canlandırılması becerisinde kız öğrencileri geride bırakıyor. Bu yetenek zihinde imge oluşturmayı gerektiren matematik sorularında erkek öğrencileri avantajlı kılıyor.

Kız öğrenciler üniversite giriş sınavına kadar matematik derslerinde erkeklerden daha yüksek notlar alıyor olmalarına rağmen üniversite giriş sınavında erkek öğrenciler, özellikle matematik sorularında ortalamada kızlardan çok daha yüksek puan alıyor. Üniversite giriş sınavları ve puanlar biraz daha yakından incelendiğinde, aslında bu sonuca bütün erkek öğrencilerin kız öğrencilerden daha yüksek puan almalarının değil, çok yüksek puan alan öğrenciler arasında erkek öğrencilerin çoğunlukta olmasının neden olduğu ortaya çıkıyor. Erkek öğrenciler sadece en yüksek puan alanlar arasında değil en düşük puan alanlar arasında da çoğunluğu oluşturuyor. Değerlendirmeye sadece orta düzeyde başarı gösteren öğrenciler alındığında erkek ve kız öğrencilerin aynı düzeyde başarılı olduğu görülüyor. Erkek öğrencilerin bu kadar geniş bir yelpazede yer almasının nedeni şimdilik bilinmiyor. Ancak bilinen bir şey var ki o da matematikte üstün yetenek gösteren kız öğrencilerin sayısı her geçen yıl artıyor. ABD'de 1980'lerde üstün yetenekli öğrenciler arasında kızların erkeklere oranı 1'e 13 iken, günümüzde bu oran 1'e 3. Yine aynı dönemde tıp ve veterinerlik gibi geleneksel olarak erkeklerin çoğunlukta olduğu bilim dallarında kız öğrencilerin sayısı giderek artmış. Günümüzde tıp fakültelerinden mezun olan öğrencilerin yarısı ve veteriner fakültelerinden mezun olanların %75'ini kız öğrenciler oluşturuyor (ABD'de tıp veya veterinerlik fakültesine girebilmek için önce dört yıllık bir fakülteyi yüksek bir not ortalaması ile bitirmek, ardından tıp ve veterinerlik fakültesine giriş sınavından yüksek puan almak gerekiyor).

Kız öğrencilerin başarılarındaki bu olağanüstü artışın nedenlerinden biri kız öğrencilerin eğitimine önem verilmesi ve ileri düzeyde matematik ve bilim dersleri almaları. Ayrıca özel eğitim verilmesi, örneğin görsel-uzamsal yeteneği artırıcı yönde derslerin açılması da kız öğrencilerin başarısını artırmış olmalı.

Erkek ve kadın beyinlerini karşılaştırırken şunu da belirtmek gerekiyor; tek yumurta ikizleri de dâhil olmak üzere hiçbir beyin bir diğerinin aynısı değil. Witelson "erkek ve kadın beyinleri karşılaştırıldığında birbirlerinden ne daha iyi ne de daha kötü olduklarını görüyoruz" diyor ve ekliyor: "Ancak cinsiyetler açısından beyinde farklılıklar olduğu da bir gerçek. Beynimiz düşünmemize, hissetmemize, hareket etmemize ve etken olmamıza yardımcı olduğu için, bu farklılıklar büyük olasılıkla bilişsel birtakım farklılıkları da beraberinde getiriyor". Farklılıklar sağlık açısından da son derece önemli. Erkek ve kadın beyni arasındaki farklılıklar özellikle beyni etkileyen rahatsızlıkların tedavisinde cinsiyete özel tedavi yöntemleri geliştirmemiz gerektiğini gösteriyor.

Göz önünde bulundurulması gereken diğer önemli gerçek de beynin yaşadığımız tecrübelerin etkisi ile devamlı olarak değişime uğramasıdır. Bilimsel olarak "beynin plastisitesi" olarak adlandırdığımız bu özellik erkek çocukların sözel, kız çocukların ise görsel-uzamsal yeteneklerinin özel bir eğitimle geliştirilebileceği anlamına geliyor. Nitekim bilimsel çalışmalar, çocukların konuşma diline maruz kalma sıklığının daha sonraki yaşamlarında ulaşacakları sözel yetenegi belirleyen en önemli etken olduğunu gösteriyor. Çok sayıda ülkeyi kapsayan, geniş çaplı bir çalışmada, küçük çocukların sözel yeteneklerinde cinsiyet farkının etkisinin sadece %3 olduğu bulunurken, çocuğun yetiştiği ortamın ve konuşma diline maruz kalma oranının etkisinin %50 olduğu bulunmuş. Bu da anne ve babaların erkek çocuklarıyla daha fazla iletişim kurup onlarla konuşarak, onlara kitap okuyarak veya kitap okumalarını teşvik ederek sözel yeteneklerinin güçlenmesini sağlayabileceğini gösteriyor. Öte yandan bilimsel veriler ebeveynlerin kız çocuklarının görsel-uzamsal yeteneklerini bu amaçla düzenlenmiş kurslarla, üç boyutlu oyuncaklarla, hedefe atış oyunlarıyla (örneğin ok atma), tenis ve voleybol gibi spor etkinlikleri ile güçlendirebileceğini gösteriyor.

Mutlu Beyin

Whitney Houston 2009'da *Guinness Rekorlar Kitabı*'na o zamana kadar en çok ödül almış kadın sanatçı olarak geçmişti (aralarında iki Emmy, altı Grammy ödülünün de olduğu toplam 415 ödül). Albümleri dünya genelinde yüz yetmiş milyondan fazla satmıştı. O bir ses sanatçısı, bir sinema oyuncusu, bir model ve bir yapımcıydı. Muhteşem sesi ve yorumuyla milyonların gönlünde taht kurmuştu.

Ertesi gün Grammy ödül töreni gerçekleşecekti ve Whitney Houston da o akşam Arista Records'un sahibi Clive Davis'in verdiği Grammy öncesi partiye katılacaktı. Fakat 48 yaşındaki pop ve R&B sanatçısı süperstarın cansız bedeni, o gece katılacağı partinin verileceği Beverly Hilton Otelindeki suitinin banyo küvetinde bulundu. Parti için otelde hazır bulunan ilk yardım ekibinin yirmi dakika süren çabaları boşa çıkınca sanatçının yaşama veda ettiği kesinleşmiş oldu. Whitney Houston'ın ölüm haberi, yayın akışlarını kesen televizyon kanallarınca bir anda bütün dünyaya duyuruldu. Beverly Hills polisi yaptığı açıklamada ortada bir cinayet olduğuna dair herhangi bir iz bulamadıklarını, sanatçının ölümünün kesin nedeninin ancak otopsi ile bulunacağını belirtiyordu fakat onu tanıyanlar Houston'ın uzun süren içki ve uyuşturucu bağımlılığının ölümüyle ilişkisi olduğunu düşündü.

Herhangi birine sorulsa Whitney Houston mutluluktan uçuyor olmalıydı, bunun için gereken her şeye sahipti. Mal, mülk, para, dünya çapında bir ün, onu görebilmek ve ona bir kerecik dokunabilmek için çok şey feda etmeye hazır on binlerce, belki yüz binlerce hayran, olağanüstü güzellikte bir ses, canından çok sevdiği bir kız çocuğu. Fakat bunların hiçbiri onu içki ve uyuşturucu bağımlısı olmaktan koruyamamış, mutluluğu onlarda aramasına engel olamamıştı. Houston'ınkine benzer hikâyeler daha önce de defalarca yaşandı ve maalesef büyük ihtimalle gelecekte de yaşanacak. 2011 yazında, henüz 27 yaşında olan ve şöhret basamaklarını hızla tırmanan beş Grammy ödüllü İngiliz şarkıcı Amy Winehouse da evinde ölü bulunmuştu. Otopsi raporu Winehouse'un kanındaki alkol miktarının çok yüksek olduğunu gösteriyordu. Rock'n Roll'un en büyük efsanesi olarak kabul edilen Amerikalı sanatçı Elvis Presley de 42 yaşındayken aşırı uyuşturucu kullanımının neden olduğu bir kalp krizi nedeniyle yaşamını yitirmişti. Jimi Hendrix, Kurt Cobain, Jim Morrison gibi efsane isimler de aynı acı sonu paylaştı. Mutlu olmak için gereken her şeye sahip olan bu insanların mutsuz olması ve kendilerini iyi hissedebilmek için alkole ve uyuşturucuya yönelmesi hiç anlaşılmaz bir durum değil mi?

Paranın, şan ve şöhretin mutluluk getirmediği hep söylenir ama çoğumuz meşhur insanların yaşamlarını, nerelerde zaman geçirip neler yaptıklarını, kimlerle birlikte olduklarını, ne giydiklerini hatta ne yiyip ne içtiklerini aktaran paparazzi progamlarını seyretmekten ve magazin haberlerini okumaktan kendimizi alamayız. Yine çoğumuz o sayfalarda ya da paparazzi programlarında sergilenen, görkemli kıyafetler içinde keyifli yaşamlar süren ünlülerin yüzlerindeki gülümsemeyi mutluluğun yansıması olarak algılarız.

Paranın mutluluğun kaynağı olduğuna inananlarımızın sayısı hiç de az değildir. "Bana milli piyangodan ikramiye çıksa" diye başlayan cümlelerimizle, paranın problemlerimizin pek çoğunu ortadan kaldıracağını ve o zaman mutlu olacağımızı söyler dururuz. Gerçekten öyle mi?

***

Dokuz çocuk babası, işsiz Ahmet Bayram cebindeki son birkaç lira ile bir çeyrek bilet alıyor. 2005 yılının yılbaşı gecesi, ellerindeki bilete mutluluğun anahtarı gözüyle bakan milyonlar gibi Ahmet Bayram da ekran başında heyecanla çekilişi bekliyor. Talih kuşu o gece Ahmet Bayram'a gülüyor ve biletine ikinci büyük ikramiye olan 5 milyon TL çıkıyor. 1 milyon 250 bin TL alan Ahmet Bayram ilk iş olarak ailesi ile birlikte İstanbul'a taşınıyor. Bu arada kendisi için de bir şey yapmayı ihmal etmiyor ve bir peruk satın alıyor! Ancak İstanbul'da işler hiç de planladığı gibi gitmiyor. Kendini gece hayatına kaptıran Bayram bir süre sonra eşinden ayrılıyor. Gittiği gece kulüplerinden birinde tanıştığı bir kadınla evlenen Bayram'ın serveti kumara başlamasıyla erimeye başlıyor. Dört yıl içinde ikramiye ile aldığı gayrimenkulleri bir bir elden çıkaran Bayram, borçlarını ödeyemez hâle gelince yardım istemek için ilk eşine gidiyor. Borcunu ödemesi için ondan üzerine kayıtlı olan gayrimenkulleri satmasını istiyor. Eski eşin cevabı "hayır" oluyor. O gece eski eşi ve çocukları Bayram'ı en son banyoya doğru yürürken görüyor. Gecenin geç saatlerinde babasının uzun bir süredir banyodan çıkmadığını fark eden büyük kızı seslenmelerine karşılık alamayınca banyonun kapısını zorlayarak açıyor ve babasının kalorifer borusuna asılı cesediyle karşılaşıyor. Mutluluk getirmek bir yana para Bayram ailesinin elinde olan mutluluğu da alıyor. Geride biri dokuz çocuklu, diğeri beş aylık hamile iki dul kadın ve gözü yaşlı dokuz çocuk kalıyor.

Paranın mutluluğu satın alıp alamayacağı sorusuna bilimsel olarak yaklaşan ve işi rakamlara döken ilk bilim insanlarından biri

Güney Kaliforniya Üniversitesinden iktisatçı Richard Easterling olmuş. Easterling II. Dünya Savaşının sonlarından 1970'lere kadar geçen sürede Amerikalıların mutluluk düzeyleri ile ekonomik veriler arasındaki ilişkiyi değerlendirmiş. Bu süre içerisinde kişi başına düşen gelir dört kat artarken mutlu veya çok mutlu olduğunu söyleyen Amerikalıların sayısında çok az bir artış gözlenmiş. Easterling'in yorumu tüketim toplumunun insanları mutlu etmede başarısız kaldığı şeklinde. Bu konuda daha sonra yapılan çalışmalardan da Easterling'in bulgularına benzer sonuçlar elde edilmiş. Sadece ABD'de değil Japonya, Almanya ve İngiltere gibi gelişmiş ülkelerde yapılan benzer çalışmalar da kişi başına gelir artarken insanların mutluluk düzeyinde sadece hafif bir artış görüldüğünü ortaya koymuş. Günümüzde araştırmacılar paranın mutluluk üzerinde az bir etkisinin olduğunu fakat düşük gelirli insanların bu kurala istisna teşkil ettiğini kabul ediyor. Çünkü Bangladeş ve Hindistan gibi halkın büyük kesiminin yoksul olduğu ülkelerde, zenginlikle mutluluk arasındaki ilişki gelişmiş Batı ülkelerinde olduğundan çok daha güçlü. Bununla beraber yiyecek, giyecek ve ev giderleri karşılandıktan sonra fazladan kazanılan paranın getirdiği mutluluğun çok az olduğu pek çok bilimsel çalışma ile ispatlanmış.

Bilim insanları paranın mutluluk üzerindeki etkisinin beklenenin aksine az olmasını iki nedene bağlıyor: İnsanların değişen şartlara olağanüstü düzeyde uyum gösterme yeteneği ve mutluluğun göreceli olması. 1978 yılında Phillip Brickman, Dan Coates ve Ronnie Janoff-Bulman üç grup insana bir dizi soru sorarak bu insanların günlük, sıradan etkinliklerden ne kadar mutluluk duyduğunu belirlemeye çalışıyor. Denekler geçmişteki, o andaki ve gelecek için tahmin ettikleri mutluluk seviyelerini gösteren değerlendirmeler yapıyor. İlk grubu piyango talihlisi 22 kişi, ikinci grubu kazalar sonucu sakat kalmış 18 kişi, üçüncü grubu yani kontrol grubunu ise sıradan 22 kişi oluşturuyor. Araştırmadan çok ilginç sonuçlar elde ediliyor. Piyango talihlilerinin günlük, sıradan etkinliklerden kontrol grubuna göre önemli derecede daha az zevk aldığı ortaya çıkıyor. Piyango talihlilerinin, ikramiyenin çıkışından bir süre sonra, piyango kazanmayanlardan daha mutlu olmadığı anlaşılıyor.

Bu bulgular paranın kazanılmasıyla yaşanan mutluluğun bir süre sonra kaybolduğunu gösteriyordu. Kazazedeler kontrol grubuna göre geçmişte daha mutlu olduklarını düşünüyordu. Bu da aslında beklenen bir durumdu. İlginç bir şekilde kazazedeler "şimdi"de beklenildiği gibi mutsuz değillerdi, aksine mutluluk seviyeleri ortalamanın hayli üzerindeydi. Benzer bir başka çalışmada hapisanede yatan tutuklularla, dışarıdaki kişiler arasında, mutluluk düzeyleri bakımından önemli bir farklılık bulunmamıştı. Hapse girenler ilk birkaç ay mutsuz olmuşlar ama yeni şartlara uyum gösterince mutluluk seviyeleri yeniden normal düzeye çıkmıştı. Peki, neden yaşantımızdaki önemli değişikliklerin etkisi böylesine az oluyor? Psikologlar bunun gerisinde "hedonik uyum" denilen büyük bir güç olduğunu belirtiyor.

Türümüz yeni şartlara çok kolay uyum gösteriyor. Örneğin karanlık bir odadan gün ışığına çıktığımızda aşırı ışık ilk anda gözlerimizi kamaştırsa da gözlerimiz birkaç saniyede dışarının aydınlığına uyum gösteriyor. Bulunduğumuz odada güçlü bir koku varsa ilk anda o kokuyu hissetmemize rağmen belli bir süre sonra alışıyoruz ve odada bir koku olduğunu ancak odadan ayrılıp tekrar geri döndüğümüzde fark ediyoruz. Psikologlar örneklerini verdiğim bu "fizyolojik uyum"un bir benzerinin psikolojik dünyamızda da geçerli olduğunu bildiriyor. Yeni bir iş, yeni bir ev, şehir değişikliği, evlilik bir süre için mutluluğumuzu artırıyor fakat bu artışı sürekli hissetmiyoruz. Bir süre sonra yeni şartlara psikolojik olarak uyum sağlıyor ve eski hâlimize geri dönüyoruz. Bu uyum sadece zevk alınan şeylerle de sınırlı kalmıyor. Aynı uyum süreci sayesinde acı deneyimlerin etkisinden de bir süre sonra kurtuluyoruz.

Bu gözlemler insanların genetik olarak belirlenen bir mutluluk eşiği olduğunu, yaşadığımız bazı olayların bizleri daha mutlu (ya da daha mutsuz) ettiğini fakat bir süre sonra mutluluk düzeyimizin genetik olarak belirlenmiş düzeye geri geleceğini gösteriyor.

Gerçekten de bir "mutluluk eşiği" olduğu Minnesota Üniversitesinden David Lykkens, Auke Telegren ve arkadaşlarının yaptığı "ikizlerin mutluluk çalışması" olarak bilinen çok önemli bir araştırma ile ispatlanmıştı. Minnesota Üniversitesinde başlatılan ve psikolojik özelliklerin genetik ve çevresel yönlerini belirlemeyi hedefleyen çalışmada 1936-1955 ve 1961-1964 yılları arasında Minnesota eyaletinde doğan ikizlerin kayıtları toplanıyordu. İkizler ve aileleri uzun yıllar takip ediliyor ve haklarındaki çeşitli bilgiler kaydediliyordu. Lykkens ve Telegren tek yumurta ikizleri ile çift yumurta ikizlerini mutluluk açısından karşılaştırdı ancak elde edilen sonuçları daha da güçlendirmek için doğumdan hemen sonra birbirinden ayrılmış tek yumurta ikizlerini de çalışmaya dâhil ettiler. Böylece aynı genetik yapıya sahip fakat değişik çevrelerde yetişmiş ikizler arasında da bir karşılaştırma yapılabilecek ve mutluluk düzeylerinin ne kadarının çevreden, ne kadarının genlerden kaynaklandığı gösterilecekti. Bu çalışma, çok farklı fiziki ortam ve şartlarda büyümüş olsalar da tek yumurta ikizlerinin çok benzer bir mutluluk eşiğine sahip olduğunu gösterdi. Öte yandan DNA'ları açısından ikiz olmayan kardeşler kadar birbirlerinden farklı olan çift yumurta ikizlerinin de mutluluk seviyelerinin çok farklı olduğu bulundu.[11] Lykkens ve Telegren'in elde ettiği bu bulgular mutluğun yaklaşık %50'sinin genler tarafından belirlendiğini gösteriyordu. Bununla birlikte Lykken, mutlulukta genlerin payının önemli olmasının yanı sıra insanın doğru şeyleri yapması durumunda mutluluk düzeyini artırabileceğini de vurguluyordu.

Massachusetts Teknoloji Enstitüsünden (MIT) Psikolog Steven Pinker sosyal karşılaştırmanın mutluluğu belirlemede belki de en

1 İkizler çalışmasının en meşhur ikizleri doğduktan sonra birbirlerinden ayrılan ve ilk defa 39 yaşında karşılaşan, her ikisi de James isimli kardeşlerdi. Her ikisi de 1,83 boyunda ve 82 kg ağırlığındaydı. Her ikisi de aynı marka sigara ve bira içiyor, arada bir tırnaklarını yiyordu. Yaşam hikâyelerini karşılaştırdıklarında olağanüstü benzerlikler olduğunu keşfettiler. Her ikisinin de eşlerinin adı Linda idi fakat her ikisi de ilk eşlerinden ayrılmıştı ve her ikisinin de ikinci eşlerinin adı Betty idi. Her ikisi de arada bir evlerinin değişik yerlerine eşleri için sevgi sözcükleri içeren notlar bırakıyordu. Her ikisinin de ilk çocukları erkekti ve onların da isimleri James idi: James Alan ve James Allen. Her ikisi de köpeklerine Toy adını vermişti. Her ikisinin de otomobili açık mavi Chevrolet idi.

önemli kriter olduğunu belirtiyor. *How the Mind Works* adlı kitabında Pinker bu konunun aslında uzun süredir bilindiğini örneklerle sergiliyor. Örneğin Shakespeare'in "başka birinin gözünden mutluluğa bakmak ne acıdır" dediğini, Ambrose Bierce'in mutluluğu "diğerlerinin ızdırabı düşünüldüğünde hissedilen heyecan" olarak tanımladığını ve "kamburlu ancak kendisinden daha büyük kamburluyu görünce keyiflenip sevinir" diyen bir atasözünü hatırlatıyor. Günlük yaşantımız da bu psikolojinin örnekleriyle dolu aslında. Örneğin maaşımızda %5'lik bir artış olduğunu bildiren bir mesaj aldığımızda hissettiğimiz mutluluk, bizimle aşağı yukarı aynı şartlarda olan, aynı yerde çalışan bir meslektaşımızın maaşına %10 artış yapıldığını öğreninceye kadar sürüyor. Diğer yandan aynı yerde çalıştığımız meslektaşlarımız yerli otomobil kullanırken lüks bir otomobil kullanmak bizi mutlu ediyor. Göreceli durumumuzun neden bu kadar önemli olduğu konusunda ortaya atılan düşüncelerden biri "eş için rekabet" kavramı. Bu düşünceye göre yiyeceğin kısıtlı ve dünyanın tehlikeli bir yer olduğu devirlerde, kadınlar çocuklarına baba olarak cesur ve güçlü erkekleri seçiyordu. Bunun en iyi göstergesi de bir erkeğin benzerlerine göre ne kadar mal ve mülk sahibi olduğuydu. O devirlerle karşılaştırıldığında günümüzde yiyecek veya güvenlik problemi büyük oranda hâlledilmiş olsa da kadınlar eş seçiminde erkeğin kazancını hâlâ en önemli ölçüt olarak görüyor. Modern toplumlarda görecelik toplumun hemen hemen her kesimine yayılmış durumda. Kendimizi komşularımız ve meslektaşlarımızla karşılaştırmamızın yanı sıra yaşamımızı da televizyon programlarında gördüğümüz yaşam şekilleri ile karşılaştırıyoruz. Çoğu insanın maddi gücü yetmese de marka elbise, ayakkabı giydiğini, akıllı telefon kullanıp tablet ile dolaştığını, yeni moda kocaman saatler taktığını görüyoruz. Bu davranışların arkasında da şüphesiz yine sosyal karşılaştırma psikolojisi var. Dış görünüşümüzle de olsa etrafımızdakilerden daha iyi konumda olduğumuzu hissetmeyi, kredi kartı ekstresi elimize ulaştığında hissettiğimiz olumsuz duygulara tercih ediyoruz. Böyle bir yaklaşım da harcamaların toplum düzeyinde giderek artmasına neden oluyor çünkü herkesin yabancı otomobili olunca sonu olmayan bu yarışta yeni hedef en son model lüks araçlar oluyor.

Los Angeles'taki Kaliforniya Üniversitesinden Shelley Taylor'un liderliğindeki bir araştırma grubu 2011 yılı Eylül ayında *Proceedings of National Academy of Sciences* dergisinde yayımladıkları bir makale ile oksitosin reseptör geninin (OXTR) stres ve depresyonla baş etmede en önemli psikolojik özelliklerle -hayata pozitif bakış, kendine güven, kişinin kendi hayatı üzerindeki kontrolün elinde olması gibi- ilişkili olduğunu bildirdi. Bir hormon olan oksitosin özellikle üremedeki işlevi ile bilinir fakat son yıllarda yapılan bilimsel çalışmalar oksitosinin orgazm, sosyal tanımlama, sadakat, kaygı ve annelik gibi değişik durumlar üzerinde de etkisi olduğunu gösterdi. Diğer yandan oksitosin eksikliğinin empati eksikliğine neden olduğu ve sosyopati, psikopati ve narsisizim gibi kişilik bozukluklarıyla da ilişkili olduğu bulundu. OXTR, hücre zarında bulunan ve oksitosine bağlanan, bağlanmasıyla da hücre içerisinde bir dizi tepkime başlatan bir moleküldür. 326 kişinin katıldığı araştırmada deneklere kendine güven, iyimserlik ve kendi hayatları üzerindeki kontrolle ilgili konularda sorular yöneltildi. Deneklerden elde edilen tükürük numunelerinden izole edilen DNA'da OXTR geninin yapısına bakıldı. OXTR'nin belli bir nükleotidinde kişiler arasında farklılık bulundu: A varyantı ve G varyantı. DNA analizleri, "AA" veya "AG" varyantına sahip deneklerin "GG" varyantına sahip olanlara göre strese, sosyal yeteneklerde zayıflığa ve mental sağlıkta bozukluğa daha yatkın olduğunu ortaya çıkardı. Bu konuda daha önce yapılan bir çalışmada da oksitosin hormonunun miktarındaki artışın özellikle stres altındaki kadınlarda daha fazla sosyal ilişkiye neden olduğu bulunmuş. OXTR geninin yapısı ile yukarıda bahsedilen psikolojik özelikler arasında güçlü bir bağlantı olduğu bulunmuş olsa da çalışmanın lideri Taylor, genlerin kader olarak algılanmasının yanlış olacağını, "AA" varyantına sahip insanların da depresyonu yenebileceğini, stresle baş etmeyi öğrenebileceğini belirtiyor. Çünkü insanın yaşamı boyunca maruz kaldığı çevresel faktörlerin genlerin yapısında değil ama çalışmasında önemli rol oynadığının bilindiğini, örneğin sevgi ve anne şefkati ile büyüyen bir çocuğun gen yapısından dolayı taşıdığı riskin tamamen elimine edilmesinin bile söz konusu olabileceğini belirtiyor.

İngiltere'de yürütülen ve 2500 kişiyi kapsayan benzer bir çalışmada ise araştırmacılar 5-HTT adı verilen gen üzerinde yoğunlaştı. 5-HTT, beyin hücreleri arasında iletişim sağlayan ve "nörotransmiter" adını verdiğimiz moleküllerden biri olan serotoninin taşınmasında görev alır. Araştırmacılar 5-HTT geninin biri uzun diğeri kısa iki varyantı olduğunu, uzun varyantın sinir hücresi zarına daha fazla serotonin transferi sağladığını buldu. Deneklere "hayatından ne ölçüde memnunsun?" sorusunu sordular. Cevap seçenekleri "çok memnun, memnun, memnun değil, hiç memnun değil, hiçbiri" şeklindeydi. Deneklerin DNA yapısıyla verdikleri cevaplar karşılaştırıldığında uzun-uzun varyanta sahip olanların %35'inin çok memnun,%34'ünün memnun olduğu, kısa-kısa varyanta sahip olanların % 19'unun hiç memnun olmadığı, %26'sının ise memnun olmadığı ortaya çıktı. Uzun-uzun varyanta sahip olanların sadece %20'si hayatlarından memnun değildi. 5-HTT genine ait bulgular da yukarıda bahsettiğim mutluluk eşiğinin gerçekten genler tarafından belirlendiğini, bir diğer deyişle mutluluğun biyolojik temellerinin olduğunu gösteriyor. Çalışmanın lideri Jan-Emmanuel De Neve, bir önceki çalışmanın lideri Taylor gibi bu sonuçların kader gibi algılanmaması gerektiğini ve mutluluğun tek bir genin değil çok sayıda genin bileşik etkilerinin kontrolü altında olduğunu bildiriyor.

Beyinde bir mutluluk merkezi olup olmadığı bilim insanlarının üzerinde durduğu sorulardan biri. Winsconsin Üniversitesinden Richard Davidson elektroensefalograf (EEG) yöntemiyle deneklerin beyin etkinliklerini ölçüyor. Devamlı neşeli ve güler yüzlü olan, kendilerini mutlu ve hayata bağlı gören kişilerin beyinlerinin sol ön tarafında yer alan prefrontal kortekslerinde sağ tarafla kıyaslanınca daha fazla etkinlik olduğunu keşfediyor. Yenidoğanlara emmeleri için tadı güzel bir şeyler veridiğinde de beyinlerinin sol tarafında daha fazla etkinlik gözleniyor. Bu veriler beynin sol prefrontal korteksinin mutluluk merkezi olmasa da olumlu duygularla ilişkili olduğunu gösteriyor çünkü sağ prefrontal korteks ancak hoş olmayan ve olumsuz duygular hissedildiğinde etkinleşiyor.

The How of Happiness: A New Approach to Getting the Life You Want (Nasıl Mutlu Olunur? Arzuladığınız Yaşamı Elde Etmek için Yeni Bir Yaklaşım) adlı kitabın yazarı ve mutluluk konusuda en tanınmış bilim insanlarından olan Kaliforniya Üniversitesi psikoloji profesörlerinden Sonya Lyubomirski mutluluk konusunda yapılan bilimsel çalışmaların, mutluluğun %50'sinin genetik yapımızca belirlendiğini, beklenenin aksine sadece %10'unun yaşam şartları (zengin veya fakir olmak, hasta veya sağlıklı olmak, güzel veya sıradan olmak, evli veya bekar olmak vb.) tarafından kontrol edildiğini gösterdiğini belirtiyor. Geriye kalan %40'ı ise "kendi davranışlarımızın" belirlediğini öne sürüyor. Bir diğer deyişle mutluluğumuzun %40'ı elimizde ve günlük yaşantımızdaki davranışlarımız tarafından belirleniyor. Lyubomirski bu gerçeğin davranışlarımızı kontrol ederek, doğru şeyler yaparak, mutluluk eşiğimizi yükselterek daha mutlu olabileceğimizin kanıtı olduğunu belirtiyor.

Lyubomirski'ye göre %40 gibi önemli bir oran üzerinde bizim kontrolümüz varsa, o zaman mutluluk eşiği doğuştan yüksek olan yani yaşamları boyunca mutlu olan insanların davranışlarına bakıp onları kendi yaşantımıza uygulayarak daha mutlu olabiliriz. Bu düşünceyle yola çıkan bilim insanları mutlu insanları incelediklerinde ortak bazı özelliklerin olduğunu belirlemişler:

- Mutlu insanlar, aile ve arkadaşlarına önemli miktarda zaman ayırıyor . Onlarla ilişkilerini taze tutup onlarla vakit geçirmekten keyif alıyorlar.
- Sahip oldukları şeyler için minnettarlık duyuyorlar.
- Birlikte çalıştıkları insanlara veya yoldan geçenlere ilk yardım eli uzatanlar genellikle onlar oluyor.
- Geleceğe olumlu bakıyorlar.
- Hayattan zevk alıyorlar ve "şimdi"de yaşıyorlar.
- Günlük veya haftalık egzersiz programı uyguluyorlar.

- Belirledikleri hedeflere ve yapmak istediklerine kesinlikle bağlı kalıyorlar (örneğin ahşap mobilya yapmak, çocuklarına kendi inançlarını öğretmek veya insan hakları için mücadele etmek gibi faaliyetler).
- Onlar da diğer insanlar gibi yaşamlarında stres yaşıyor ama stresle baş etmede soğukkanlı ve güçlü olmak gibi bir silahları var.

Lyubomirski ve onun gibi kariyerini mutluluk konusuna adamış bilim insanları insan düşüncesinin ve hareketlerinin mutluluk üzerindeki etkilerini araştırmış ve elde ettikleri verilerle insanların mutluluğunu artırıcı programlar geliştirmişler. Bu programların önemli amaçlarından biri kişinin hem mutlu olmasını hem de mutluluk hâlinin devamlılığını sağlamak olmuş. Lyubomirski bu tür çalışmalardan elde edilen sonuçlara dayanarak şu önerilerde bulunuyor:

- Minnettar olun ve olumlu düşünün.
- Minnettarlığınızı ifade edin.
- Devamlı olumlu olmaya çalışın.
- Sosyal karşılaştırmadan ve olaylar üzerinde fazla derinlemesine düşünmekten kaçının, dert etmeyin.
- Sosyal ilişkilere yatırım yapın.
- İnsanlara iyi ve nazik davranın, empati gösterin.
- Kişisel ilişkileri geliştirin.
- Stres, zorluk ve felaketlerle baş edebilmek için stratejiler geliştirin.
- Affetmeyi öğrenin.
- "Şimdi"de yaşayın.
- Bir şey yaparken kendinizi tamamen o işe verin.
- Yaşamdan zevk alın.
- Uzun vadeli hedefler belirleyip onları gerçekleştirmeye kilitlenin.
- Vücut ve ruh sağlığınızı koruyun.
- Maneviyatınızı veya inancınızı yaşayın.
- Meditasyon yapın.

- Vücut sağlığınızı korumak için egzersiz yapın.
- Mutlu olmasanız da mutlu insan rolü oynayın.

Mutluluk konusunda çalışan bilim insanları, mutluluğun Freud'un "insan ne kadar az mutsuzsa o kadar mutludur yani mutluluk mutsuzluğun olmaması durumudur" şeklindeki tanımlamasında olduğunun aksine özgün bir duygu olduğunu ve bir sonuç olmaktan ziyade bir süreç olarak ele alınması gerektiğini vurguluyor. Dolayısıyla insanın, kendi vücut sağlığını korumak için egzersiz programları yapıp uygulamasına benzer bir şekilde, mutluluk eşiğini yükseltip onu sürekli kılabilmek için Lyubomirski'nin yukarıda özetlediğim önerilerinin en azından bir kısmını yaşamına uygulaması ve yaşamı boyunca sürdürmesi gerekiyor.

Kişi başına düşen yıllık gelir veya ülkelerin gayri safi milli hasılaları (GSMH) genelde refah düzeyi ve dolayısıyla insanların mutluluğu konusunda bir ölçüt olarak kullanılır. Yukarıdaki bilimsel verilerden toplumların mutluluğu için GSMH'nın doğru bir gösterge olmadığı sonucu ortaya çıkıyor. Mutluluk konusundaki çalışmaları ile tanınımış Ed Diener ve Martin Seligman organizasyonların, şirketlerin ve hatta hükümetlerin karar alırken veya politikalar oluştururken insanların yaşam memnuniyetlerini göz önünde bulundurmaları gerektiğini vurguluyor. Kişi başına düşen gelirin artmasına karşın yaşam memnuniyetinde pek fazla bir değişimin olmamasını aksine aynı dönemde stres, depresyon, anksiyete ve intihar vakalarının sayısının artmasını ekonomik göstergelerin yetersiz kaldığının kanıtı olarak gösteriyorlar. İlginçtir, hükümet politikalarının oluşturulmasında insanların mutluluklarını en önemli kriterlerden biri olarak kabul eden ilk ülke Batının gelişmiş ülkelerinden biri değil, Himalayalar'ın küçük krallığı Butan olmuş. 1972 yılında, o günün kralı Jigme Singye Wangchuck halkın yaşam memnuniyeti ve genel mutluluk seviyesi için GSMH'nin değil "Gayri Safi Milli Mutluluğun- GSMM" kullanılması önerisinde bulunmuş. Bugün Butan'da yasa tasarılarının hazırlanmasında ve yeni politikaların oluşturulmasında GSMM üzerinde olumsuz bir etkilerinin olmamasına özen gösteriliyor. Ülkenin kalkınma planlarının hazırlanmasında da GSMM önemli bir kriter olarak kullanılıyor. Temel ihtiyaçların henüz tamamen karşılanamadığı gelişmemiş ülkeler ve gelişmekte olan bazı ülkeler için ekonomik göstergelerin çok önemli olduğu yadsınamaz. Ancak toplumlar geliştikçe insanların yaşam memnuniyetlerinde ve mutluluklarında sosyal etkenlerin öne çıktığını görüyoruz. Bu gerçek de ekonomik açıdan hızla gelişen ülkemizde Gayri Safi Milli Mutluluğunun artırılmasını çok daha önemli kılıyor.

Okuyan Beyin

Howard Engel için 31 Temmuz 2001 günü diğer günlerden farksız başladı. Uyanıp yataktan kalktı, giyindi, kahvaltısını hazırladı. Dağıtıcının evinin önüne bıraktığı gazetesini almak üzere dış kapıya doğru yürüdü. T*oronto Globe and Mail*'in o günkü sayısı eşikte onu bekliyordu. Gazeteyi eline alır almaz ön sayfaya göz atmaya başladı ancak bir gariplik vardı, gazete yabancı bir dilde, Sırpça veya Hırvatça, belki de Korece basılmıştı, en azından Howard öyle düşündü. Geri kalan her şey normaldi; sayfa düzeni, resimler ve sütunlar yerli yerindeydi. Birilerinin ona şaka yaptığını düşündü önce. Gerçekten bir şaka mı yoksa bir anormallik mi olduğunu anlamak üzere bu sefer evdeki kütüphaneye geçip raftan rastgele bir kitap aldı ve sayfalarını çevirmeye başladı. Daha önce okuduğundan emin olduğu bu kitap da İngilizce değildi, o garip alfabenin harfleri ile yazılmıştı. Howard işin şaka olmadığını, aksine gece uykusunda kısmi felç geçirmiş olabileceğini düşünmeye başladı. Bir yandan da bu durumun geçici bir şey olmasını ümit ediyordu. Hemen oğlunu uyandırdı ve birlikte bir taksiye atlayıp hastaneye gittiler. Howard, yolda giderken cadde isimlerini okuyamadığının farkına vardı. Hastaneye vardıklarında ise acil giriş kapısının üzerindeki "Acil" tabelasındaki harfleri tanıyamamıştı. Oysa duvardaki ambülans resminden hastanenin acil servisi önünde olduklarını anlamıştı. Serviste ona bir dizi test uygulandı. Testlerin sonucu Howard'ın tahminini doğruladı. Gece kısmi bir felç geçirmiş ve beyninin sol yarım küresinde küçük bir alan felçten etkilenmişti.

Howard Engel, dedektif Benny Cooperman adındaki karakterin yaratıcısı ve onun serüvenlerini anlatan, ikisi sinemaya uyarlanmış bir düzineyi aşkın polisiye romanın sahibi Kanadalı ünlü yazarın ta kendisiydi. Howard daha çocukken "okuma bağımlılığına" yakalanmıştı. Eline geçirdiği her şeyi okuyordu. Felçten sonra başından geçenleri anlattığı *Okumayı Unutan Adam* adlı kitabında, büyürken kitap bulamadığında mısır gevreği kutularının üstündeki metinleri okuduğunu yazacaktı. Yaz aylarında ailesi onu kampa gönderdiğinde zamanını dışarıda diğer çocuklarla oynamak yerine içeride kitap okuyarak geçirdiği için diğer çocuklar tatilden bronzlaşmış olarak dönerken kendisinin bembeyaz kaldığını yazacaktı. Yine aynı kitapta, üniversitenin ilk yılını bitirip yaz tatili için eve geldiğinde ailesinin kendisiyle iletişim kurmada çok zorluk çektiğini çünkü en küçük bir soruyu bile felsefi bir tartışmaya dönüştürmeden cevaplayamadığını aktaracaktı.

Howard "bağımlılık" diye tanımladığı okuma sevgisini ileri yaşlarda ekmek parasına dönüştürmeyi başarmıştı. Bir müddet basında programcı olarak çalışmış, daha sonra Benny Cooperman adlı kahramanını yaratarak onun hikâyelerini yazmaya başlamıştı. Fakat Howard o Temmuz günü, o güne kadar yapabildiği en iyi ve tek şey olan romanlarını yazabilmesini de borçlu olduğu "okuma işlevini" bir anda kaybedivermişti. Okuyamama yanında başka anormallikler de vardı. Örneğin acile gittikleri gün oğlunun kim olduğunu hatırlamakta güçlük çekmiş, kendi ismini ve evinin adresini unutmuştu. Değişik cisimleri isimlendiremiyordu ama örneğin elindeki meyvenin ne olduğunu meyveyi koklayarak anlayabiliyordu. Bütün bu anormalliklerin yanı sıra onu çok şaşırtan bir durum daha vardı, yazma yeteneğine hiçbir şey olmamıştı. Bunu hastanede hemşirenin ona yazmayı tavsiye etmesi üzerine fark etti. Önce kendisinden bunun istenmesini garip bulmuştu çünkü ona göre okuma ve yazma işlevleri birbirine bağımlı olarak gerçekleşiyor olmalıydı. Okuma işlevini kaybettiği için yazmayı da unutmuş olmalıydı. Fakat hemşirenin verdiği kalemle kâğıda ismini yazınca düşündüğünün hiç de doğru olmadığını aksine son derece kolay, akıcı bir şekilde yazabildiğini gördü. İsmi dışında başka şeyler de yazdı. Hemşire onun yazdıklarını okuyuverdi, kendisi yazdıklarına baktığındaysa yine o garip alfabenin harfleri ile yazılmış olduklarını görecekti.

Üzerinde hiç düşünmediğimiz, doğal olarak ve kolayca yerine getirdiğimiz "okuma" işlevi aslında beynin olağanüstü başarılarından biridir. Okuma gözlerin yazılı kelimeleri algılamasıyla başlar. Yukarıdaki satırları okurken gözleriniz sayfayı soldan sağa, "spazmodik hareket" adını verdiğimiz ve saniyede dört beş defa tekrarlanan çok kısa süreli duraksamalarla taradı. Spazmodik hareketin nedeni, gözün retina adını verdiğimiz ve görmemizi sağlayan kısmının sadece merkezinin küçük yazıları görebilecek çözünürlüğü algılayabilecek hücre yapısına ve hücre sayısına sahip olmasıdır. Böyle bir yapının sonucu olarak sadece görme alanımızın merkezine düşen kelimeleri net bir şekilde görürüz. Gözümüz bir bakışta sadece bir veya iki kelimeyi net algılayabilir (Ortadaki kelimeye odaklanarak aynı satırın başındaki ve sonundaki kelimeleri görmeye çalışın. Görmenize rağmen onları okuyamadığınızı fark edeceksiniz). Spazmodik hareketle yazılı her bir kelimeyi netlik alanının merkezine getiririz. Kelimelerden yansıyan fotonlar retinaya ulaştığında beyaz kâğıt ve üzerindeki siyah harflere ait bilgi retinadaki nöronlar tarafından tüm şekli ile değil, sayısız parçalara ayrılmış bilgi olarak algılanır ve beynin görme merkezine ulaştırılır. Görme merkezimiz bu bilgileri tekrar bir araya getirir. Bu safhada bir yandan beynimiz harfleri sese dönüştürürken (fonolojik yol) diğer yandan okunan kelimenin ne olduğunu, dağarcığımızdaki sözlüğe başvurarak belirler (leksikal yol). Sonuçta harfler hem belli bir sesi hem de belli bir anlamı olan kelimeler olarak algılanır.

Yazılı bir metnin okunup anlaşılmasında kusur olması, tıp literatüründe "aleksi" olarak bilinir. Ona çok yakın olan ve en çok rastlanan öğrenme bozukluğu "disleksi" ise daha çok çocuklarda görülen gelişimsel bir bozukluktur. Aleksi daha çok yetişkinlerde görülen ve beyinde meydana gelen bir araz sonucu ortaya çıkan, yani sonradan edinilen bir kusurdur. Aleksi hastalarının bir kısmı, Howard'ın durumunda olduğu gibi, okuma yeteneğini kaybeder ama yazmada problem yaşamaz. Aleksinin bu türü tıp literatüründe "agrafisiz aleksi" (agrafi: beyinde meydana gelen bir rahatsızlık sonucu önceden normal olan yazma yeteneğinin bozulması) veya "saf aleksi" olarak bilinir. Saf aleksiye "saf kelime körlüğü" adı verildiğine de rastlanır. Hem okuma hem de yazma yeteneğinin bozulmasına ise "agrafili aleksi" adı verilir.

Saf aleksiyi tıp literatürüne kazandıran Fransız nörolog Joseph Jules Dejeriné oldu. Dejeriné'nin raporu ile tarihte ilk defa okumanın beyinle ilgisi de bilimsel olarak açıklanmış oluyordu. 1887 yılı Ekim ayının bir pazar günü, satış elemanı olarak çalışan ve aynı zamanda iyi bir müzisyen olan Oscar C. koltuğunda oturmuş kitap okurken birden artık kelimeleri tanıyamadığının farkına varır. Bundan birkaç gün önce sağ kolu ve bacağında uyuşma hissetmiş, bir iki defa konuşmada da zorluk çekmiş (kısmi felç belirtileri) ama üzerinde pek durmamıştır. Gözünde bir rahatsızlık olduğunu düşünerek bir göz doktoruna gider. Göz doktoru muayeneden sonra problemin aslında gözünde olmadığını belirleyerek onu bir nörolog olan Dejeriné'e gönderir. Dr. Dejeriné, Oscar C.'yi Kasım ayının 15'inde görür ve detaylı bir kontrolden geçirir. Muayene sonunda ona koyduğu teşhis "saf kelime körlüğü" olur. Oscar C.'nin görmede problemi yoktur ama harflerin ve kelimelerin ne olduğunu bir türlü çıkaramamaktadır. Gösterilen bir harfi yazması istendiğinde sanki resim yapıyormuş gibi yavaş yavaş harfi çizmeye çalışır. Teknik bir resim çizercesine harfin eğiminin, şeklinin, oranlarının doğru olmasına özen gösterir. Her gün okuduğu *Le Matin* gösterildiğinde gazeteyi şeklinden tanıdığını ama üzerinde yazılı olanları bir türlü okuyamadığını dile getirir. Oscar C. yaşadıklarından dolayı aklını kaybettiğini bile düşünmeye başlar. Çok ilginç bir şekilde harfleri tanıyamamasına rağmen rakamları tanıyabilmektedir. Hatta karmaşık matematik problemlerini çözebilmektedir. Yazmasında da hiçbir problem yoktur ancak yazdıklarına baktığında başkaları için son derece düzgün ve okunaklı olan el yazısını kendisi bir türlü okuyamaz.

Oscar C. bu ilk felçten sonraki sürede gösterdiği bütün çabaya rağmen okuma yeteneğini bir türlü tekrar kazanamaz. Bununla beraber müzik çalışmalarına devam eder çünkü müzik yeteneği sayesinde yeni parçaları kolaylıkla öğrenebilmektedir.

Bilimsel açıdan bakılınca Oscar C.'nin durumu beyinde rakamlarla harfleri tanıyan özelleşmiş bölgelerin bulunduğuna işaret ediyordu. Dejeriné, 1892 yılında yayımladığı bir raporla Oscar C.'nin başından geçenleri detaylı bir şekilde tıp camiasına duyurdu. Dejeriné gözlemlerine dayanarak beyinde harfleri tanımaktan sorumlu bir bölge olduğunu söyleyebiliyordu fakat kesin delil elde etmenin tek yolunun kelime körlüğü olan birisinin beynine bakmak olduğunun bilincindeydi. Nitekim Oscar C. 16 Ocak 1892'de, ilk felçten beş yıl sonra ikinci bir felç geçirip hayata veda edince Dejeriné bu fırsatı elde etmiş oldu. Oscar C.'nin beyninde otopsi yaptı. Otopsiden birkaç hafta sonra, Dejeriné Fransız Biyoloji Derneğinin toplantısında yaptığı bir konuşmada, hastanın sağ beyin yarı küresinde hiçbir problem olmadığını, sol yarı kürede ise biri birinci, diğeri ikinci felçten kaynaklanan lezyonlar bulduğunu açıkladı. Beyninin sol yarı küresinde, ventral oksipito-temporal bölgede meydana gelen lezyon Oscar C.'nin okuma yeteneğini elinden almıştı. Burası beynin görsel bölgesi içindeydi. Dejeriné, görsel bölgenin bir kısmında meydana gelen bir lezyonun nasıl olup da kişinin okuma yetisini etkilediğini "bağlantısızlık" kavramı bağlamında açıkladı. Bağlantısızlık hipotezine göre Oscar C.'nin beyninde, beynin farklı bölgeleri arasında iletişimi sağlayan beyaz madde adını verdiğimiz ve liflerden oluşan yapının bir kısmı zedelenmişti. Lezyon görsel işlevlerin ilk aşamalarının gerçekleştiği oksipital bölgeyi etkilemişti. Sol görsel korteksin bir kısmı da etkilenen bölgeler arasındaydı. Felç, iki yarı küre arasındaki bağlantıyı sağlayan *korpus kollosum* adını verdiğimiz yapının yanında onun bir parçası olan ve sağ taraftaki görsel bölgeden gelen bilgileri taşıyan liflerden bazılarını da harap etmişti. Bu veriler ışığında Dejeriné'nin yorumu şöyleydi: Oscar C.'nin beynindeki lezyon, görsel bilgiyi "görsel harf merkezine" taşıyan lifleri zedelemişti. Dejeriné'nin ileri sürdüğü "okuma bölgesi", *angular gyrus* adı verilen ve serebral kortekste, sol paryetal lobun tabanında yer alan bölgeydi. Buna göre Oscar C.'nin beyninin "harflerin görsel merkezi" denilebilecek bölgesinde bir problem yoktu çünkü eğer elinin ayasına kâğıt üzerine yazar gibi harfler çizildiğinde, görme duyusu kanalıyla değil de dokunma duyusu ile harfleri tanıyıp ne yazıldığını söyleyebiliyordu. Fakat liflerdeki kopukluk nedeni ile sayfadaki yazıya ait görsel bilgi harf merkezine ulaşamayınca okuması da mümkün olmuyordu. Dolayısıyla hasta kör değildi; harfleri, kelimeleri görebiliyordu ama basbayağı kelime körlüğü yaşıyordu. Aynı bilgi başka bir kanaldan ulaşınca (el ayasına, dokunularak yazılan hafler) okuma gerçekleşiyordu.

Dejeriné'nin hipotezi aradan geçen yüz yıl içerisinde harf körlüğü yaşayan çok sayıdaki hasta sayesinde kanıtlanacaktı. 1980'lerde CT görüntüleme ve Manyetik Rezonans Görüntüleme tekniklerinin geliştirilmesi ile bu hastaların beyinlerinde neler olup bittiğini öğrenmek için ölümlerinin beklenmesine ve ardından otopsi yapılmasına gerek kalmadı. Çünkü bu teknikler sayesinde hastalar daha hayattalarken beyinlerinin hangi bölgesinin etkilendiği, otopsiden çok daha detaylı ve kesin bir biçimde belirlenebildi. Antonio Damasio ve eşi Hannah Damasio 1983 yılında *Neurology* dergisinde yayımladıkları bir makale ile "saf aleksi"'nin anatomik detaylarını açıkladılar. Sonraki yıllarda işlevsel beyin görüntüleme tekniğinin (fMRI) geliştirilmesiyle, hastalar değişik işlevleri yerine getirirken gerçekleşen beyin aktivitelerinin gerçek zamanlı fotoğraflarını çekmek de mümkün oldu. Ayrıca farklı hastaların beyin görüntülerinin bilgisayar ortamında üst üste getirilmesi ile lezyonların beynin ortak bir bölgesini mi yoksa farklı bölgelerini mi etkilediğini görmek de mümkün oldu. Beyinde harflerin, kelimelerin ve rakamların görsel algılanması konusundaki çalışmaları ile bilinen ve *Reading in the Brain* (Beyinde Okuma) adlı kitabın yazarı Fransız bilim insanı Stanislav Dehaene ve çalışma grubu, aleksi hastaları üzerinde böyle bir çalışma gerçekleştirdi. Önce aleksi hastalarının beyin görüntülerini fMRI ile belirleyip farklı hastaların beyin görüntülerini bilgisayar ortamında üç boyutlu olarak karşılaştırıp ortak bölgeleri buldular. Daha sonra bu görüntüleri beyinlerinin benzer bölgelerinde lezyon olan ama aleksi olmayan hastaların beyin görüntüleri ile karşılaştırdılar. İki görüntü arasında ortak olmayan bölge aleksiden sorumlu bölge olmalıydı. Bu çalışmanın sonunda aleksi hastalarının hepsinin beyinlerindeki etkilenen bölgenin aynı yer olduğu ortaya çıktı, bu olağanüstü bir bulguydu. Dahaena, ekibinin elde ettiği sonuçlara dayanarak görsel harf merkezini "beynin harf kutusu" olarak adlandırmaya başladı. Harf kutusu sol oksipito-temporal bölgede yer alıyordu. Okuma dili ister İngilizce, ister Fransızca, ister Çince olsun harf kutusunun yeri hep aynıydı. Dahaena ve arkadaşlarının bulguları harflerin görsel tanınmasının Dejeriné'nin bildirdiği *angular gyrus*'a dayanmadığını ama ondan daha aşağıda bulunan harf kutusu tarafından gerçekleştirildiğini gösteriyordu. Zaten Dejeriné de Oscar C.'nin beyninin harfleri tanıyabildiğini ama görsel bilginin liflerdeki zedelenme nedeni ile harflerin tanındığı beyin bölgesine ulaşamadığını bildirmişti.

Şunu da hemen belirtmek gerekiyor, okuma işleminde harflerin algılanması işin sadece başlangıcıdır. Okumanın gerçekleşmesiyse çok daha karmaşık bir işlev. Dahaena ve grubu okuma işlevini şöyle açıklıyor: "Beynin sol oksipito-temporal bölgesinde bulunan harf kutusu, harflerin ve kelimelerin görsel şekillerini algılıyor. Harf kutusu bu bilgiyi sol yarı kürede bulunan ve kelime anlamını, ses motiflerini, harflerin seslendirilişini kodlayan çok sayıda değişik bölgeye iletiyor. Dolayısıyla işitme ve konuşma bölgeleri ile doğrudan bağlantılar söz konusu. Kelimelerde yüklü anlamların algılanması ve yorumlanması, beynin hafıza ve duygu gibi işlevlerinden sorumlu bölgelerinin katılımını da gerektiriyor. Bu bölgeler arasındaki karşılıklı bilgi akışı sonucu sadece insan türüne ait bu olağanüstü beceri gerçekleşiyor.".

Peki, okumanın beyin üzerinde ne tür bir etkisi var? Okuyan beyin ile okumayan beyin bir mi? Daha fazla okuyan çocuklar ile az okuyan veya hiç okumayan çocukların zihinsel yetkinlikleri arasında fark olabilir mi?

Pittsburg'daki Carnegie Mellon Üniversitesi Bilişsel Beyin Görüntüleme Merkezi araştırmacılarından Marcel Just ve Timothy Keller, 8-12 yaşları arasındaki çocuklarda okumanın beyin üzerindeki etkilerini araştırdı. Bir grup okuma problemi olan çocuklardan oluşuyordu. Kontrol grubunda ise normal düzeyde okuyabilen çocuklar yer aldı. Araştırmacılar özel bir Manyetik Rezonans Görüntüleme tekniği kullanarak bu çocukların beyinlerini inceledi. Bu teknikle çocukların beyinlerindeki "beyaz madde" adını verdiğimiz, bir bakıma şehirlerarası yollar gibi beynin değişik bölgeleri arasında bilgi akışı sağlayan bölgelere baktılar. Çalışma, okuması zayıf olan çocukların beyinlerinin beyaz maddesinin yapısal kalitesinin, normal okuyan çocuklarınkine kıyasla daha düşük olduğunu ortaya koydu. Just ve Keller çalışmanın devamında, okuması zayıf olan çocuklara bir sonraki ders yılında 100 saatlik özel bir program uyguladı. Bu programda öğrenciler belli kelime ve cümleleri defalarca tekrar edip okumalarını ilerletti. Programın bitiminde çocukların beyin görüntüleri yeniden alındığında sadece okuma yeteneklerinin değil, beyin dokularının da değiştiği ortaya çıktı. Yoğun program, bu çocukların beyinlerinin beyaz maddesinde iyileşmeye neden olmuştu, meydana gelen değişiklik önemli düzeydeydi. Daha da önemlisi iyileşme miktarı ile okumadaki ilerleme arasında birebir bağlantı olmasıydı. Beyinlerinde daha fazla iyileşme olan çocukların, okumalarında da daha fazla iyileşme gözlenmişti. Daha önce yapılan çalışmalarla bu son çalışma birlikte değerlendirildiğinde okumanın beyinde sadece gri maddeyi değil, sinirlerarası bağlantılar olan beyaz maddeyi de etkilediği ortaya çıkmış oldu. Bir diğer deyişle okuma beyinde yapısal değişikliklere neden olmuştu.

Özellikle gelişmekte olan ülkelerde yaşayan 80 milyon kadar çocuğun, okuma yazmayı öğrenemedikleri için fakir kalacağı ve okuryazar olamadıkları sürece bu fakirlikten kurtulamayacakları tahmin ediliyor. Bu gerçeğin farkına varan çok uluslu gönüllü kuruluşlar, gelişmekte olan ülke çocukları için okuma yazma kursları açmak ve onlar için kitap toplamak üzere gönüllü faaliyetlerde bulunuyor. Okuma yazma bilmeyen kişilerin pek çoğu ileri yaşlarda toplumsal soyutlanma problemi ile karşılaşıyor. Bu problem sadece gelişmekte olan ülkelerle de sınırlı değil. Örneğin İngiltere'de 1970 doğumlu kişilerle yapılan bir çalışmada, okuma yazma becerisi zayıf olan öğrencilerin toplumdan soyutlanma riskinin çok yüksek olduğu, 16 yaşına girdiklerinde bir işe yaramadığı düşüncesi ile okulu terk etme oranlarının yüksek olduğu, 30 yaşlarına ulaştıklarında çoğunun işsiz olduğu ve "ne yaparlarsa yapsınlar yaşamlarında hiçbir değişiklik olmayacağı" inancını taşıdıkları belirlendi. Çalışmada ebeveynlerden herhangi birinin çocuklarının okuldaki durumunu öğrenmek üzere veli toplantılarına hiç katılmadığı da ortaya çıktı.

Okuryazar olmamanın sosyal izolasyona yol açma ve iş bulabilme becerisini olumsuz yönde etkilemenin ötesinde, çok daha derin etkileri de var. Çocuk psikolojisi dalında yazılmış ünlü kitaplardan biri olan *Çocukların Zihinleri* adlı kitabın Edinburg Üniversitesi Gelişim Psikolojisi'nde profesör olan yazarı Margaret Donaldson, doğrudan tecrübe edilen şeylerle ilgili olmayan konular üzerinde düşünebilme becerisinin çocuğun "dil" olgusunu kavramasıyla başladığını ve bu becerinin okumanın öğrenilmesi ile kazanılıp geliştiğini belirtiyor. Bu becerinin bir sonucu olarak da çocuğun zihinsel olarak geliştiğini, kendini bilme ve kendini kontrol edebilme gibi üst düzey zihinsel faaliyetlerinin geliştiğini öne sürüyor. Rus psikolog Lev Vygotsky ise özel birtakım sistem, sembol ve işaretlerden oluşan yazım dilinin ustalıkla kullanılmasının bir çocuğun kültürel gelişiminde kritik bir dönüm noktası olduğunu vurguluyor. Bu konuda çalışan Kanadalı bilim insanları Kieran Egan ve Natalia Gajdamaschko ise okuma yazmanın çocukların sadece mantık gelişimini değil duygusal gelişimini de sağladığını, hayal güçlerinin, içgözlem (kendi düşünce ve hislerini inceleme) becerilerini geliştirdiğini, duygu ve düşüncelerine ilişkin farkındalıklarını artırdığını belirtiyor.

Bütün bu sonuçlar, hem kendi kişisel gelişimimiz hem de çocuklarımızın gelişimi için okumanın olağanüstü önemini gözler önüne seriyor. Üzerinde bilimsel bir çalışma yapılmamakla birlikte, ABD'de çocukların henüz anaokulundayken kitaplarla tanıştırılmasının, birinci sınıftan başlamak üzere okuma ve yazmaya özel bir önem verilmesinin, ilkokul ikinci sınıfı bitiren pek çok çocuğun giriş, gelişme ve sonuç bölümlerini içerecek şekilde kısa hikâyeler yazabilecek düzeye ulaşmasının ve yaşam boyu süren okuma alışkanlığının aşılanmasının, ABD ile geri kalmış veya gelişmekte olan ülkeler arasındaki farkta çok önemli bir rolü olduğunu düşünüyorum. Çocuklarımız için yapabileceğimiz en büyük iyiliklerden biri onlara okuma sevgisini aşılamaktır. Bunun için en etkin yöntem bu konuda örnek olmak ve küçük yaşlarından itibaren onlara kitap okumaktır. Kelime hazinesinin gelişmesinin öğretim ile değil, büyük ölçüde çocukların yeni kelimelere maruz kalması sayesinde gerçekleştiği eğitim bilimciler arasında kabul gören bir görüştür. Bu konuda araştırma yapan çok sayıda bilim insanı ise kelime hazinesinin konuşma sırasında veya başkasından duyma ile değil, çok okuma sayesinde geliştiğini belirtiyor. Bunun gerisinde yatan nedenlerin başında yazılı metinlerin, konuşma diline ve sözlü medya araçlarında kullanılan dile kıyasla hem çok daha fazla sayıda kelime içermesi hem de kullanılan kelimelerin çeşitliliğinin çok daha fazla olması geliyor. Örneğin bilimsel makalelerin özet bölümlerinde her bin kelime başına 128 seyrek kullanılan kelime geçtiği belirlenirken bu rakamın gazeteler için 68, televizyon dizileri için 22,7, çocuk kitapları için 30,9, üniversite eğitimi almış arkadaşlar veya eşler arasında geçen konuşmalarda ise 17,3 olduğu bulunmuş. Bu rakamların ortaya koyduğu çarpıcı gerçek şu: Konuşma dili yazı diline kıyasla çok daha yoksun. Çocuk kitapları bile kelime çeşitliliği açısından yetişkinler arasında gerçekleşen konuşmalardan çok daha zengin.

Howard Engel hastanede geçirdiği iki haftadan sonra bir rehabilitasyon merkezine aktarıldı ve orada bir aydan uzun bir süre tedavi gördü. Bu sürede merkezde çalışan sağlık personeli Howard'ın hem fiziksel hem de zihinsel olarak iyileşmesi için gayret sarfetti. Sabırla, bıkmadan usanmadan üzerinde durdukları konu, onun yeniden okuyabilmesini sağlamaktı fakat o yazmayı hiçbir zaman bırakmadı. Yazdıklarını okuyamamak onu yıldırmadı. Zamanla sabır ve uğraşları meyvesini verdi ve yavaş yavaş okumaya başladı. Başlangıçta yazdığı bir cümleyi çok kısa bir süre için okuyabiliyor, birkaç saniye sonra aynı cümleye baktığında harfleri tanıyamıyordu ancak zamanla okuyabildiği süre giderek uzadı. Yeni kitaplar yazmaya da başladı. 2007'de kahramanı Benny Cooperman'in kafasına aldığı bir darbe sonucu nasıl okuma yeteneğini kaybettiğini ve sonrasında kendi yaşadıklarına benzer şeyler yaşadığını anlattığı *Okumayı Unutan Adam* adlı kitabını yayımladı. Son olarak yine Benny Cooperman'ın serüvenlerinden oluşan *Süveyş'in Doğuşu* adlı kitabını yazdı.

Okumayı keşfetmek insanlık tarihinin en önemli dönüm noktalarından biri oldu çünkü onun sayesinde tür olarak ilk defa entelektüel açıdan gelişmeye başladık. Bu beceri sayesinde yaklaşık beş bin yıllık bir sürede okuma yazmanın çok ender olduğu basit toplumdan, bizden on binlerce kilometre ötede yaşayan veya yüzyıllar öncesinde yaşamış insanların yazdıklarını tabletimiz veya akıllı telefonumuzla okuduğumuz teknolojik toplum hâline geldik. Geldiğimiz noktayı borçlu olduğumuz okuryazarlığımız ise günümüzde artık iyi bir yaşam sürebilmenin en önemli ön koşullardan biri hâline geldi. Okuyan beyinde neler olup bittiğini ancak 2000'li yıllarda yapılan çalışmalarla öğrenmeye başladık. Bu kısa sürede elde edilen bilgilere bakınca, okuyan beyin hakkında öğreneceklerimizin eğitim düzenimiz için yol gösterici olacağını şimdiden tahmin etmek sanırım abartı olmayacaktır.

Müzisyen Beyin

Kendi topraklarında işgalci güçlerin idaresi altında kalmaktansa özgürlüğü için sahip olduğu her şeyi kaybetmeyi göze alan binlerce insanın öyküsünü anlatan bir uzun hava okuyacaktım o akşam. "Göç göç oldu göçler yola dizildi" diye başlayan ve bu adla bilinen uzun hava, düşman birliklerinin Erzurum'a yaklaşması ile sırtlarında ya da öküzlerin çektiği kağnılarda taşıyabilecekleri eşyaları alelacele yüklenerek batıya doğru göç etmeye başlayan insanların öyküsünü anlatır. Erzurumluların çoğu bu uzun havayı duyduklarında, o konser gecesinde olduğu gibi, zaman tünelinden geçmiş de o acı günlere dönmüş gibi hüzne bürünür. O günleri ve göçü bizzat yaşamış olanların bu uzun havayı duyduklarındaki yüz ifadeleri ve gözlerinden akan yaşları benim için müziğin inanılmaz gücünün işaretleri olmuştur hep. Aradan geçen yıllarda verdiğim konserlerden sonra dinleyicilerimden söylediğim bazı parçaların onları geçmişe, çok özel anlara geri götürdüğünü defalarca duydum. Kanada'da verdiğim bir konserin ardından yetmişlerinde bir kadın söylediğim "Makber" adlı parçayı dinlerken zihninde İstanbul'a ve 7 yaşına geri gittiğini, beni dinlerken bir anda annesinin elinden tutarak sanat müziğimizin eşsiz seslerinden, "Makber"in en iyi yorumcusu Hamiyet Yüceses'in konserlerine gittiği günleri hatırlayıp o anları yeniden yaşadığını söylemişti. Bunları bana anlatırken yıllar önce kaybettiği annesini hatırlamasından olsa gerek, bir eliyle de gözlerinden inen yaşları siliyordu. Bir şarkı bu kadının hafızasında kayıtlı yıllar öncesine ait hatıraları yeniden canlandırmıştı. ABD'deki bir başka konserimde ise yirmili yaşlarda Amerikalı bir çift, söylediğim bir şarkıyı dinlerken tüylerinin ürperdiğini ve çok duygulandıklarını dile getirmişlerdi. Onlara bu duyguları yaşatan parçayı o gece kendimi kaptırarak ve hissederek söylediğimi hatırlıyorum. Müzik bir şekilde, bu çiftle aramızdaki kültür, dil ve din gibi bütün farklılıkların ötesinde bir iletişim kurmamı sağlamıştı. Bu da müziğin evrenselliğine işaret ediyordu. Bugün Beatles ve Michael Jackson gibi müziğin çok sayıda dev isminin yedi kıtada tanınması da kanımca müziğin evrensel bir dil olma özelliği taşıdığını kanıtlıyor.

Müzik, yaşantımızın vazgeçilmez bir unsuru. En yabandan en gelişmişine kadar bütün toplumlarda müziğin yaşamın bir parçası olduğunu görüyoruz. Farklı toplumların birbirine benzeyen veya tamamen değişik müzikleri var. Afrika'daki yaban kabilelerin çoğunlukla ritim çalgılarıyla çıkardığı müzik, Şikago Senfoni Orkestrası tarafından yorumlanan Beethoven'in veya Mozart'ın besteleri yanında çok basit kalsa da her iki müziğin hem icra edenler hem de dinleyenler üzerindeki etkilerinde büyük benzerlikler var. Sonuçta hangi toplum olursa olsun müziksiz bir yaşam söz konusu değil.

Anne karnındaki fetusun, hamileliğin 17'nci ve 19'ncu haftalarında sesleri işitmeye başladığını biliyoruz. Anne karnındaki çocuğun duyduğu müzikten etkilendiğini ileri sürenler var. Hatta biraz daha ileri gidip anne karnındaki çocuğa Mozart dinletmenin çocuğun IQ düzeyini artıracağına inananlar dahi var (Viyana Üniversitesinde yapılan bir çalışmada dünya genelinde bu konuda yapılmış 40 farklı araştırma incelenmiş. Sonuç olarak Mozart'ın özel bir etkisi olduğuna dair bir kanıt bulunamamış fakat hangi türden olursa olsun müzik dinlemenin zihinsel faaliyetler üzerinde olumlu etkisi olduğu tespit edilmiş).

Uzun bir süredir işitmenin nasıl gerçekleştiğini yani kulağa gelen sesin bir grup hücreyi uyarmasıyla sinir hücrelerinin harekete geçtiğini, bu sinir hücreleri arasındaki biyoelektrik akış sayesinde ve beyinde işitsel korteks adını verdiğimiz bölgenin çalışması sonucunda duyma işlevinin ortaya çıktığını biliyorduk. Ama yukarıda bahsettiğim örneklerde olduğu gibi dinlediğimiz bir parçanın geçmişte olmuş olayları nasıl hatırlattığını veya bazı müzik parçalarını dinlediğimizde neden rahatlık hissettiğimizi yakın bir tarihe kadar bilmiyorduk. Son yıllarda nörobilimlerde elde edilen ilerlemeler sonucu insan beyni ile zihin arasındaki yani fiziksel bir yapıya sahip olan beyin ile fiziksel olmayan zihinsel faaliyetler arasındaki bağlantı hakkında ilk kanıtları elde edince müziğin insan beyni üzerindeki etkilerini de incelemeye başladık. fMRI ve PET gibi görüntüleme teknikleri ile belli bir konuya yoğunlaştığında beynin hangi bölümlerinin çalıştığını, hangi kısımlarında oksijen tüketiminin arttığını izlemeye başladık. Bunun bir sonucu olarak değişik işlevleri açısından beynin haritasını çıkarmaya başladık. Son on yılda elde edilen bu gelişmeler sayesinde şimdi müzik konusunda çok daha karmaşık sorular sorup bu soruların cevaplarını bilimsel yöntemlerle bulmaya çalışıyoruz: Beyin müziği nasıl algılıyor? Beyinde bir müzik merkezi var mı? Bir parçayı zevkle dinlediğimizde ve hoşumuza gitmeyen bir müziği dinlediğimizde beynimiz nasıl bir tepki veriyor? Profesyonel bir müzisyenin beyni sıradan bir insanın beyninden farklı mı? Bir müzik aletini çalmayı öğrenirken beynimizi de etkiliyor muyuz, etkiliyorsak ne tür değişiklikler oluşuyor?

Beyin açısından müzik algılanması gereken karmaşık bir uyarıdır; seslerin yüksek veya alçak notalar şeklinde olması (seslerin perdesi), müziğin ritmi, melodisi ve volümü birlikte algılanmak ve değerlendirilmek zorundadır. Dolayısıyla da müziğin algılanması, beynin sadece tek bir bölgesinin değil farklı bölgelerinin birlikte çalışmasıyla ortaya çıkan bir işlevdir. Örneğin beynin sol temporal lobunun zedelenmesi nedeniyle ortaya çıkan ve "amusia" olarak bilinen rahatsızlıkta, hasta müziğin hangi perdeden çalındığını veya söylendiğini (notaların yüksek mi alçak mı olduğunu) algılayamaz ama müzik deneyimi hâlâ devam eder. Bu örnekte olduğu gibi müziğin belli bir yönünü algılamak üzere özelleşmiş beyin bölgeleri bulunmakla birlikte, müzik deneyimi bir bütün olarak beynin farklı merkezlerinin koordineli bir şekilde çalışması ile ortaya çıkar. Müzik ve beyin konusundaki araştırmaları ile tanınan hem müzisyen hem de nörobilimci olan Daniel Levitin, beynin müziği algılamasını bir senfoni orkestrasının işleyişine benzetiyor. Bu makale için görüştüğüm *This is Your Brain on Music* (Beyniniz ve Müzik) ve *The World in Six Songs* (Altı Şarkıda Dünya) adlı kitapların da yazarı olan Levitin, "Beyin görüntüleme cihazları ile beyni müzik dinlerken takip ettiğimizde değişik bölgelerinin birlikte, uyum içerisinde çalıştığını görüyoruz" diyor ve ekliyor "orkestradaki değişik enstrüman grupları, nasıl seslendirilen eserin farklı kısımlarını uyum içerisinde çalıyorsa beyin de müziği aynı şekilde algılıyor, bir bölge sesin volümünü algılarken başka bir bölge notaları, başka bir bölge de müziğin ritmini algılıyor.".

Araştırmacılar deneklere sevdikleri parçaları dinletip o anda beyinlerinde uyarılan bölgelerin görüntülerini çıkardıklarında *nükleus akkumbens, hipotalamus* ve *ventral tegmental bölge* adı verilen üç farklı yapının aktif hâle geldiğini gözlemledi. Aslında bu bölgeler beyindeki dopamin adı verilen, sinirler arası iletişimi sağlayan ve psikolojik durumu etkileyen bir molekülden etkilenir. Uyuşturucular da beynin bu bölgelerini etkiler. Antropolog Helen Fisher âşık olan insanların beyinlerini görüntüleme teknikleri ile incelediğinde yine aynı bölgenin yani ventral tegmental bölgenin uyarıldığını buldu. Ventral tegmental bölge ve dopamin aynı zamanda beynin "ödül sisteminin" de parçaları. Dolayısıyla hoşumuza giden bir müziği dinlediğimizde beynimizdeki ödül sistemini harekete geçiriyoruz ve bunun sonucunda da güzel duygular hissetmeye başlıyoruz. Kısacası müzik dinlerken bir bakıma kendimizi ödüllendirmiş oluyoruz.

Beyin görüntüleme teknikleri sayesinde müzik icra eden veya müzik dinleyen bir kişinin beynini inceleyebildiğimiz gibi daha karmaşık durumları, örneğin birlikte müzik yapan kişilerin beyin aktivitelerindeki değişiklikleri de inceleyebiliyoruz. Sheffield Üniversitesinden nörobilimci Lawrense Parsons bir çalışmasında meşhur bir İngiliz rock'n roll grubunun iki üyesinin beyin aktivitelerini hem solo hem de birlikte müzik icra ederlerken inceledi. Çalışma, tek başına çalıp söylemek yerine birlikte müzik icra etmenin beynin daha büyük bir kısmını çalıştırdığını gösterdi. Birlikte çalınca sosyal ilişkiler, iki kişinin koordineli olarak çalması dolayısıyla planlama söz konusu olduğu için beynin üst düzey işlevlerinin gerektiği belgelendi. Ayrıca beynin duygularla ilgili bölümünün de düet sırasında uyarıldığı ortaya çıktı.

Müzik ve konuşma dili arasındaki paralellikler nedeniyle çok sayıda bilim insanı bu iki işlev arasındaki benzerlikleri ve farklılıkları bulmaya yoğunlaştı. Eğer benzerlikler bulunabilirse belki beyin zedelenmesi nedeniyle konuşma güçlüğü çeken hastalar için müzik tedavi aracı olarak kullanılabilecekti ancak müzik ve dil arasında işlevsel açıdan farklılıklar olduğu ortaya çıktı. Bunun en önemli kanıtı yine hastalardan geldi. Beyninin sol yarı küresi felçten etkilenmiş olan bazı hastalar "afazi" olarak tanımlanan konuşma güçlüğü çeker. Bu hastalar konuşulanları anladıkları hâlde anlaşılabilir cümleler kurmakta zorlanır, ağır ağır konuşurlar ve çoğu zaman ne söylediklerini anlamak imkânsızdır. Bunun nedeni felç sonucu bu hastaların beyninde "Broca Alanı" adını verdiğimiz, konuşmayı kontrol eden bölgenin zedelenmiş olmasıdır. Eğer müzik ve dil işlevsel olarak örtüşüyorsa bu hastaların şarkı söylemeyi denemesi durumunda söylediklerinin anlaşılmaması beklenirdi. Oysa bu hastalardan bazıları daha önceden bildikleri parçaları problemsiz olarak söyleyebildi. Örneğin operadan yaylı çalgılar dörtlüsü ezgilerine, film müziklerinden sonatalara kadar çok değişik müzik janrlarındaki besteleri ile bilinen Rus besteci

Vissarion Shebalin 1953 ve 1959 yıllarında iki defa felç geçirdi ve konuşma yeteneğini kaybetti. Buna rağmen 1963 yılında ölümünden birkaç ay önce beşinci senfoni bestesini tamamladı. Bu durum beyinde dil ve müzik işlevlerini kontrol eden bölgelerin farklı olduğunu ortaya koyuyordu. Elde edilen sonuçlar konuşmanın beynin sol yarı küresi, şarkı söylemenin ise sağ yarı küresi tarafından yerine getirildiğini gösteriyor.

Değişik vakalardan elde edilen verilerden müziğin çok sayıda farklı işlev üzerinde etkili olduğunu biliyoruz. Müzik insan beyninde öğrenme, dil, duyguların ifadesi, hafıza, fizyolojik ve motor kontrol gibi işlevleri etkiliyor. Bir müzisyenin beyni ile müzisyen olmayan birinin beyninin müziği farklı algıladığı da öğrendiklerimiz arasında.

Benzer çalışmalardan elde edilen sonuçları göz önünde bulundurduğumda, göç günlerini yaşamış kişilerin "göç göç oldu" uzun havasını dinlerken derin hislere kapılmasının gerisinde büyük ihtimalle beyinlerindeki görme, duyma ve hatta koku alma ile ilgili sinirlerin limbik sistemleri ile bağlantısı rol oynuyor. Hislerle ilgili olan limbik sistem beynin olfaktör korteksini, amigdalasını ve hipokampüsünü de içerir. Amigdala duyu organlarından gelen mesajlara verilecek tepkinin belirlenmesinde görev alır, ayrıca beynin frontal korteks ve hipotalamus bölgeleriyle ilişki içerisinde olduğu için ruhsal durumumuz ve duygu dünyamızla da ilgilidir. Olfaktör sistemi kokuları algılamamızı sağlar. Hipokampüs ise özellikle bilgilerin ve yeni öğrenilen şeylerin hafızada depolanmasında kilit rol oynar. Beyin görüntüleme teknikleri müziğin beynin bu bölgelerini uyardığını gösteriyor.

Müzik için kullanılan ifadelerden biri de "müziğin insana dokunduğu"dur. Bu söz dinlenen müziğin duygu dünyamıza etkisine ilişkindir ama aynı zamanda fiziksel bir gerçeği de dile getirir. Aslında gözle görememememize rağmen duyduğumuz bir müzik veya bir ses gerçekte fiziksel olarak bize dokunmaktadır çünkü kulağımıza ulaşan bir ses dalgası, kulak zarına fiziksel olarak dokunarak onu titreştirir ve kulak zarına temas eden kulak kemikçiklerini harekete geçirir. Bunun sonucunda da işitme dediğimiz olay meydana gelir.

Müziğin dinleyenler üzerindeki olağanüstü etkilerine ait en güzel örneklerden biri *von Economo hastalığı* olarak da bilinen *ensefalit letarji*'ye yakalanan hastalar üzerindeki etkisidir. Bu hastalık kurbanlarını yaşamdan koparır ve bazılarını fiziksel olarak âdeta canlı bir heykele dönüştürür. Beyinde ani inflamasyona neden olan bu hastalık bilinmeyen bir nedenle 1915 ve 1926 yılları arasında epidemik hâle gelmiş. Nörolog ve aynı zamanda tanınmış bir popüler bilim yazarı olan Oliver Sacks, 1970'lerde L-Dopa adlı ilacın bu hastalarda olağanüstü etkiler yarattığını buldu. Hastalar bir anda canlı heykel durumundan çıkıp sanki yaşama geri döndüler ancak ilacın etkisi çoğu hastada kısa süreli oluyordu. Bu hastaların durumu Oliver Sacks'in daha sonra beyaz perdeye uyarlanan *Awakening* (Uyanış) adlı kitabına da konu oldu. Sacks olağanüstü bir şey daha gözlemlemişti. Hastalara canlı müzik dinletildiğinde hastalar sanki L-Dopa almışlar gibi, kısa süreli de olsa, uyanıp sanki her şey yolundaymış gibi dans etmeye veya elleri ile tempo tutmaya başlamışlardı.

Müzikle tedavi uzmanı olan Concetta Tomaino da benzer tecrübeler yaşıyor. Tomaino yaşlı bakım evlerinde yaptığı bir çalışmada bunama, felç veya ilerlemiş nörolojik hastalıklar nedeniyle bu dünyadan âdeta kopmuş, salonun bir ucundan öbür ucuna amaçsız bir şekilde dolaşan veya oturduğu yerde başı öne eğik, kımıldamadan sessiz duran hastalara piyano çalmaya başlıyor. Bakım evinin sakinlerinin bileceği ve geçmişte popüler bir parça olan "Let me call you sweetheart" adlı parçayı çalıyor. Salondaki gürültü ve kaostan dolayı başlangıçta kendisi bile çaldığını zorlukla duyarken birkaç dakika içerisinde gürültü yavaş yavaş azalıyor ve salondakiler şarkıyı mırıldanmaya başlıyor. Başları öne eğik kıpırdamadan saatlerce öylece duran hastalar bile başlarını kaldırıp ona bakmaya başlıyor. Zihinsel faaliyetleri çok zayıflamış bu hastalar şarkının sözlerini hatırlıyor ve söylemeye başlıyor. El ve ayaklarını devamlı olarak kontrolsüzce sallayan hastalar bir anda kontrolsüz hareketlerini durdurup şarkının temposuna göre hareket etmeye başlıyor.

Bizler bir bakıma tecrübelerimizin ve hafızamızın toplamından ibaretiz. Yeni tecrübeler edindiğimizde onları geçmişte yaşadıklarımızla ilişkilendirerek veya karşılaştırarak değerlendiririz. Örneğin yeni tanıştığımız birinin ismini genellikle aynı ismi taşıyan bir başka tanıdığımız ile bağlantılı olarak hatırlamaya çalışırız. Yeni tecrübe bizim için ne kadar manalı ise hafızamıza da o kadar güçlü kaydedilir: İlk aşkımızı veya işe ilk başladığımız günü hiç unutamamamız gibi. Şimdi bir an için geçmiş ile bağlantınızın kesildiğini, şimdiye kadar yaşadıklarınız hakkında hiçbir şey hatırlamadığınızı yani hafızanızı kaybettiğinizi düşünün. Acaba yıllar önce öğrendiğiniz bir müzik parçasını dinlediğinizde bir şey hisseder miydiniz? Tomaino'nun hastalarından Sally'nin yaşamı bu sorunun cevabını veriyor.

Sally *lokoensefalopati* adı verilen ve beyni etkileyen bir hastalık geçirmiş ve dilsiz hâle gelmişti. Bütün yaptığı bakım evinin koridorlarında dolaşıp ağlamaktı. Ağlamanın dışında herhangi bir ses çıkarmıyordu. Tomaino yine bir gün bakımhanedeki hastalara piyano çalıyordu. Bir an için çok güzel sesli bir kadının ona eşlik etmeye başladığını duydu. Bu güzel sesli kadın parçanın sözlerini de hatasız söylüyordu. Tomaino sesin geldiği yöne döndüğünde sesin Sally'den geldiğini, Sally'nin bir yandan şarkı söylerken bir yandan da dans ettiğini büyük bir şaşkınlıkla gördü. Tomaino, bunun üzerine Sally'nin kız kardeşine telefon ederek Sally'nin geçmişinde müzikle herhangi bir ilişkisinin olup olmadığını sordu. Kardeşi, Sally'nin geçmişte çok güzel piyano çaldığını ve çok güzel sesi olduğunu, insanları müziği ile eğlendirmeyi çok sevdiğini, partilerde şarkılar söylediğini aktardı. Tomaino'dan duydukları Sally'nin kız kardeşini de çok şaşırtmıştı. Sally'nin müzikle olan bu yakınlığı hakkında daha önce hiçbir bilgisi olmayan bakımevi hemşireleri o günden sonra Sally'e her gün şarkılar söylemeye başladı. Sally ilk günlerde monoton bir sesle eşlik etmeye başladı. Bu arada hem ağlaması hem de bakımevinde durmadan usanmadan yürümesi de durmuştu. Bir süre sonra olağanüstü bir şekilde Sally konuşmaya da başladı. Müzikten önce yaşamdan kopmuşken bu gelişmelerden sonra bakımevindeki yaşantının bir parçası hâline geldi, aktivitelere katılmaya başladı. Sally'nin durumu müziğin beyin üzerindeki inanılmaz gücüne çok güzel bir örnek teşkil ediyor.

Müziğin hafızayı nasıl etkilediğini tam olarak anlamış değiliz ama hemen hemen hepimiz müziğin hafıza üzerindeki etkisini yaşamışızdır. Yirmi hatta otuz yıl önce söylediğim parçaları ve sözlerini aradan geçen yıllarda hiç duymadığım ve söylemediğim hâlde hatırlamama -tamamını olmasa da- hep çok şaşırmışımdır. Bazen müzik hafızası o kadar güçlüdür ki parçanın tamamını değil kısa bir bölümünü dinlemek bile parçanın tamamını hatırlamamıza yeterlidir.

Afrika'daki yaban topluluklardan ABD gibi gelişmiş ülkelere kadar bütün kültürlerde müzik olduğuna göre müziğin evrensel yönleri de olmalı. Bütün insanlar müzikten hoşlandığına göre birbirinden çok farklı olduğu düşünülen müzik türleri arasında dahi birtakım benzerlikler olmalı. Ancak klasik batı müziği ile bizim uzun havalarımızı veya türkülerimizi karşılaştırdığımızda aralarında kompozisyon açısından pek bir benzerlik göremiyoruz. Farklı kültürlerin müzik türleri arasında evrensel kabul edilen belki de tek ortak yön "oktav" kavramıdır. Oktav, örneğin do sesi ile başlayıp do sesi ile biten sekiz notalık bir seride ikinci do'nun birinci do ile aynı ses olması ancak ondan çok daha yüksek veya tiz olmasıdır. ABD'de müziğimizi icra ettiğim radyo ve TV programlarında bana müziğimizi Batı müziğinden ayıran özelliklerin neler olduğu sorulmuştur hep. Bu farklılıkların ilki müziğimizde çeyrek nota dediğimiz, ana notalar arasında yer alan seslerin bulunması ve sıkça kullanılmasıdır. Bu seslerden bazılarını Batı enstrümanları ile çıkarmak imkânsızdır. İkinci önemli fark ise harmoni olarak adlandırdığımız çok sesliliğin Batı müziğinin çok önemli bir parçası olmasına karşın geleneksel müziğimizde tek sesliliğin esas olmasıdır.

Kültürel farklılıklar ve kendi kültürümüzün müziğini dinleyerek büyümüş olmamız beynimizi o müziğe karşı bir açıdan şartlandırır. Dolayısıyla çocukluktan itibaren belli bir müzik zevki geliştiririz. Bilimsel delillerden yoksun olsak da günümüzde dinlenen müziğin beyni şekillendirdiği hipotezleri öne sürülüyor. Hissederek okuduğum bir Türk müziği parçasının, 20'li yaşlardaki Amerikalı genç çiftin tüylerini ürperten özelliği neydi o hâlde? Belli ki elimizdeki en gelişmiş teknolojilere rağmen hâlâ müziğin gücünü ve insan beyni üzerindeki etkilerini çözebilmiş değiliz. Gerçek olan bir şey var ki o da bütün farklılıklara rağmen müziğin oktavdan başka da evrensel yanları olduğu. Bu soruya en iyi yanıtı kanımca Max Planck Enstitüsünden araştırmacı Tom Fritz'in elde ettiği sonuçlar veriyor. Fritz eğer müziğin evrensel olan özellikleri varsa bunu tespit etmenin en iyi yolunun, günümüzün müziğini onu hiç duymamış ve modern dünya ile hiçbir irtibatı olmayan insanlara dinletip onların tepkilerini almak olduğunu düşünüyor. Fritz ve arkadaşları böyle bir grubu Kamerun'un kuzeyinde Mandara dağlarında buluyor. Mafa adındaki bu Afrika kabilesi o güne kadar modern dünyanın müziğini hiç duymamış, kabilenin üyeleri hayatlarında hiç radyo dinlememiş fakat müzik onların yaşamlarının önemli bir parçası. Kendi müziklerini her gün barınaklarında, pazar yerinde icra ediyorlar. Demirden ve bir çeşit mumdan yaptıkları flüte benzer ama tek bir ses çıkaran bir müzik aleti kullanıyorlar. Müzikleri tamamen enstrümantal yani şarkı söylemiyorlar. Fritz kabilenin üyelerine Batı müziği kurallarına göre mutluluk, üzüntü ve korku duygularını vurgulayan üç farklı müzik parçası dinletiyor. Yerliler müzikleri dinledikten sonra onlara mutlu, üzgün ve korkmuş bir kadının yüz ifadelerini gösteren fotoğraflar gösterip duydukları müziğin hangi duygu hâlini çağrıştırdığını soruyor. Batı müziğini hayatlarında duymamış olan Mafalar, Batı normlarına göre özel olarak seçilmiş müzikleri dinlediklerinde, parçaları bir Batılının seçeceği fotoğraflarla eşleştiriyorlar. Bir Batılının neşeli olarak niteleyeceği parçayı onlar da neşeli buluyor, bir Batılının hüzünlü diye tanımladığını parçayı onlar da hüzünlü buluyor. Mafalarla elde edilen bu sonuçlar müziğin kültürden etkilenmekle beraber gerçekten evrensel bazı yanları olduğunu kanıtlamış oluyor.

Peki, müzik insanlara ait bir olgu mu? Müziği kullanan diğer canlılar da var mı? Eğer varsa bizimle onlar arasında ne gibi benzerlikler ve farklılıklar var?

Her sabah cıvıltılarına uyandığımız kuşların da müziği kullandıklarını biliyoruz ancak kuşlar normal ötüşleri dışında müzik özelliği taşıyan sesleri özellikle üreme mevsimlerinde çıkarır. Bu mevsimlerde kuşların vücutlarında önemli hormonal değişiklikler meydan gelir. İnsanlar ise yılın her mevsiminde, konser salonlarından kendi banyolarına kadar her yerde müzikten zevk alır. Kuşlarda sadece erkek kuşlar ancak ergenliğe ulaştıktan sonra müzik sesleri çıkarır. İnsanlar ise çok erken yaşlarda müziği dinlemeye veya çalıp söylemeye başlarlar. Ayrıca kuşlar müziği özel bir işlev için, yani üreme maksadıyla eş bulabilmek için kullanırken insanlar müziği çok farklı aktivitelerde kullanır. Örneğin çocukları rahatlatıp uykuya dalmalarını sağlamak için ninniler söylüyor, düğünlerde kutlama amacıyla müzik dinleyip dans ediyoruz. Bir ilahi veya ayin duyduğumuzda daha çok dini duygular yaşıyoruz. Savaşların bilek gücü ile kazanıldığı zamanlarda müziği savaş alanlarında askerlere moral vermek amacıyla kullanmışız. Günümüzün stresli yaşamından uzaklaşmak ve biraz rahatlamak istediğimizde klasik müzik veya new-age türü müzikler dinliyoruz.

Belki de insan müziği ile kuşların müziği arasındaki en önemli farklılık, çeşitlilik. Kuş seslerini inceleyen araştırmacılar değişik türden kuş seslerinin hemen hepsinde birbirine çok benzeyen melodiler olduğunu buldu, insanların müzik konusundaki yaratıcılıkları ise sinir tanımıyor. Klasik müzikten rap müziğine, cazdan arabeske, türküden Tibet rahiplerinin gırtlak müziğine kadar olağanüstü bir çeşitlilik var.

Nörobilimlerde son yıllarda elde edilen en önemli verilerden biri de beynin daha önceden düşünüldüğü gibi statik yani değişmez olmadığının tersine değişebilir bir yapıda olduğunun, plastisitesinin olduğunun keşfedilmesidir. Müzik beyin plastisitesi konusunda da önemli veriler sunuyor. Örneğin profesyonel müzisyenlerle müzisyen olmayan kişilerin beyinleri karşılaştırıldığında, beynin korteks olarak adlandırılan dış yüzeyinin ön kısmının (*frontal korteks*) işitme ile ilgili bölümünün (*aditory korktes*) ve hareketle ilgili (*motor korteks*) bölümünün müzisyenlerde müzisyen olmayanlardan daha kalın olduğu bulunuyor. Ayrıca iki beyin yarı küresini birbirine bağlayan ve *korpus kollosum* adını verdiğimiz yapının da özellikle erken yaşlardan itibaren herhangi bir müzik aleti çalmayı öğrenenlerde daha büyük olduğu keşfediliyor.

Müziğin beyin plastisitesi üzerindeki etkileri bilim insanlarını müziğin çocukların eğitimini olumlu yönde etkileyip etkilemeyeceği sorusunun cevabını aramaya yöneltti. Şimdiye kadar yapılan sınırlı sayıdaki çalışma, müzik eğitimi alan çocukların zihinsel aktivitelerinin almayanlara göre daha fazla olduğunu gösteriyor. Sonuçlar müzik eğitiminin çocukların başarısında kesinlikle olumlu etkisi olduğunu kanıtlıyor. Kendi geçmişime baktığımda da öğrencilik yıllarımda en başarılı olduğum yılların müzik faaliyetlerimin en yoğun olduğu yıllara denk geldiğini görüyorum. Modern nörobilim verileri hem kendimiz hem de çocuklarımız için yapabileceğimiz en büyük iyiliklerden birinin onlara müzik eğitimi vermek olduğunu gösteriyor.

Âşık Beyin

Leyla ile Kays göçebe bir Arap kabilesinde dünyaya gelirler. Çocuklukları birlikte geçer. Kabilelerinin sürüsünü güderler birlikte. Zamanla Leyla ve Kays birbirlerine âşık olur. Şair ruhlu Kays, Leyla'sı için şiirler yazmaya başlar. Şiirleri o kadar güzeldir ki duyanlar onları ezberleyip tekrarlamaktan kendilerini alamaz. Birbirlerine karşı duydukları bu derin sevgiyi ömür boyu birlikteliğe dönüştürmek isteyen Kays, Leyla'yı babasından ister. Fakat böyle bir birlikteliğin geleneklere aykırı, o nedenle de imkânsız olduğunu belirten Leyla'nın babası onun bu isteğini reddeder.

Bir süre sonra Leyla istemediği hâlde başka bir kabileden zengin bir tüccar ile evlendirilir ve kabileden ayrılır. Leyla'nın evlilik haberini duyan Kays deliye döner. Kabileyi terk edip yakındaki bir çölde dolaşmaya başlar. Uzun bir süre ondan haber alınamaz. Onun için günlerce çöle yemek bırakan ailesi de artık ondan ümidi keser. Arada bir Kays'ı şiirler okurken veya kum üzerine çubukla şiirler yazarken gördüklerini söyleyenler olur. Kays'ın şiirleri dilden dile dolaşır ama artık o halk arasında, Arapçada deli anlamına gelen "Mecnun" ismiyle anılıyordur.

Ayrılık acısına ve hasrete dayanamayan Leyla hastalanıp yataklara düşer. Kısa bir süre sonra da yaşama veda eder. Mecnun'un ölü bedeni ise kim olduğu bilinmeyen bir kadının mezarı başında bulunur. Mezarın yanındaki bir taşın üzerine kazınmış, üç kıtadan oluşan bir de şiir bırakmıştır geriye Mecnun.

Leyla ve Mecnun hikâyesi aslında yaşanmış bir olaya dayanıyor. Mecnun'un 688 yılında öldüğü tahmin ediliyor. Onların hikâyeleri aradan geçen asırlar boyu çok sayıda yazara ve şaire ilham kaynağı olmuş, olmaya da devam ediyor. Leyla ve Mecnun'unkine benzer hikâyelere dünyanın dört bir yanından farklı kültürlerde de rastlıyoruz: Ferhat ile Şirin, Romeo ve Juliet, Paris ve Helen, Meilan ve Chang Po bunlardan sadece birkaçı.

Yazılı en eski aşk şiiri İstanbul Arkeoloji Müzesinde. Günümüzden yaklaşık 4000 yıl önce Sümerce yazılmış bu şiirde sevgiliye:

> "Kalbimin sevgilisi
> Güzelliğin büyüktür, baldan tatlı..." diye sesleniliyor.

Yaban kabilelerin aşk kavramı modern toplumlarınkinden farksız. Polinezya'nın Cook Adalarında yaşayan Mangaia kabilesinde "aşk için ölmek" anlamına gelen bir kelime dahi var. Halk müziğimizden sanat müziğimize, pop müziğimizden arabeske, şarkı ve türkülerimizin neredeyse tamamına yakını romantik sevgiyi anlatıyor. Yaşamış olsak da olmasak da hepimiz aşkın ne demek olduğunu biliyoruz ancak sevginin ve aşkın ne demek olduğunun açık ve net bir tanımını bulmakta zorlanıyoruz. Sophokles "bu dünyanın yükünden ve acısından bizi kurtaran tek bir kelime var, o da sevgi" diyor. Platon ise "aşkın dokunuşuyla herkes bir şair olur" diyor ama daha sonra aşkı "zihinsel bir hastalık" olarak tanımlıyor. Bilim insanlarının gözünde ise aşk "kimyasal, bilişsel ve amaçlı davranış bileşenleri olan karmaşık ve ödüllendirici bir duygusal durum" veya "memeli beyninin eş seçim sistemidir".

Psikologlar uzun bir süredir bizimle aynı etnik kökenden ve sosyoekonomik sınıftan olan, bizimle benzer zekâ düzeyine ve benzer dini inançlara sahip, dahası görünüm açısından da bizimle benzer seviyede (yakışıklılık veya güzellik) kişilere karşı özel ilgi duyduğumuzu bildiriyor. Yine de bütün bu özellikler açısından benzer kişilerin olduğu bir ortamda olduğumuzda bile içlerinden sadece birine veya ikisine karşı özel ilgi duyuyoruz.

Karşılaştığımız birinin çekici olup olmadığına saniyenin beşte biri gibi olağanüstü kısa bir sürede karar veriyoruz. Değişik kültürlerden insanlarla yapılan çalışmalar, genelde insanların simetrik yüz yapısını çekici bulduğunu gösteriyor. Bunun gerisinde muhtemelen simetrinin sağlıklı olmanın, dolayısıyla iyi bir genetik yapının göstergesi olması yatıyor. İlginç bir şekilde fiziksel özellikleri bize benzeyen insanları çekici buluyoruz. Bir çalışmada kişilerin fotoğrafları bilgisayar ortamında karşı cinse dönüştürülüyor. Örneğin bir erkeğe yüz özelliklerine sadık kalınarak kadın görüntüsü veriliyor. Denekler fotoğrafların kendi fotoğraflarının karşı cinsten görüntüsü olduğunu fark etmediği gibi yine kendilerini (yani karşı cins hâllerini) seçiyor. Çekicilik konusunda önemli bir diğer özellik ise sesimiz. Kadınlar geniş omuzlu, erkeksi yüzlü ve ince belli erkeklerin seslerinden hoşlanıyor, erkekler ise ince belli, geniş kalçalı ve genç kadın sesini ilgi çekici buluyor. Kişinin vücut kokusu da onlar hakkındaki düşüncemizi etkiliyor. İsviçre'de yapılan bir çalışmada bir grup üniversiteli kız öğrenciye erkek öğrencilerin iki gün boyunca giydiği tişörtler koklatılıyor. Kız öğrenciler kendi bağışıklık sistemlerinden farklı bağışıklık sistemine sahip erkek öğrencilerin tişörtlerinin kokusunu beğeniyor. Çalışmayı yürüten araştırmacılar bunun gerisinde farklı iki bağışıklık sisteminin birleşmesiyle çok daha güçlü bir bağışıklık sistemine sahip sağlıklı çocuklar dünyaya geleceği gerçeğinin yattığını bildiriyor. Bu da türümüzün devamlılığını sağlıyor.

Peki, nasıl âşık oluyoruz veya âşık olduğumuzda beynimizde neler olup bitiyor? Bu sorulara cevap bulmaya çalışan ilk bilim insanlarından biri Rutgers Üniversitesinden antropolog Helen Fisher oldu.

Fisher romantik sevginin evrensel olduğunu ve beyindeki özel birtakım moleküllerin ve sistemlerin eseri olduğunu düşünüyordu. Fisher'in hipotezi, beyindeki sinir hücreleri arasında mesaj iletimini sağlayan ve *nörotransmiter* adını verdiğimiz moleküllerden üçünün (*dopamin, norepinefrin* ve *serotonin*) romantik sevgide rol aldığı şeklindeydi. Fisher mutluluktan uçma duygusunun, uykusuzluğun ve iştahın azalmasının gerisinde beyindeki dopamin ve norepinefrin miktarının artmasının olduğunu ve benzer şekilde âşık olan bir kişinin yatıp kalkıp sevdiği kişi hakkında düşünmesinin gerisinde de beyindeki serotonin etkinliğindeki azalma olduğunu öngörüyordu. Bu üç nörotransmiterin seviyesinin beynin hangi bölgelerinde daha yaygın olduğunu bildiği için araştırmasında o bölgelere yoğunlaşacak ve âşık olan birinin beynini incelediğinde bu bölgelerden hangisinin daha aktif olduğunu belirleyerek bu üç nörotransmiterden hangisinin romantik sevgide rol oynadığını bulacaktı.

Fisher'in planı şöyleydi: Âşık olmuş deneklere sevdiklerinin fotoğraflarını ve olumlu veya olumsuz herhangi bir duygu beslemedikleri, tanıdık birinin fotoğrafını gösterecek denekler bu fotoğraflara bakarken işlevsel manyetik rezonans (fMRI) ile beyinlerinin görüntülerini elde edecekti. fMRI tekniği beyindeki oksijen tüketimini belirler. Beynin üzerinde çalışılan işlevden sorumlu bölgesi diğer bölgelere göre daha fazla çalışacağı ve daha fazla oksijen tüketeceği için oksijen tüketimindeki artış sayesinde beynin o işlevle ilgili bölgesi de keşfedilmiş olur. Delicesine âşık olanların bu duygularının herhangi bir duygu beslemedikleri kişilerin fotoğraflarına baktıklarında hissettiklerini etkilememesi için de deneklere bu iki fotoğraf arasında büyük bir sayı gösterilip (örneğin 8421) bu sayıdan her defasında yedi çıkararak geriye doğru saymaları istenecekti. Böylece beynin dikkati tamamen dağılmış olacak, bir bakıma beyin güçlü aşk duygularından kısa süreli de olsa arındırılmış olacaktı.

Üniversitede değişik noktalara duyurular asarak deney için gönüllüler bulmaya çalıştılar. Kriterlerden biri deneklerin yakın bir zamanda âşık olmuş olmasıydı, diğeri ise uykuları kaçacak ve yemeden içmeden kesilecek kadar delicesine âşık olmuş olmalarıydı. Ayrıca herhangi bir nedenle beynin kimyasını değiştirebilecek ilaç kullananlar ve solaklar çalışma dışı bırakıldı. İlaçlar da solaklık da beynin organizasyonuna etki edebileceği için sonuçlarda hataya neden olabilirdi. Kısa bir sürede bu kriterlere uyan çok sayıda gönüllü çalışmaya katılmak için başvurdu. Fisher denekleri seçerken ilk olarak onlara ne kadar süredir âşık olduklarını sordu. İkinci sorusu ise günün kaç saatini âşık olduğu kişiyi düşünerek geçirdikleriydi çünkü Fisher'e göre saplantılı olmak romantik sevginin temel öğelerindendi. Bu nedenle uyanık geçen her anında âşık olduğu kişiyi düşündüğünü söyleyen denekler hemen deneye alındı.

Denekler önce 30 saniye sevdiklerinin fotoğrafına baktı. Onlar fotoğrafa bakarken beyinleri görüntülendi. Daha sonra ekranda onlara büyük bir rakam gösterildi ve 40 saniye boyunca geriye doğru saymaları istendi. Geriye sayımın ardından 30 saniye süreyle herhangi bir duygu beslemedikleri birinin fotoğrafına baktılar. Bu sürenin sonunda tekrar geri sayım işlemini yaptılar fakat bu sefer süre 20 saniye ile sınırlı tutuldu. Her bir denek için bu işlem altı defa tekrarlandı ve sonuçta her bir deneğin değişik beyin bölgelerine ait 144 görüntü elde edildi.

Denekler sevdiklerinin fotoğraflarına baktıklarında beyinlerinin birçok bölgesinde oksijen tüketimi arttı ancaközellikle iki bölgedeki etkinlik dikkat çekiyordu. Bu bölgelerden biri beynin iç kısmında, merkeze yakın bir yerde bulunan, C harfi şeklindeki "kaudat nükleus", diğeri ise beynin "ödül sisteminin" önemli bir parçası olan "ventral tegmental bölge" (VTA) idi. Kaudat nükleus oluşum açısından beynin en eski bölümlerinden biridir ve diğer hayvanlarda da aynı işlevleri yerine getiren yapılarla büyük benzerlik gösterir. Yakın bir zamana kadar kaudat nükleusun sadece vücut hareketlerini yönettiği düşünülüyordu. Ancak son yıllarda beynin bu bölgesinin uyarılma, zevk hissetme ve ödül elde etmek için güdülenme gibi işlevleri yöneten "ödül sisteminin" önemli bir parçası olduğu keşfedildi. Görüşmelerde sorulan sorulara verdikleri cevaplardan şiddetli bir aşk yaşadıkları anlaşılan deneklerin kaudat nükleusları diğerlerine oranla çok daha etkindi. Âşıkların beyinlerinde üst düzeyde etkin olduğu bulunan ikinci bölge VTA da yine beynin ödül sisteminin önemli bir parçasıdır. Buradaki sinirler önemli düzeyde dopamin adı verilen nörotransmiter üretir ve beynin diğer bölgelerine gönderir. VTA'da üretilen dopaminin ulaştığı bölgelerden biri de kaudat nükleustur. Bu keşif Fisher'in varsayımının da bir kanıtı oluyordu. Biraz önce açıkladığım gibi Fisher âşık beyinde dopamin ve norepinefrin düzeyinin yükselmiş olacağını düşünmüştü. Dopamin ile ilgili tahmini doğru çıkmıştı. VTA'da üretilen dopaminin beynin diğer bölgelerine yayılması kişinin dikkatinin artmasına, odaklanmasına, enerjisinin artmasına ve ödül elde etmek üzere güdülenmesine, neşe ve sevinçten coşmasına neden oluyordu. Bütün bunlar da şüphesiz âşık olanlarda sıkça gözlenen özelliklerdi.

Beyin ve aşk konusunda Helen Fisher ile çalışan, New York'taki Yeshiva Üniversitesinden Lucy Brown da aşkın daha önceden düşünüldüğü gibi bir duygu hâli olmadığını, yine aynı araştırma grubundan Art Aron'ın ileri sürdüğü gibi öncelikle "türümüzün devamını garanti altına alacak bir motivasyon yani güdü" olduğunu belirtiyor. Aşk ile ilgili değişik duygular yaşanabileceğini, örneğin âşık birinin kendini bulutların üstünde uçar gibi hissedebileceğini veya bazen kaygı, hatta nefret duyguları yaşayabileceğini belirtiyor fakat hepsinin ötesinde, hareketlerimizi ve duygularımızı da yönlendiren ana kavramın "güdü" olduğunu söylüyor. Brown'a göre âşık olduğumuz kişi yaşamdaki "hedefimiz" hâline geliyor. Âşık olduğumuz insana ulaşmamız sonucunda ise beynimizdeki ödül sistemi (dopamin) devreye giriyor ve çok güçlü pozitif duygular yaşamaya başlıyoruz.

Fisher âşık beyinde dopaminin yanı sıra norepinefrin miktarının da artacağını, serotonin miktarınınsa azalacağını tahmin etmişti. Norepinefrinin etkileri beynin değişik bölgelerine göre değişmekle birlikte kişinin neşeli olması, kendini aşırı derecede enerjik hissetmesi, uzun süre uyanık kalması ve iştahsızlık gibi etkileri vardır ki bunların hepsi de âşıklarda gözlenen davranışlardır. Norepinefrinin bir diğer özelliğinin de yeni uyarıların yarattığı anıların hafızaya daha güçlü aktarılması olduğu düşünülüyor. Bu da âşıkların birlikte yaşadıkları birtakım olayları veya anları detaylarıyla hatırlamasının ve aradan yıllar geçse de onları unutmamasının bir açıklaması olabilir.

Fisher'in bir diğer varsayımı da serotonin miktarının âşık beyinlerde daha düşük olacağı şeklindeydi. Bu düşüncesinin nedeni âşıkların neredeyse uyanık oldukları her an sevdiklerini düşünmesiydi. Bu nedenledir ki deneklere sorulan ilk sorulardan biri "sevdiğini günde ne kadar düşünüyorsun" şeklindeydi. Yeni âşıkların tamamına yakını, zamanlarının %90'ını veya daha fazlasını sevdiklerini düşünmekle geçirdiklerini bildirdi. Fisher âşık olmanın, bir bakıma obsesif kompulsif bozukluktaki (OKB) gibi bir saplantı durumu yarattığını düşünüyor. OKB hastalarının tedavisinde yaygın olarak kullanılan bir grup ilaç SSRI genel adı ile anılan antidepresanlardır. Bu ilaçlar sinir hücreleri arasında iletişimin kurulduğu bölgeler olan sinapslardaki serotonin miktarını artırmak için kullanılır. Fisher bu gözlemlerinden yola çıkarak OKB hastalarındaki gibi âşıkların da beyinlerinde serotonin miktarının düşük olacağı savını ileri sürdü. Bu düşüncesi için aslında bilimsel bir destek de vardı. 1999 yılında bir grup İtalyan bilim insanı 20'si yeni âşık, 20'si OKB hastası ve 20'si normal denekler üzerinde yaptıkları bir çalışmada yeni âşık olanlarla OKB hastalarının kanlarındaki serotonin miktarının normal deneklerinkinden daha düşük olduğunu bulmuşlardı. Fisher, *Neden Seviyoruz: Romantik Sevginin Doğası ve Kimyası* adlı kitabını yayımladıktan sonra çok sayıda e-posta aldığını ve bu e-postaların pek çoğunda, antidepresan (SSRI) kullanan okurlarının aşk hayatlarının olumsuz yönde etkilendiğini yazdığını ve bu durumun tedavide göz önüne alınması gerektiğini aktarıyor. Fisher, bu durumun önemli bir sağlık sorunu olduğunu çünkü cinsel isteği azalttığı bilinen bu ilaçların kullanımının sadece Batının ileri toplumlarında değil gelişmekte olan ülkelerde de hızla arttığını bildiriyor. SSRI'ların kullanımı serotonin seviyesini yükseltiyor ama serotonin seviyesinin artması beyinde dopamin sistemini baskı altında tutuyor. Âşıkların beyinlerinin fMRI görüntüleri de Fisher'in başlangıçta dopamin, epinefrin ve serotonin hakkında ileri sürdüğü varsayımları doğruluyor.

Aşk başlangıçta ne kadar güçlü olsa da zaman içinde bir şeyler değişiyor. İlk günlerin heyecanı, artan kalp atışları, âşık olunan kişiyi devamlı düşünme giderek azalıyor. Onların yerini başlangıçta yaşanmayan, örneğin sevgi bağlılığı gibi duygular alıyor. Acaba zamanla âşık beyinde ne tür değişiklikler meydana geliyor? Çok detaylı olmasa da bu konuda da bilgi edinmeye başladık.

Helen Fisher ve arkadaşları ile eş zamanlı olarak okyanusun diğer yanından, İngiltere'deki London College'dan Andreas Bertel ve Semir Zeki, âşık beyindeki değişiklikler üzerinde çalışıyordu. Fisher ve arkadaşlarının çalışmasında yeni âşıkların (ortalama yedi ay) beyinleri incelenirken Bertel ve Zeki'nin çalışmasında âşıkların birliktelik süresi ortalama 2-3 yıldı. Elde edilen sonuçlar Fisher ve arkadaşlarının sonuçlarından farklıydı. Uzun süreli âşıkların beyinlerinin "anterior singulate gyrus" ve "insülar korteks" adlı bölgelerinde etkinlik gözlenirken yeni âşıklarda beynin bu bölgelerinde önemli bir değişim gözlenmemişti. Anterior singulate gyrus beynin duygu, dikkat ve hafıza gibi işlevlerle ilgili bir bölgesidir. Ayrıca mutlulukla, kişinin duygusal durumunun farkında olmasıyla, sosyal ilişkilerde diğerlerinin ne hissettiklerini anlamayla, bir şeyin değerine göre karar vermeyle de ilişkili olduğu biliniyor. İnsülar korteks ise beynin vücutla ilgili veriler toplayan bir bölgesidir (örneğin sıcaklık, dokunulma, iç organların etkinliği gibi). İnsülar korteksin duygularla da ilgili olduğu biliniyor. Bütün bunların ne anlama geldiği henüz kesinlik kazanmamakla birlikte veriler zaman içinde aşkın değişmesine paralel olarak âşık beyinde de önemli değişiklikler olduğunu gösteriyor.

Aşkla birlikte anılması gereken iki önemli duygu şüphesiz cinsel arzu ve bağlılık. Cinsel arzu veya cinsel tatmin insan zihnini en çok meşgul eden düşüncelerin başında geliyor. Cinsel arzu romantik sevgiden farklı olmakla birlikte özellikle Batı toplumlarında bu ikisinin karıştırıldığını gösteren bilimsel veriler var. Pek çok toplumda romantik sevgi ile cinsel arzu farklı kelimelerle tanımlanıyor. Deney hayvanlarında ve insanlarda cinsel arzu ve onun tatminiyle ilgili yapılan çalışmalar bu işlevde beynin değişik bölgelerinin görev aldığını gösteriyor. Bu çalışmalardan hem erkeklerde hem de kadınlarda cinsel arzunun özellikle testosteron adlı hormonun kontrolü altında olduğunu biliyoruz. Romantik sevgi veya aşkın cinsel arzuyu tetiklediği de bir gerçek. Bunun temelindeyse yine beynin kimyası var. Bilimsel çalışmalar dopaminin testosteron salgısını artırdığını gösteriyor. Erkek kobaylara dopamin enjekte edildiğinde çiftleşme arzularının arttığı görülüyor. Depresyon tedavisi gören ve beyindeki dopamin miktarını artırıcı ilaç alan hastalar cinsel arzularında artış olduğunu bildiriyor.

Aşkla başlayan uzun süreli ilişkilerde, zaman içinde duygular hem dinginleşiyor hem de daha derinden hissediliyor. Eğer çiftler şanlıysa kısaca "bağlılık" olarak tanımlayabileceğimiz güven, huzur, rahatlık ve birliktelik duyguları yaşanmaya başlıyor (İstatistiksel veriler ABD'de her iki evlilikten birinin boşanma ile sonuçlandığını gösteriyor. Son yıllarda artmış olsa da ülkemizde boşanma oranları şimdilik daha düşük düzeyde). Bağlılık bilimsel çevrelerde, insan neslinin devamını sağlamak üzere gelişmiş bir içgüdü olarak kabul ediliyor çünkü memeliler arasında sadece insan doğarken çok zayıf ve yardıma muhtaç doğuyor ve uzun bir süre yetişkinlerin yakın ilgi ve korumasına ihtiyaç duyuyor. Bağlılığın mekanizması hakkındaki bilgilerimiz ise ilginç bir kaynağa, kır sıçanına uzanıyor.

Kır sıçanı diğer pek çok memeliden farklı olarak hayatını tek bir eşle geçirir (memelilerin sadece %3-%5'i monogam, yani tek eşli bir yaşam sürer). Aynı ailenin bir diğer üyesi olan çayır sıçanının ise çok eşli bir yaşam tarzı vardır. Bilim insanları bu iki yakın türün beyinlerini inceleyerek eşe bağlılığın sinirsel temelleri hakkında çok önemli bilgiler elde etti. Eşler arasındaki bağlılığı oksitosin ve vasopressin adı verilen iki hormonun kontrol ettiğini buldular. Anne ile çocuk arasında gözlenen bağlılığın gerisinde de aynı hormon bulunuyor. Kır sıçanlarının beyninde bu iki hormonun reseptörlerinin sayısının çok daha fazla olduğu bulundu. Her iki hormon da beynin ödül sistemini etkiliyor. Bu konuda en güçlü delil, çayır sıçanlarının beynindeki vasopressin reseptörünün sayısı genetik olarak artırıldığında elde edildi. Çayır sıçanları kır sıçanları gibi tek eşli bir yaşam sürmeye başladı.

Âşık olunan biri tarafından reddedilmenin ne kadar acı verdiğini tahmin edebilirsiniz. Bu tecrübeyi ya arkadaşlarınızda gözlemlediniz ya da kendiniz yaşadınız. Michigan Üniversitesinden Ethan Kross ve Marc Berman yakın zamanda sevgilileri tarafından terk edilen 40 gönüllünün beyinlerini inceleyerek ayrılığın beyindeki etkisini belirlemeye çalıştı. Deneklere önce terk eden sevgililerinin fotoğraflarını gösterdiler. Onlar fotoğrafa bakarken işlevsel MRI ile beyinlerini görüntülediler. Kontrol amacıyla bir de romantik bir ilişkilerinin olmadığı arkadaşlarının fotoğraflarına bakarkenki beyin görüntüleri elde edildi. Denekler istemeyerek ayrıldıkları sevgililerinin fotoğrafına bakarken beyinlerinin "ikincil somatosensory korteks" ve "dorsal posterior insüla" adlı bölgelerinde etkinlik gözlendi. Oysa arkadaşlarının fotoğraflarına bakarken herhangi bir fark gözlenmedi. Kross ve Berman bu sefer deneklerin kollarına sıcaklık uyarısı (ılık ve hoş bir sıcaklık uyarısı ya da acı veren sıcaklık uyarısı) verdi. Yine fMRI ile beyin etkinlikleri belirlendi. Acı veren sıcaklık uygulandığında beynin yine aynı iki bölgesinin etkinleştiği gözlemlendi. Bu denemelere ek olarak araştırmacılar o güne kadar acı ve beyin konusunda yapılmış yaklaşık 500 çalışmayı incelediklerinde, bu çalışmaların % 88'inde beynin aynı bölgelerinin yani "ikincil somatosensory korteks" ve "dorsal posterior insüla"nın fiziksel acı ile ilgili olduğunun bulunduğunu gördüler. Bütün bu sonuçlar âşık olunan birinden istemeyerek ayrılmanın sonucunda çekilen acının fiziksel acı gibi gerçek bir acı olduğunu gösteriyor.

Öte yandan bilim, sevgilinin dokunmasının acıya karşı koruyucu etkisi olduğunu da belgeliyor. Virginia ve Wisconsin üniversitelerinden iki grup araştırmacının katkısıyla gerçekleşen ve James

Coan'ın liderliğinde 2006 yılında yapılan bir çalışmada, mutlu bir evliliğe sahip kadınların ayak bileklerine hafif elektrik şoku verilerek deneyden hemen önce ve deney sırasında beyin görüntüleri elde ediliyor. Deneyin ikinci aşamasında ise kadınların eşleri yanlarında durup onların ellerini tutuyor ve elektrik şoku eşler el eleyken veriliyor. Aynı güçteki elektrik akımı verilmesine rağmen bu sefer elektrik şoku kadınların beyinlerinde çok daha düşük düzeyde tepki yaratıyor. Deney evliliklerinde problem yaşayan denekler üzerinde tekrarlandığında, eşinin elini tutmasının denek üzerinde herhangi bir koruyucu etkisi olmuyor. Sağlıklı bir ilişki ve seven bir eşin dokunması tansiyonun düşmesini, kaygının azalmasını sağlarken strese karşı da koruyucu etki yaratıyor. Eşler arasındaki sevgi arttıkça dokunmanın etkisi de artıyor.

Helen Fisher ve onun gibi âşık beyni anlamaya çalışan diğer bilim insanları, bilimin aşk, cinsellik ve eş bağlılığı hakkında önemli gerçekleri açığa çıkardığını fakat açıklayamadığı daha çok şey olduğunu belirtiyor. Bu bilinmezlikler ise şüphesiz yaşantımıza renk katıyor. Tıpkı aşk gibi...

Korkusuz Beyin

Yaşımız, cinsiyetimiz, eğitim düzeyimiz, ekonomik durumumuz, ait olduğumuz kültür ne olursa olsun hepimiz duygulara sahibiz. Gün boyu devam eden içsel diyaloğumuz, bizleri duygular denizinde seyahat eden bir yelkenli gibi bazan duygunun durgun bazan dalgalı sularında bir aşağı bir yukarı taşıyıp duruyor. Kendi duygularımızın farkında olduğumuz gibi diğer insanların duygularının da farkında olarak yaşıyoruz. Sosyal ilişkilerimizi diğer insanların duygularını göz önüne alarak kuruyor veya devam ettiriyoruz. Bir açıdan baktığımızda yaşantımızı belli duyguları yaşamak, belli duygulardan da uzak kalmak için yönlendirdiğimizi görüyoruz. Hepimiz mutlu bir yaşantı sürmeye çalışıyor, örneğin boş zamanlarımızda hoşumuza giden bize güzel duygular yaşatacak aktiviteleri yapıyor, hoşumuza gitmeyen şeylerden uzak durmaya çalışıyoruz. Yönlendirebildiğimiz duygular yanında korku gibi kendi kontrolümüz dışında, içimizde ikinci bir varlık varmış da onun eseriymiş gibi ortaya çıkan duyguları da yaşıyoruz.

Şüphesiz insan duygulara sahip tek canlı değil. Hayvanların da duygulara sahip olduklarını biliyoruz fakat insanlarda duyguların hayvanlarda görmediğimiz çok daha karmaşık ve özel bir yanı var. Bir deniz lokantasında mehtabı veya gün batımını seyrederken hoş duygular yaşayan bir insan, başkalarının başına gelen şansız olayları bir filmde seyredip ağlayabiliyor veya Orta Doğu ve Kuzey Afrika'daki petrol kaynaklarının kontrolünün ele geçirilmesi için binlerce insanın öldürülmesinden büyük bir üzüntü duyuyor, dünyanın pek çok yöresindeki insan hakları ihlallerinden rahatsızlık duyup adaletin sağlanmasını arzuluyor. Yine aynı insan müziği zevkle dinleyip sanat eserleri karşısında hayranlığını gizlemiyor. Duyguların varlığı hareketlerimizi de düzenliyor. Özellikle tarihi perspektif içerisinde değerlendirildiğinde bir toplum içerisinde değer yargılarının oluşması ve toplum fertlerine yerleşmesinde duyguların önemli rolü var.

Yakın geçmişe kadar duygular üzerinde önemli düzeyde pek araştırma yapılmamıştı. Bunun altındaki belki de en basit neden duyguların kolay kolay tanımlanamamış olmasıydı. Ayrıca uzun bir süre özellikle entelektüel çevrelerde duygular hakkında baskın olan ön yargının da bunda önemli etkisi oldu. Uzun bir süre duygular mantığın âdeta karşısında, güvenilemeyecek, mantık ve doğru düşünceyi saptıran olgular olarak görüldü. Bunda bilimsel çevrelerde beynin uzun bir süre vücuda ait değil onun dışında bir yapıymış gibi muamele görmesi de önemli bir etken oldu. Fakat son yıllardaki olağanüstü bilimsel gelişmelerin ışığı altında bilincin sinirsel temellerinin öğrenilmesiyle ve beynin anatomi ve fizyolojisinin derinlemesine incelenmesini sağlayan tekniklerin geliştirilmesiyle araştırmacılar duygular hakkında sorular sormaya ve bu soruların cevaplarını aramaya koyuldular. Duygu ve bilinç konusunda yaptığı çalışmalarla bilinen, günümüzün önde gelen nörobilimcilerinden Antonio Damasio, *The Feeling of What Happens: Body and Emotion in The Making of Consciousness* adlı kitabında duyguları (emotions) üç grup altında topluyor:

Ana duygular: Mutluluk, şaşkınlık, korku, üzüntü, nefret ve öfke.

Arka plan duyguları: İyi/kötü hissetme, sakin/gergin hissetme, acı/zevk hissetme.

İkincil veya sosyal duygular: Mahçup olmak, kıskançlık, suçluluk, utanç, övünç.

Yüz ifademiz iç dünyamızda hissettiğimiz duygularımızın dış dünyaya aktarılmasında en etkin araçtır. Her dilde değişik duyguları tanımlayan ve sayıları bazan yüzlere çıkan kelimeler kullanılıyor. Kaliforniya Üniversitesinden Paul Ekman, dış dünyaya duygularımızı yüz ifadelerimizle belli ederken 42 adet yüz kası kullandığımızı belirlemiş. Daha da ileri giderek hangi duyguların bu 42 kastan hangilerinin kullanılarak ifade edildiğini gösteren bir katalog çıkarmış. Ekman ve bu konuda çalışan diğer bilim insanlarının yaptığı çalışmalar duyguları dışa yansıtan yüz ifadelerinin evrensel olduğunu da ortaya koyuyor. Diğer bir ifadeyle mutlu bir yüz fotoğrafı hangi toplum veya coğrafyadan gelirse gelsin ona bakan kişi tarafından mutlu, üzgün bir yüz ise üzgün bir yüz olarak algılanıyor.

Beyin ve işlevleri ile ilgili pek çok konuda olduğu gibi, duygular konusunda da önemli miktarda bilgiye beyinlerinde lezyonlar olan hastalar sayesinde ulaştık. Frontal lobda lezyon olan hastaların duygusal farkındalık açısından zayıflık gösterdiklerini, yeterince mantıklı düşünemediklerini ve karar vermede güçlük çektiklerini biliyoruz. Ayrıca beyin lezyonları olan hastalar üzerinde yapılan klinik çalışmalardan duyguların hem eksikliğinin hem de fazlalığının rasyonel davranışı önleyebildiğini ve bu durumların kişinin mental sağlığını olumsuz yönde etkilediğini öğreniyoruz. Stanford Üniversitesinden Philipp Gordon, aşırı derecede üzüntü duygusunun depresyona, aşırı öfkenin sebepsiz saldırıya (*agresyon*) ve aşırı zevkin bağımlılığa neden olduğunu belirtiyor. Gordon tehlikeli durumlarda hissedilen korkunun normal sınırları aşması sonucu aşırı endişeye (*anksiyete*), fobiye ve paniğe dönüştüğünü, gereğinden fazla endişelenmenin ve kaygılanmanın ise genel anksiyete bozukluğuna neden olduğunu açıklıyor.

Hem insan hem de hayvan yaşamında en önemli duygulardan veya hislerden biri de "korku"dur. Hayvanlarla, özellikle kobaylarla ve maymunlarla yapılan çalışmalarda korkunun biyolojisi hakkında önemli bilgiler elde etmekle birlikte, bu bilgilerin insanlar için ne oranda geçerli olduğunu yakın zamana kadar bilmiyorduk. Bu durum S. M. adındaki bir hasta sayesinde değişti. S. M.'nin beyin tomografisinde ortaya çıkan lezyon ve onun başından geçen olaylar, insan beyninde amigdala adı verilen bölgenin korku işlevini yerine getirdiğini belgeledi.

***

Otuz yaşındaki S.M. gecenin karanlığında evine gitmek üzere yolu üzerindeki parktan geçerken saat 10 gibiydi. Eve tek başına yürüyordu. Bir yandan yürürken diğer yandan sol tarafına düşen bir kiliseden gelen ve o anda prova yapan koronun sesini dinlemeye başladı. Küçük bir parktan geçiyordu ve parkta S.M. ve bankta oturan bir adam dışında kimsecikler yoktu. S.M. adama baktığında onun uyuşturucu etkisinde olabileceğini düşünmüştü. Tam onun yanından geçerken adam ona bağırarak kendisine doğru yürümesini istedi, bir eli ile de gel işareti yapıyordu. S.M. bunun üzerine adamın oturduğu banka doğru yürümeye başladı. Onunla arasında yarım metrelik bir mesafe kalmıştı ki adam aniden ayağa fırlayıp S.M.'yi tişörtünden kendine doğru çekti, çevik bir hareketle boğazına bir bıçak dayadı. "Seni öldüreceğim" diye bağırdı ve cümlesini ona küfrederek bitirdi. Bütün bunlar olurken S.M. son derece sakin davranıyordu, onda panik veya korkudan eser yoktu. O hâlâ kiliseden gelen koronun sesini dinliyordu. Çok sakin ve kendine güvenir bir tavırla adama döndü ve ona, "Eğer beni öldüreceksen önce benim tanrımın meleklerini geçmek durumunda kalacaksın" dedi. S.M.'nin korkusuzluğu ve sakinliği karşısında şaşkına dönen adam, ellerini aniden onun üzerinden çekti ve ondan uzaklaştı. S.M. ise aynı sakinlikle evine doğru yürümeye devam etti. Ertesi gün sanki bir önceki akşam hiçbir şey olmamış gibi, S.M. yine aynı saatte ve aynı parktan geçerek evine yürüdü. S.M.'nin yaşamında "korku"dan eser yoktu.

Yılanlar ve örümcekler hayvanlar âleminde en çok korktuğumuz iki türdür. Üniversitemiz Nöroloji Bölümü araştırmacıları, S.M.'nin yılan ve örümcekle karşı karşıya gelmesi durumunda nasıl davrandığını ve ne ölçüde korku duyduğunu belirlemeye karar verdiler. Uzun bir süre S.M. yılan ve örümceklerden bahsedildiğinde onlardan hep nefret ettiğini ve onlardan uzak durmaya çalıştığını söylemişti. Araştırmacılar gerçek yaşamdaki tepkisini ölçmek için S.M.'yi egzotik hayvanların satıldığı bir pet mağazasına götürdüler. Mağazaya girer girmez S.M.'nin dikkatini çok sayıda, değişik çeşitteki yılanlar çekti. Mağaza çalışanlarından biri ona yılanlardan birini eline almak isteyip istemediğini sorunca S.M.'nin cevabı tereddütsüz "Evet" oldu. S.M. yılanı eline aldıktan sonra onu okşamaya yılanın diline dokunmaya ve onun hareketlerini dikkatle takip etmeye başladı. Üç dakika süre ile elinde tuttuğu yılan kolu üzerinde devamlı hareket ederken S.M. bir yandan onu izleyip incelerken bir yandan da mağaza çalışanına yılan hakkında sorular soruyordu. Hareketleri onun yılana aşırı derecede ilgi duyduğunu ve onun hakkında bilgi edinmek istediğini gösteriyordu. Ona, yılanı elinde tutarken hissettiği korkunun derecesi sorulduğunda 10 üzerinden (1 en az korku, 10 şiddetli korku) sadece 2 verdi. Dikkat çeken bir diğer olay da S.M.'nin mağaza çalışanının "Hayır" demesine rağmen çok daha büyük ve tehlikeli olan yılanlara obsesif bir şekilde dokunmak istemesi oldu. Bunun için çalışandan, usanmadan üst üste tam on beş defa izin istedi fakat tehlikesinden dolayı bunu yapmasına izin verilmedi. S.M. ayrıca zehirli örümcek olan tarantulaya da dokunmaya çalıştı ama bu hareketi de tehlikeli olduğu için oradaki çalışanlarca engellendi. Kendisine "nefret ettiği"ni söylediği ve tehlikeli olduğunu bildiği örümceğe neden bu kadar çok dokunmak istediği sorulduğunda "Çok fazla merak ettiğimden" diye cevap verdi. Daha önce yılan ve örümceklerden nefret edip onlardan uzak durmaya çalıştığını söylemesine rağmen gerçek hayatta yaptıkları bunun tam tersiydi. Onlardan uzak durmak için herhangi bir gayreti yoktu.

S.M.'yi korkutmak için araştırma grubu, bu sefer onu profesyonelce düzenlenmiş, korkunçluğu ile ünlü bir "hayaletli ev"e götürdüler. Ev, Amerika'da yılda bir kutlanan Halloween için özel olarak dekore edilmişti. Karanlık olan evin içinde ürkütücü müzikler çalarken korku yaratacak şekilde dekore edilmiş çok sayıda oda vardı. Ani ve çok gürültülü sesler ile aniden ziyaretçilerin karşısına canavar, katil, hayalet olarak çıkan aktörler ziyaretçileri korkutmaya çalışıyorlardı. Araştırma grubu hayaletli eve vardığında S.M. henüz tanımadığı diğer beş kadınla birlikte ev turuna başladı. Daha ilk andan S.M. lider olarak öne atıldı ve korkusuz bir şekilde karanlık koridorlardan yürümeye başladı. Diğer kadınlar korkularından yavaş yavaş ilerlerken S.M. onlara "çabuk çabuk bu tarafa" diye bağırıyordu. Canavarlar, katiller, hayaletler onu defalarca kortutmaya çalıştılar ama hiçbiri başarılı olamadı. S.M. onlara gülüyor, onlarla konuşmaya çalışıyordu. Hatta bir defasında canavarlardan birinin başına dokununca korkan kişi canavar kılığındaki aktör olmuştu. Gruptaki diğer kadınlar ise korkularından çığlıklar atıyordu. S.M. hayaletli evi gezdiği sürece korku düzeyini "0" olarak belirtti ve panayırda rollercoastera binmiş gibi heyecan duyduğunu ifade etti.

Son bir test olarak araştırma grubu S.M.'ye bilinen korku filmleri gösterdiler. Filmler laboratuvar şartlarında en etkin ve güvenilir duygu uyarıcı araçlar olarak kabul edilir. S.M.'ye onlarca korku filmi izletildi. Arada bir mutluluk, üzüntü, kin, nefret, sürpriz, duygularını hissettirecek klipler de gösterildi. Sorulara verdiği cevaplardan S.M.'nin korku filmleri dışındaki filmleri seyrederken hissettiği duyguları yaşadığı anlaşılıyordu. Bu da onun korku dışındaki duyguları yaşamada herhangi bir probleminin olmadığını gösteriyordu fakat korku filmlerini seyrederken hiç de normal biri gibi davranmıyordu, onda korkudan eser yoktu. Onun için bu filmler ilginç ve zevkliydi.

Bütün bu çalışmaların sonuçları S.M.'nin korku hissini veya duygusunu yaşamadığını gösteriyordu.

Damasio, S.M. ile yirmi yılı aşkın bir süre önce tanışmıştı. Onun dikkatini çeken S.M.'nin beyin tomografisinin (Computed Tomography- CT taraması) amigdala adı verilen kısmının tamamen kalsifiye olduğunu (kalsiyum birikimi) göstermesiydi. Amigdala ismini şeklinin bademe (Latince amydale = badem) benzemesinden almıştır ve beynin her iki yarısında da yer alır. Hisler ve duygular konusunda kilit rol oynayan amigdalaya beynin farklı bölgelerinden doğrudan veya dolaylı olarak bilgi ulaşır. Amigdaladan da beynin diğer kısımlarına uyarılar gider. Damasio, New York Üniversitesinden Jopeph LeDoux (*Emotional Brain* ve *Synaptic Self* adlı kitapların da yazarı) ve Michael Davis'in çalışmaları amigdalanın yüz ifadelerinde korkunun tanınmasında, korkuya bağlı koşullanmada ve korkunun ifade edilmesinde kilit rol oynadığını gösteriyor. Damasio, duygular konusunda yaptığı çalışmalarından duygu ve hislerin aslında beyinde sadece sınırlı sayıdaki birkaç bölge tarafından üretildiğini ve bunların subkortikal bölge adını verdiğimiz beynin iç kısmında yer aldığını öğrendiğini bildiriyor. Amigdala da bu bölgelerden biridir.

LeDoux göz ucuyla yılana benzer bir cisim gördüğümüzde beynimizde neler olup bittiğini şöyle açıklıyor: "Yılana benzer bir cisim gördüğümüzde sıçramamızı sağlayan aslında amigdaladan gelen sinyaldır. Göze gelen ve beyince algılanan bu görüntü sinyali önce talamusa ulaşır. Talamus, bir yandan gelen bu mesajı âdeta ham şekli ile doğrudan amigdalaya iletir. Bir yandan da görülen cisimle ilgili çok daha detaylı bilgiyi beynin görmeyle ilgili bölgesi olan görsel kortekse ulaştırır. Görsel korteks bu bilgilerin ışığı altında değerlendirme yaparak görülen şeyin gerçekte ne olduğunun kavranmasını sağlar. Bu bilgi de tekrar amigdalaya gönderilir. Korteks çok daha detaylı bilgiyi amigdalaya gönderir ama bütün bu işlemler görüntü ile ilgili mesajın doğrudan amigdalaya ulaşmasına göre çok daha uzun bir süre alır. Fakat talamustan doğrudan amigdalaya aktarılan ham bilgi sayesinde henüz görünen şeyin yılan mı yoksa yılanı andıran kıvrılmış bir halat mı olduğunu fark etmeye zaman bulamadan ona karşı fiziki tepkimizi vermiş oluruz. Gerçekte gördüğümüz şey yılana benzeyen halat bile olsa ona karşı yılan görmüş gibi tepki vermemiz yaşamda kalmamız açısından son derece önemlidir."

S.M.'nin beyninin CT taraması onun amigdalasının tamamen kalsifiye olduğunu, dolayısıyla normal işlevini yerine getirmesinin imkânsız olduğunu gösteriyordu. Amigdalanın dışında onun beyninde herhangi bir araz yoktu. Zaten klinikte yapılan testler de S.M.'nin korku dışındaki beyin işlevlerinin normal sınırlar içinde olduğunu göstermişti. Bütün bu veriler amigdalanın korku duygusunun yaşanmasında kilit rolü olduğunu gösteriyor.

Korku ve endişe beynin normal fonksiyonlarındandır ve organizmanın çevresine adaptayonunu sağlar. Hem korku hem de endişe hayvanların yaşamda kalabilmelerine yardım eder. Korku ve endişe konularında yaptığı çalışmalarla bilinen LeDoux korkuyu "gerçek veya farzedilen bir tehlikenin, bir sıkıntı veya talihsiz bir durumun neden olduğu duygu" olarak tanımlıyor. Endişeyi (*anksiyete*) ise gerçek veya hatırlanan veya farzedilen, hayal edilen bir tehlikenin, bir sıkıntı veya talihsizlik durumunun *beklentisi* sonucu ortaya çıkan duygu olarak açıklıyor.

Korkunun insan yaşamındaki yeri, tarihsel süreçte önemli ölçüde değişti. Erken dönemlerde diğer hayvanlarla aynı ortamı paylaşıyor, onlarla aynı ırmaktan su içiyor, bazan onları avlıyor bazan da onlara yem oluyorduk. Bu dönemde yaşantımıza yönelik saldırılar ve ondan doğan korku ve endişe o tehlikenin varlığı süresince devam ediyordu. Korku peşimizden koşan bir kaplanı gördüğümüz anda başlıyor ve güvenli bir ortama ulaşıncaya kadar, örneğin onun ulaşamayacağı bir ağacın tepesine tırmanıncaya kadar devam ediyordu. Ağacın altında bekleyen kaplanın bir müddet bekleyip ona yem olmayacağımızı anlayıp ayrılmasıyla korku da ortadan kalkıyordu. Aradan zaman geçtikçe ve beynimiz geliştikçe diğer hayvanlara yem olmamak için stratejiler geliştirmeye başladık. Ateşi keşfettik, barınaklar yaparak kendimizi onlardan fiziki olarak ayırdık, güvenli ortamlarda yaşamaya başladık. Fakat bu gelişim devam ettikçe ve sayımız arttıkça kendimizi bu sefer ilkel dönemlerde yaşantımızın bir parçası olmayan korku ve endişe kaynaklarının ortasında bulduk, daha doğrusu bunları kendimiz yarattık. Bunun sonucu olarak yaşantımıza yönelik var olan gerçek ve doğrudan tehlikeler yanında (felaketler, kazalar vb.), korku ve endişe kaynağı olan uzun bir liste günlük yaşantımızın bir parçası oldu. Bunun ana nedeni elbette beynimizin hafıza, hayal kurma veya beklenti gibi diğer hayvanlarda olmayan üst düzey işlevlerinin olmasıdır. Sonuçta ilkel dönemlerde tehlikenin varlığı süresince devam eden ve tehlike ortadan kalktığında kaybolan korku ve endişe, uzun süreli korku ve endişeye dönüşmeye başladı. Ev yaparak kendimizi vahşi hayvanların pençesinden kurtardık ama bu sefer de o evin borcunu ödeyip ödeyememenin, onu borçlu olduğumuz banka veya kişilere kaptırmanın endişesini yaşamaya başladık. Teknolojik ilerlemelerle yaşantımızı kolaylaştırdık ama aynı teknolojik gelişmenin sonucu ürettiğimiz kitle imha silahlarının terör örgütlerince kendimize karşı kullanılmasının korkusunu günlük yaşantımızda hissetmeye başladık. İhtiyacımız olan ve sahip olmak istediğimiz mal ve hizmetlere ulaşmak için parayı icat ettik, onu biriktirip yaşantımızı garanti altına almaya çalıştık ama uzun yılların birikimininin devalüasyon veya resesyon sonucu kısa bir sürede buharlaştığını görünce gelecek endişesi yaşantımızın bir parçası oluverdi. Korkunun biyolojisinin anlaşılmasının modern yaşamın önümüze çıkardığı bu tür zorluklarla baş etmede bize yol gösterici olacağı şüphesiz. Nitekim araştırma makalesinin ilk yazarı Justin Feinstein ve grup lideri Daniel Tranel, S.M. gibi korkuyu yaşamayan, daha doğrusu yaşayamayan hastalar üzerinde yapılacak çalışmalarla bu hastaların beyinlerinde ve zihinlerinde neler olup bittiğinin öğrenilmesinin mümkün olacağını, onlardan elde edilecek bilginin ise aşırı derecede korku yaşayan, örneğin PTSD olarak bilinen travma sonrası stres sendromu yaşayan hastalar için tedavi geliştirilmesinde kullanılacağını belirtiyorlar.

Başarılı Beyin

Stanford Üniversitesi psikoloji profesörlerinden Walter Mischel, 1958 yılında bir ada ülkesi olan Trinidad'da kültürel farklılıklar ve kişilik üzerine bir araştırma yapıyordu. Araştırmanın amacı ülkede yaşayan Afrika kökenli ve Doğu Hindistan kökenli etnik gruplar arasındaki sözde "kişisel" farklılıkları bilimsel yöntemlerle incelemekti. Doğu Hindistanlılar, Afrikalıları "yaptığının sonucunu düşünmeden hareket eden, anlık zevkler peşinde koşan, çalışmayan, gelecekte elde edebileceği büyük kazançlar yerine bugün eline geçirdiği küçük kazançlarla yetinen kişiler" olarak tanımlıyordu. Afrikalılar da Doğu Hindistanlıları "cimri, eli sıkı, gelecekte daha iyi veya daha çok kazanç elde etme umuduyla şu an ellerinde olanın da tadını çıkaramayan kişiler" olarak tanımlıyordu. 35'i Afrikalı, 18'i Hindistan kökenli, yaşları 7 ile 9 arasında değişen ve aynı okula giden 53 çocuk üzerinde bir deney yapıldı. Çocuklara, deneyi yapan kişinin aslında okul hakkında bilgi toplamak üzere orada olduğu, öğrencilere yardımlarından dolayı çikolata vereceği söylendi. Deneyi yapan kişi elindeki biri küçük diğeri büyük çikolatayı çocuklara gösterdikten sonra "maalesef yanımda bu büyük çikolatalardan yeterince yok fakat önümüzdeki haftaya kadar beklerseniz bu büyük çikolatadan getireceğim. Ama isterseniz şimdi bu küçük çikolataları alabilirsiniz" dedi. Çocuklara küçük çikolatayı almaları durumunda bir hafta sonra gelecek büyük çikolatalardan alamayacaklarını çok açık olarak ve ısrarla belirtti. Önlerindeki boş kâğıtlara, şimdi küçük çikolatayı mı yoksa bir hafta sonra büyük çikolatayı mı istediklerini yazmalarını istedi. Mischel çalışmasının sonuçlarını duyurduğu makalesinde bu iki etnik grup arasında önemli düzeyde farklılık olduğunu yazacaktı. Afrika kökenlilerin çoğu o gün küçük çikolatayı tercih ederken, Hindistan kökenlilerin çoğu bir hafta bekleyip büyük çikolatayı almayı tercih etmişti. Çocukların yaşı da kararlarında önemliydi. 8-9 yaşlarındaki çocuklar zevki ertelemede daha başarılıydı. Çocukların ait oldukları sosyoekonomik sınıfın sonuçlar üzerinde herhangi bir etkisinin olmaması çalışmanın ortaya çıkardığı ilginç bir bulguydu. Öğrencilerin ailelerinin zengin mi yoksa fakir mi olduğu fark etmemişti ama ailede baba olup olmadığı önemli bir etkendi. Afrika kökenli öğrenciler arasında tek ebeveynli çocukların sayısı daha fazlaydı. Anne ve babanın bir arada olduğu ailelerin çocukları zevki ertelemede daha üstün başarı sergilemişti.

Mischel 1972 yılında yaptığı benzer bir çalışmada, bu sefer çocuklarda zevk erteleme yetisinin ne zaman geliştiğini belirlemeyi hedeflemişti. Deney, Stanford Üniversitesinin Bing Anaokuluna giden 4-6 yaşlarındaki çocuklar üzerinde gerçekleştirildi. Çocuklar, içinde bir masa ve bir sandalye dışında dikkat dağıtıcı herhangi bir nesne olmayan küçük bir odaya alındı. Masanın üzerindeki bir tepside kaymaklı bisküvi, marshmallow ve tuzlu kraker vardı. Araştırmacı, çocuklara odada kendisini beklemelerini bu arada isterlerse şekeri hemen yiyebileceklerini ama kendilerini kontrol eder ve beklerlerse geri geldiğinde onlara ödül olarak ikinci bir şeker vereceğini söyledi. Çocuklar fark etmemişti ama duvardaki aynanın arkasından Mischel onların davranışlarını izliyordu. Çocuklar arasında şekeri yememek için dikkatini dağıtmaya veya başka şeylerle ilgilenmeye çalışanlar vardı. Elleri ile gözlerini kapayanlar, tüm vücudu ile başka bir yöne dönerek tepsiyi görme alanından çıkaranlar, masayı tekmeleyenler, saçı ile oynayanlar, sanki oyuncak bir hayvanmış gibi şekeri okşayanlar vardı. Bazıları da kurnazdı, örneğin bir kız çocuğu şekli küçük bir silindiri andıran süngerimsi şekerin içini büyük bir ustalıkla boşaltmayı başarmıştı. Bir diğer erkek çocuk ise kaymaklı bisküviyi güzelce ayırıp kaymağını yemiş, daha sonra hiçbir şey olmamış gibi bisküviyi birleştirip tepsideki yerine bırakmıştı. Çocukların bir kısmı da araştırmacı odadan ayrılır ayrılmaz şekeri mideye indirmişti. Deney, sayısı altı yüzü geçen çocukla tekrarlandı. Çoğu şekeri yememek için gayret gösterdi fakat yaklaşık üçte ikisi bir süre sonra dayanamayıp şekeri yedi. Çocukların üçte biri ise araştırmacının on beş dakika sonra odaya geri gelmesini bekleyerek ikinci şekeri almaya hak kazandı. Çocukların yaşları zevki ertelemelerinde çok önemli bir belirleyiciydi. Yaş ilerledikçe otokontrol de güçleniyordu.

Kişilik üzerindeki diğer çalışmalarına yoğunlaşan Mischel şeker deneyini neredeyse unutmuştu fakat deneye katılanlar arasında Mischel'in üç kızı ve birlikte büyüdükleri yakın arkadaşları da vardı. Mischel arada bir kızlarına arkadaşlarını soruyor, derslerinin nasıl gittiğini, okulda başarılı olup olmadıklarını öğrenmeye çalışıyordu. Bilim insanı olmasının kendisine kazandırdığı gözlem yeteneğini evde de devam ettirince bir sürprizle karşılaşacaktı. Aldığı cevaplarla yıllar önce yaptığı şeker deneyinin sonuçları arasında bir ilişki var gibiydi. Kızlarından, arkadaşlarının okuldaki başarılarını birden beşe kadar bir rakamla değerlendirmelerini istedi. Onların değerlendirmeleri ile şeker deneyinin sonuçlarını karşılaştırdığında zevk erteleme ile okuldaki başarı arasında doğrusal bir ilişki olduğunu gördü. Bunun üzerine 1981 yılında, ilk denemeye katılan ve artık lise öğrencisi olan altı yüzden fazla çocuğun anne babalarına, öğretmenlerine ve okuldaki akademik danışmanlarına mektup göndererek çocuklar hakkında detaylı bilgi istedi. Bu bilgileri karşılaştırdığında evde ve okulda davranış bozukluğu sergileyen, dikkat problemi yaşayan, stresli şartlarda zorlanan, arkadaşlıklarını devam ettirmede problem yaşayan hatta üniversiteye giriş hazırlık sınavlarında düşük puan alan öğrencilerin, zevk ertelemede zayıf olan çocuklar arasından çıktığını gördü. On beş dakika daha bekleyebilmiş çocuklar, okulda başarılı oldukları gibi bu sınavlarda da diğerler çocuklardan daha yüksek puan almıştı.

Terrie Moffitt ve liderliğindeki bir araştırma ekibi Yeni Zelanda'da, günümüzde de devam eden geniş kapsamlı bir çalışma başlattı. Dünedin şehrinde 1 Nisan 1972 ve 31 Mart 1973 tarihleri arasında dünyaya gelen bütün çocuklar bu çalışmanın bir parçası oldu. Bilim literatürüne *"Dünedin Çalışması"* olarak geçen bu araştırmada o bir yıl boyunca doğan ve toplumun her kesimini temsil eden 1037 çocuk yaşamları boyunca takip edildi. Moffitt ve arkadaşları, yaşamın ilk on yılında belirlenen kişilik özelliklerinin daha sonraki yaşamlarında bu çocukların başarılarını nasıl etkilediğini belirlemeye, çalışmadan elde edilen sonuçlarla sonraki kuşakların daha iyi yetiştirilmesi için neler yapılabileceğini öğrenmeye çalışıyordu. Çalışmaya katılanlar 3, 5, 7, 9, 13, 15, 18, 21, 26, 32 ve son olarak da 38 yaşlarında (2012'de) fiziksel ve zihinsel yönden çok kapsamlı değerlendirmeden geçirildi (bundan sonraki değerlendirmeler, denekler 44 ve 50 yaşlarına ulaştığında yapılacak). Değerlendirmeler için Dünedin'e dönen bu kişiler yaşamlarının her alanını kapsayan sorulara cevap verdi ve sağlık değerlendirmelerinden geçti. Dolaşım, solunum ve üreme sistemlerinin durumunu değerlendirmek için testler yapıldı, ağız ve diş sağlıklarının durumu belirlendi, kan tahlilleri yapıldı. Sosyal ve psikolojik açıdan da değerlendirmeden geçirildiler, sadece kendileri hakkında değil, aileleri hakkında da bilgi toplandı.

Çalışmanın bilim dünyası açısından önemli bir diğer özelliği, çok uzun sürmüş olmasına rağmen deneklerin %96'sının takip edilebilmiş olmasıydı. Sadece hayatta başarılı olmuş ve durumları iyi olanlar değil, başarısız olmuş olanlar da takip ediliyordu. Bu da elde edilen sonuçların sadece belli bir grubu değil, popülasyonun tamamını temsil ettiğini gösteriyordu.

Moffitt ve arkadaşlarının üzerinde durduğu önemli bir kişilik özelliği çocukların otokontrol yetileriydi. Çocukların yaşamlarının ilk on yılındaki davranışlarına bakarak şu sorulara cevap aramaya çalıştılar: Çocuk düşünmeden hareket ediyor mu? Anlık kararlar verip onları hemen uyguluyor mu? Sırasını bekliyor mu? Kolayca canı sıkılıyor mu? Çaba gerektiren işlerden kaçıyor mu? Kolayca dikkati dağılıyor mu? Herhangi bir konuya yoğunlaşabiliyor mu? Riskli şeylerin peşinden koşuyor mu? Yetişkinlerden devamlı ilgi ve teşvik bekliyor mu? Moffitt "Elbette her çocuğun otokontrolü zaman zaman zayıflar çünkü yaşamın başlangıcında çocukların kendilerini kontrol etme yetisi zaten zayıftır, onun için de anne ve babalar onları bu konuda eğitir. Ancak bizim araştırmamızda, çocuklar bu özellikler açısından değişik yaşlarda değerlendirildi. Ayrıca her değerlendirme sürecinde her çocuktan elde edilen bilgilerin yanı sıra dört ayrı öğretmeninden ve ebeveynlerinden de bilgi alındı. Dolayısıyla 'otokontrol' derken yıllar boyu devam eden ve farklı ortamlarda tekrarlayan davranışları kast ediyorum" diyor.

Moffitt ve ekibi denekler otuzlu yaşlarına ulaştığında, yıllarca elde ettikleri bilgileri karşılaştırdı ve olağanüstü bir gerçeğin gün ışığına çıktığını gördü. Çocukların yaşamlarının ilk on yılında sergilediği kendini kontrol etme yetileri, ileride başarılı olup olmayacaklarının tahmininde ailelerinin gelir düzeyinden ve hatta kendi zekâ düzeylerinden bile çok daha etkili bir göstergeydi. Başarılı oldukları alan sadece meslekleri de değildi. Moffitt kendilerini kontrol edebilme yetileri açısından denekleri en güçlüden en zayıfa doğru beş gruba ayırdı, böylece her grupta yaklaşık 200 kişiye ait veri değerlendiriliyordu. Bu veri seti, her bir deneğin o güne kadar klinik düzeyde yaşadığı sağlık problemlerinin sayısı ile karşılaştırılınca, çocuk yaştaki otokontrol yetisinin, kişinin ileriki yıllardaki sağlık durumunun sağlam bir göstergesi olduğu da ortaya çıktı. Otokontrolü zayıf olanlar, sağlık problemleri en fazla olanlardı, kendilerini kontrol edebilenler ise çok daha sağlıklıydı. Moffitt ve ekibi bununla da yetinmeyip bir adım daha ileri giderek 38 yaşında olan deneklerin sonraki yaşamlarında sağlık problemleri açısından risk düzeylerini de tahmin etti. Bunun için gözün retina tabakasındaki kan damarlarının genişliği belirlendi. Bu damarların genişliği, ileride kişinin felç olma riskini ve beyindeki dolaşım sistemiyle ilgili başka bazı rahatsızlıkları geçirme riskini belirlemede önemli bir göstergedir. Genel sağlık durumunda olduğu gibi bu konuda da otokontrolü zayıf olanların risk oranının çok daha yüksek olduğu ortaya çıktı.

Otokontrolle sağlık arasındaki ilişkiyi araştıran bilim insanlarından biri de Columbia Üniversitesinde Mischel'in doktora öğrencisi olmuş ve şu anda Berkeley'deki Kaliforniya Üniversitesi Psikoloji Bölümünde öğretim üyesi olan Özlem Ayduk'tu. Ayduk ve araştırma grubu, Mischel'in ilk çalışmasına katılan çocuklardan 164'ünü 30 yıl sonra değerlendirdiğinde, zevki erteleme yetisi ile boy ve ağırlığı esas alan ve vücuttaki yağ miktarının bir ölçüsü olarak kullanılan vücut kütle indeksi arasında doğrusal bir ilişki olduğunu buldu. Çocukların şekeri yemeyi ertelediği her dakika, otuz yıl sonra ulaştıkları vücut kütle indeksi değerinde 0,2 puanlık bir azalışı öngörüyordu. Bir diğer deyişle 4 yaşındayken otokontrolü zayıf olan çocuklar 34 yaşına geldiklerinde, otokontrolü güçlü olan çocuklardan daha şişmandı. Ayduk "elde ettiğimiz sonuçlar çocuklarda otokontrolü iyileştirmeye yönelik müdahalelerin onların ileri yaşlarda aşırı şişman olma risklerini azaltacağını gösteriyor" diyor ve ekliyor "bu da toplumun tamamı için olumlu sonuçlar doğuracaktır."

Moffitt ve arkadaşları çocukken otokontrolü zayıf olanlar arasında, 38 yaşına ulaştıklarında daha yüksek oranda sigara, içki ve uyuşturucu bağımlısı bulunduğunu belirledi. Mahkeme ve polis kayıtlarından deneklerin herhangi bir suç işleyip işlemediğine bakılınca, o tarihte 38 yaşında olup da çocukken zayıf otokontrole sahip olanların %40'ının yasalar ile başlarının derde girmiş olduğu ortaya çıktı. Maddi durum açısından da benzer bir eğilim vardı. Çocukken otokontrolü güçlü olanlar gelecek için daha fazla yatırım yapmıştı ve mali durumları daha iyiydi. Diğerleri ise yaşamları boyunca mali problem yaşamıştı.

Moffitt ve arkadaşları bu sefer çocuklukta sergilenen otokontrol yetisinin bir sonraki kuşağı etkileyip etkilemediğini belirlemek için deneklerin çocuk sahibi olduklarında iyi birer anne veya baba olup olmadıklarını değerlendirdi. Otuzlu yaşların sonuna doğru yaklaştıklarında deneklerin %75'i, yani yaklaşık 750'si çocuk sahibi olmuştu. Çocukları 3 yaşına ulaştığında araştırma ekibi onları evlerinde ziyaret edip hem çocukları hem de anne ve babaların çocuklarıyla olan ilişkilerini değerlendirdi. Yapılan video kayıtlar, ebeveynlik konusunda uzman kişilere gönderildi. Bu uzmanlar araştırma ekibinin bir parçası olmadığı için denekleri tarafsız olarak değerlendirdi. Uzmanlar ebeveynliği anne ve babaların çocuklarına gösterdiği sıcaklık, çocuklarının ihtiyaçlarına gösterdiği hassaslık ve son olarak da çocuklarının gelişimi için gösterdikleri çaba açısından değerlendirdi. Bu değerlendirmelerin sonucu da diğerlerine paraleldi. Çocukken otokontrolü zayıf olanlar büyüyüp çocuk sahibi olduklarında da zayıf birer ebeveyn olmuştu. Çocuklarına karşı daha az sıcak ve onların ihtiyaçlarına karşı daha az hassaslardı. Ayrıca çocuklarının gelişimini sağlayacak bir ortam oluşturmada da geride kalmışlardı.

Dünedin Çalışmasında araştırmacılar verileri değerlendirirken, karşılaştırmaların sağlıklı olabilmesi için birtakım istatistiksel düzenlemeler yaparak çocukların yetiştiği ortamların farklılığından doğacak etkileri en aza indirmeye çalıştı. Fakat yine de çocukların aile ortamlarının birbirinden farklı olmasının sonuçları etkilemiş olacağını düşünüyor olabilirsiniz. Bu olasılığı ortadan kaldıracak en etkin yol, deneyi aynı ailede büyümüş, dolayısıyla aynı çevre koşullarına maruz kalmış ikizler üzerinde yapmak olacaktı. Moffitt ve ekibi bu düşünceyle aynı çalışma modelini kullanarak bu sefer İngiltere'de bir çalışma başlattı. 1995-1996 yıllarında doğan 2232 ikiz çalışmaya alındı. İkizlerin yaklaşık yarısı tek yumurta, diğer yarısı ise çift yumurta ikizleriydi. Araştırmacılar ikizleri doğumlarında, 5, 7, 10, 12 ve 18 yaşlarında Dünedin Çalışmasındaki gibi değerlendirmeden geçirdi. Günümüzde hâlâ lise öğrencisi olan ikizler; okuldaki başarıları, sigara alışkanlığı ve gençlik suçları işleyip işlemedikleri bakımından değerlendirildi. Bu üç kriter gençlerin yetişkin yaşlardaki, sırasıyla mali durumlarını, sağlık durumlarını ve hukuk sistemi ile ilişkilerini tahminde en güçlü kriterlerdi. Aynı ailede yetişmiş ve hemen hemen aynı şartlara maruz kalmış ikizlerden de Dünedin Çalışmasına paralel sonuçlar elde edildi. Otokontrolü zayıf olanlar okulda daha fazla sorun yaşıyor ve pek çoğu sigara kullanıyordu. Aralarında polisle başı derde girenler de vardı. Bu çalışma, sadece aile ortamı veya anne babanın ebeveynlik yeteneklerinin değil, çocuğun kendisinden kaynaklanan otokontrolü geliştirme yeteneğinin de önemli olduğunu gösteriyordu.

Otokontrolle ilgili araştırmalar uzun süre davranışlara ve davranışların uzun süreli sonuçlarına odaklandı. Üstelik son yıllarda otokontrolün diğer zihinsel işlevlerle olan ilişkisi ve hatta beynin hangi bölümlerini etkilediği konusunda da bulgular elde edildi. Ayduk ve bu konuda çalışan diğer bilim insanları zevk erteleme yetisi ile duyguları yönlendirebilme yetisi arasında önemli bir ilişki olduğunu buldu. Bu ilişkinin ilk delilleri de yine Mischel'in ünlü çalışmasına dayanıyor. O çalışmada dikkatlerini tamamen şekere yöneltip gözlerini şekere diken çocukların beklemekte zorlandığı, dikkatlerini başka şeylere veren, örneğin duvarlara bakan veya masayla, saçlarıyla oynayan çocukların beklemekte daha az zorlandığı gözlemlenmişti. Bu gözlemler çocukların deney sırasında dikkatlerini yönlendirme yetilerinin bekleme zamanını doğrudan etkilediğini gösteriyordu. Daha sonraki çalışmalar, deneyler sırasında öfkeli veya üzgün olan çocukların dikkatlerini ödüle (şeker) daha çok odakladığını gösterdi.

Ayduk bu konularda elde edilen bilimsel verilerin, zevk erteleme ve duyguları yönlendirebilme yetilerinin birbiriyle bağlantılı olduğuna ve genel bir "kendini yönlendirme yetisinin" varlığına işaret ettiğini belirtiyor. Bu kurama göre kişiler arasındaki -"kontrol merkezi"nin gücü açısından- farklılık, her birimizin değişik uyarılar karşısındaki tavrına yansıyor (şekeri alıp almamak, istediği olmadığında hırçınlaşmak, düşünmeden anlık tepkiler vermek). Dolayısıyla hem zevk erteleme yetisi hem de duyguları kontrol edebilme yetisi aynı genel kontrol merkezinin gücünü yansıtıyor. Böyle olunca da birinden elde edilen veri (örneğin zevk erteleme yetisi), diğerinin (duyguları kontrol edebilme) göstergesi olabiliyor. Ayduk, beyin görüntüleme araştırmalarından elde edilen sonuçların bu teoremi destekler nitelikte olduğunu belirtiyor. Bu çalışmalar hem zevk erteleme hem de duyguların yönlendirilmesi işlevleri yerine getirilirken beyindeki lateral prefrontal korteksin etkinleştiğini gösteriyor. Ayrıca deneklere negatif duygularını artıracak veya azaltacak fotoğraflar gösterildiğinde amigdalanın etkinliği değişiyor. Olumsuz duyguların artması amigdalanın etkinliğini artırırken bu duyguların azalması amigdalanın etkinliğini düşürüyor. Aynı konuda yapılan başka bir çalışma ise lateral prefrontal korteksin etkinliği arttığında amigdalanın etkinliğinin azaldığını, bu ikisi arasında ters yönde bir ilişki olduğunu gösteriyor. Cohen ve arkadaşları, kendini kontol edebilmede, fiziksel tepkinin önlenmesinde ve düşüncelerin baskı altında tutulmasında özellikle ventrolateral prefrontal korteksin önemli olduğunu bildiriyor. Bütün bu bulgulara rağmen Ayduk bu konuda daha fazla ve detaylı çalışmaya ihtiyaç duyulduğunu, örneğin kendini kontrol edebilme yetişinde sadece lateral prefrontal korteksin işlev görmediğini, beynin başka bazı bölgelerinin de görev aldığını vurguluyor.

Otokontrol her kültürde çocuklara öğretilmeye çalışılan ve önemli sayılan bir yeti ancak değişik ülkeler ve kültürler arasında bu açıdan farklar olduğu da bir gerçek. Kültürel farklılığın çocukların eğitiminde ne kadar önemli olduğunu, kısa süreli olarak ABD'ye gelen bazı ailelerde gözlemledim. Bilimsel olmamakla birlikte kişisel gözlemlerim Uzak Doğulu, Çinli ve özellikle Güney Koreli anne ve babaların, çocuklarının eğitimiyle daha yakından ilgilendiği ve çocuklarının eğitimi için daha fazla zaman harcadığı yönündeydi. Çocuklarının performanslarını yakından takip edip gerekli desteği sağladıklarını ve çocuklarını teşvik ettiklerini gözlemledim. Sosyal ortamlarda çocuklarının başarılarını sıklıkla dile getiriyor olmaları da dikkat çekiciydi. Erken yaştan itibaren çocuklarına kendilerini kontrol etmeyi öğretiyorlardı.

Özellikle Güney Kore'de, çocukluklarını yaşamama pahasına olsa da çocukların zamanlarının büyük bir kısmını ders çalışmakla geçirdiği biliniyor. Ebeveynler, eğitimde avantajlı olmaları için çocuklarına özel öğretmenler tutup gece geç saatlere kadar çalışmalarını sağlıyor. Güney Kore'de bu tür uygulamaların günde on dört saat gibi anormal bir seviyeye ulaşması hükümetin gece saat 10'dan sonra çocukların ders çalışmasını resmen yasaklamasına neden olmuş. Hükümet kurala uyulmasını sağlamak için denetçiler tutmuş. Her ne kadar aşırı olsa da bu tür uygulamaların Uzak Doğulu çocuklara avantaj sağladığı bilimsel çalışmalarla da tespit edilmiş bir gerçek. Örneğin bir çalışmada Çinli anaokulu öğrencilerinin zihinsel kontrol geliştirmede, aynı yaştaki Amerikalı öğrencilerden altı ay ilerde olduğu gözlenmiş. Bir başka çalışmada ise 3 yaşındaki Koreli çocukların kendilerinden yaklaşık bir buçuk yaş daha büyük İngiliz çocuklarla aynı düzeyde zihinsel kontrole sahip olduğu belirlenmiş. Mischel'in 1958'de Afrikalılar ile Hindistanlılar arasında yaptığı karşılaştırmayı da göz önüne alırsak, bütün bu gözlemler otokontrolün öğretilebilir olduğunu kanıtlıyor.

Terrie Moffitt, hem Yeni Zelanda hem de İngiltere'de gerçekleştirilen ve yıllarca süren çalışmalarına dayanarak çocukların erken yaşlarda sergilediği otokontrol düzeyinin sadece gelecekteki başarılarını, sağlıklarını ve hukuk sistemiyle olan ilişkilerini belirlemekle kalmadığını, otokontrolün daha büyük çerçevede uluslar ve toplumlar için çok önemli olduğunun altını çiziyor. Otokontrol eğitiminden, o konuda zaten güçlü olsalar bile tüm çocukların büyük fayda göreceğini belirtiyor. Bu nedenle ülkelerin eğitim programlarında otokontrolü geliştirmenin amaç edinilmesini öneriyor. Örnek olarak çocuk programlarından *Susam Sokağı*'nın bir uygulamasına dikkat çekiyor. Program yapımcıları çocuklara otokontrolü ve zevki ertelemeyi öğretmek için "Benim için, senin için, sonrası için" adlı bir program yapıyor. Elmo, Açıkgöz ve Kurabiye Canavarı çocuklara para biriktirmeyi telkin ediyor fakat Kurabiye Canavarı eline para geçer geçmez kurabiye alıp yiyor. Kurabiye Canavarı'nın yaptığının aksine, zevkin ertelenmesinin olumlu sonuçları gösterilerek çocuklara otokontrol ve zevk erteleme öğretiliyor.

Ayduk bu sonuçlara bakarken bir gerçeği de göz önünde bulundurmak gerektiğini belirtiyor. "Bütün bu sonuçlar zevk erteleme veya otokontrol yetisi güçlü olan çocukların hayatta başarılı olma olasılıklarının düşük olanlardan daha yüksek olduğunu göstermekle birlikte, sonuçlar otokontrolü güçlü olan her çocuğun kesinlikle hayatta başarılı olacağı veya bu yetisi güçsüz olan her çocuğun kesinlikle hayatta başarısız olacağı anlamına gelmiyor" diyor ve ekliyor: "Bununla birlikte çocuklarımızın bu yetilerini geliştirmelerine yardımcı olarak onların yaşamda başarılı olma şanslarını artırmalarına katkıda bulunabiliriz". Otokontrol ve zevk erteleme konularında çocuklarımıza vereceğimiz eğitim şüphesiz sadece onların kendi geleceği için değil, ülkemizin geleceği için de çok olumlu sonuçlar doğuracaktır.

Endişeli Beyin

"Bin yıl da yaşasam, ilk panik atağımı unutmayacağım" diyordu gazeteci-yazar Paul Van Develder. Çok sıcak bir Temmuz günü Manhattan'daki bir lokantada oturuyordu. Cebinde bir arkadaşına ait, Kolombiya'nın meşhur Muzo madeninden çıkarılmış ve ülkeye kaçak olarak sokulmuş 70 karat değerinde zümrütler vardı. Taşlar kendisinin değildi. New York'a da üniversiteden bir arkadaşının mücevher piyasasında aracılık yapan ve çevresi geniş olan babasına zümrütleri iletmek üzere gelmişti. Bu tehlikeyi, sevdiği bir arkadaşı için göze alıyordu. Bir önceki akşam arkadaşları ile birlikte dışarı çıkmış, sabahın 3'üne kadar eğlenmişti. İçtiği koyu kahve uyanmasına yardımcı olmuştu ama akşamdan kalma yorgunluğu pek geçmemişti.

Bir süre sonra beklediği aracı lokantaya vardı. Kısa bir tanışmadan sonra her ikisi de ellerindeki menülerden ne ısmarlayacaklarına karar vermeye çalışıyorlardı. Tam o sırada Paul önce parmaklarının titrediğinin farkına vardı. Ellerini beyaz masa örtüsünün üzerine koyduğunda bile parmaklarındaki titreme durmuyordu. Sol gözünde başlayan bir tik görüşünü bozuyordu. Etrafa baktığında lokantanın mavi takım elbiseli müşterilerle tıklım tıklım dolu olduğunu görüyordu. Garip bir şekilde hepsinin yüzü kırmızıydı. Müşterilerin arasında aceleyle servis yapan, siyah beyaz formalı garsonları görüyordu. Yandaki masalardan gelen çatal bıçak seslerini, garsonlarla müşteriler arasında geçen konuşmaları duyuyordu ama sesler boğuk boğuktu. İşte tam o anda tıpkı bir film şeridinin kopuşu gibi hayatının o ana kadarki kısmının bittiğini hissetti. Hareket edemiyordu. Ortada hiçbir şey yokken, bir anda endişe felcine uğramıştı: Paul panik atak geçiriyordu.

Hepimiz zaman zaman kaygı ve endişe yaşarız. Örneğin üniversite giriş sınavı gibi önemli bir olay veya ailemizin bir ferdinin gece geç saatlere kadar eve gelmemesi bizi kaygılandırır. Modern yaşam barındırdığı stres etmenleri nedeniyle önemli bir kaygı ve endişe kaynağıdır. Günlerimiz savaş, felaket ve ölüm haberlerini dinlemekle başlıyor, ilerleyen saatlerde bu sefer okulla, işle veya ilişkilerimizle ilgili, bizleri doğrudan ilgilendiren olumsuzluklarla karşılaşıyoruz. Bunlar yetmiyormuş gibi görsel ve yazılı medya seyirci ve okur sayısını artırmak amacıyla endişe duygularını kamçılamak için elinden geleni yapıyor çünkü insanlar endişe uyandıran haberlere ilgi duyuyor. Gazetelere birkaç saniye bakmak bile başlıkların çoğunun sansasyon yaratacak şekilde seçildiğini görmeye yetiyor. Küçük bir uçak kazasını bildiren haber spikerinin, haberi "eğer uçak düştüğü noktanın iki kilometre güneyine düşseydi, oradaki ilkokulun bahçesinde oynayan çocukların ölümüne neden olacaktı" diye bitirdiğini hiç unutmuyorum. Bizler de farkında olarak veya olmayarak, özellikle de çocukları konu alan tüyler ürpertici facıaların fotoğraflarını örneğin facebook'ta paylaşarak endişe duygularının artmasına katkıda bulunuyoruz. Bütün bunların sonucunda da kendi kendimize "ya olursa" diye sorup olası sonuçlar hakkında senaryolar yazıyor, bu senaryolar gerçekleşirse olabilecekleri daha olmadan yaşamaya, endişesini hissetmeye başlıyoruz. Yapılan çalışmalar insanların 1950'lerde günümüze göre daha az endişe yaşadığını ortaya koyuyor. Günümüzde endişe sadece yetişkinler arasında değil çocuklar arasında da giderek artan bir problem hâline geliyor. Bazı çalışmalar 1980'lerden beri çocukların endişe seviyelerinin yetişkinlerinkinden daha yüksek olduğunu gösteriyor.

Endişe duymak aslında son derece normal ve karşılaştığımız sorunları çözmek için bizleri bir şeyler yapmaya iten bir güç. Korkunun yanı sıra türümüzün hayatta kalmasını sağlayan önemli bir duygu. Ancak tıpkı Paul gibi bazılarımız için kaygı ve endişe bitmez tükenmez bir hâl alıyor, başa çıkılamaz ölçüde artıyor. Endişenin bu kadar artması durumu "endişe bozukluğu" veya "kaygı bozukluğu" olarak biliniyor.

Endişe veya kaygı belli bir neden olmadan da ortaya çıkabilmesi nedeniyle korkudan ayrılıyor. İlkbahar güneşinin yaprakların arasından süzüldüğü bir günde bir patikada yürürken önümüze bir yılanın çıkması birkaç salise için bile olsa donup kalmamıza neden olur. Kalbimiz hızla çarpar ve terlemeye başlarız. İşte tehlike karşısında ortaya çıkan bu otomatik fiziksel tepki korkudur. Aynı patikada, yine güzel ve güneşli bir günde ortada yılan yokken hissettiğimiz "ya yine yılan çıkarsa" duygusu ise endişedir. Korku ve endişe konularında yaptığı çalışmalarla bilinen Joseph LeDoux korkuyu "gerçek veya farz edilen bir tehlikenin, bir sıkıntının veya talihsiz bir durumun neden olduğu duygu" şeklinde tanımlıyor. Endişeyi ise "gerçek veya hatırlanan veya farz edilen, hayal edilen bir tehlikenin, bir sıkıntının veya talihsiz bir durumun beklentisi sonucu ortaya çıkan duygu" olarak açıklıyor.

Korku ve endişenin normal ve koruyucu olan düzeyi ile bozukluk diye adlandırılan düzeyi arasında net bir ayrım yok ama eğer korku ve endişe uzun süre devam ediyor ve günlük yaşamı etkiliyorsa "endişe bozukluğu" olarak adlandırılıyor. Endişe bozukluğu kendini değişik biçimlerde gösterebiliyor. Aşırı endişeden kaynaklanan "yaygın endişe bozukluğu"nun yanı sıra "fobi", "sosyal endişe", "travma sonrası stres bozukluğu" ve "obsesif kompulsif bozukluk" diğer adıyla "saplantı zorlantı bozukluğu" da endişe bozuklukları arasında yer alıyor.

Paul ellerindeki titremeyi kontrol etmeye çalışırken sırtının ortasından ensesine doğru bir sıcaklık yayıldığını hissetti. Kalbi göğüs kafesini parçalayıp çıkacakmış gibi atmaya başlamıştı. Dirsekleri ve dizlerinden aşağısı aniden uyuşmuştu. Başının etrafını sanki çelik bir çember sarmıştı. Bütün vücudu titriyor, alnından ter akıyor, başı dönüyordu. Aracı "İyi misin?" diye sordu. "Beni buradan çıkar" diye yanıtladı Paul. "Ölüyorum" demeye çalıştı ama kelimeyi düzgün söyleyemedi. Masadaki su bardağını alıp ağzına götürmeye çalıştı ama bardak elinden kayıp yere düştü. Sandalyesini geri iterek ayağa kalktı. Aniden dizlerinin bağının çözüldüğünü hissetti fakat yere yığılmadan önce aracı onu kollarından yakaladı. Lokantanın kapısına doğru yürürlerken bütün düşünebildiği karısı ve on bir aylık oğluydu. İkisi de o anda ona çok uzak görünüyordu. Onları bir daha göremeyeceğini düşünüyordu. Paul yaşam sahnesinde perdenin kapandığı anı yaşıyor gibiydi.

Aynı cadde üzerinde, biraz ileride tanıdığı bir doktor olduğunu söyleyen aracının kolunda zorlukla yürüyebilen Paul, muayenehaneye ulaşıncaya kadar sanki zihinsel bir sis bulutunun içindeydi. Doktor kalp atışlarını kontrol etti, kalbi dakikada 220 atıyordu. Beynine giden oksijenin azaldığını söyleyerek muayene masasına yatırıp üzerine bir battaniye örttü ve barbitürat iğnesi yaptı. İğnenin etkisiyle kısa sürede uykuya dalan Paul bir müddet sonra kendine geldiğinde doktor ani bir panik atak yaşamış olduğunu söyledi. Muayenehaneden elinde bir ilaç şişesi ile ayrıldı. Şişe tekrar panik atak yaşaması durumunda alabileceği haplarla doluydu.

Kısa adıyla DSM olarak bilinen (*Diagnostic and Statistical Manual*), psikolojik rahatsızlıkların tanım ve teşhisini kapsayan ve bu alanda çalışan uzmanlar için kaynak teşkil eden *Tanı ve İstatistik El Kitabı* panik atağı kalp çarpıntısı, nefes darlığı, terleme, titreme, aklını kaybediyor olduğunu düşünme, kontrolü kaybetmekte olduğunu düşünme gibi semptomlarla gelen, ani ve yoğun korku olarak tanımlıyor. Bununla beraber panik ataklar, aniden insanın aşırı derecede korku ve endişe yaşaması gibi basit bir olay olmayıp kişinin yaşamında başına gelen en kötü şeylerden biri olarak algılanan ciddi bir durum.

Panik atağın fizyolojisi hakkında pek çok şey bilmemize karşın beynin kimyasını nasıl etkilediğini daha yeni yeni öğrenmeye ve anlamaya başladık. Panik atakların aşırı derecede korku ve endişe yaşanan anlar olduğunu biliyoruz. Panik atak geçirenler tıpkı Paul gibi ya ölmek üzere olduklarını ya da kalp krizi geçirdiklerini düşünüyor. Bayılacakmış veya boğulacakmış gibi hissedenler de var. Ataklar aniden başlıyor, yaklaşık on dakikada en üst seviyesine ulaşıyor ve genellikle yarım saat sonra bitiyor.

Panik atak konusunda yapılan araştırmalar kişinin yaşadığı stres düzeyinin önemli bir etken olduğunu, stresin kritik bir düzeye ulaşması durumunda, ona eklenen düşük düzeydeki yeni bir stresin bile panik atağının başlamasına neden olabileceğini gösteriyor. Böyle olunca da kişi atağın durup dururken, ortada herhangi bir sebep yokken başladığını düşünüyor.

Panik atağın bir ailenin birden fazla ferdinde görülmesi, ayrıca tek yumurta ikizlerinden birinde görülmesi durumunda diğerinde de büyük ihtimalle görülmesi (çift yumurta ikizlerinden birinde görülmesi durumunda diğerinde de görülmesi olasılığından iki-üç kat daha fazla) bu rahatsızlığın genetik nedenleri olabileceğini gösteriyor. Harvard Üniversitesinden Gelişim Psikoloğu Jerome Kagan otuz yılı aşkın bir süredir, yaşamın ilk ayları ve yıllarında bebeklerde gözlenen davranışların onların gelecekteki kişilikleri ve huyları ile ne ölçüde bağdaştığını belirlemeye çalışıyor. Çalışmalarının önemli bir kısmını açıkladığı *The Temperamental Thread* adlı kitabında Kagan dört aylık bebeklerin %20'sinin "güçlü tepkili", %40'ının ise zayıf tepkili olduğunu gözlemlediğini aktarıyor. Güçlü tepkililerin utangaç olduklarını, yenilikle karşılaştıklarında ağlayıp giderek artan oranda motor etkinlik gösterdiklerini, zayıf tepkililerin ise bunun aksi davranışlar sergilediğini gözlemliyor. Kagan hem güçlü tepkinin hem de zayıf tepkinin ileriki yaşlardaki kişiliği belirlemede belli bir ölçüde belirleyici olduğunu söylüyor. Güçlü tepkili çocukların büyüdüklerinde utangaç ve sıkılgan olmaya, zayıf tepkililerin ise dışa dönük, korkusuz ve bir anda karar verip onu uygulayan kişiler olmaya meyilli olduğunu bildiriyor. Ancak zayıf tepkili çocuklar arasında utangaçlık ve çekingenlik düzeyi fazla olanlar varsa, bu çocukların ileriki yaşlarında endişe bozukluğuna yakalanma oranının, ortalamaya göre çok daha yüksek olduğunu bulduklarını da ekliyor.

Son zamanlarda genler düzeyinde yapılan çalışmalar, Kagan'ın araştırmalarında gözlemlediğine benzer kişilik farklılıklarında genlerin önemli rol oynadığını ortaya koyuyor. Bu konuda çalışan bilim insanları uzun bir süredir psikolojik bozukluklar ile beyindeki sinir hücreleri arasında iletişim sağlayan ve nörotransmiter adını verdiğimiz moleküllerden biri olan serotonin miktarı arasında bir bağlantı olduğunu düşünüyordu. 1980'lerde ve 1990'larda yapılan çalışmalar, endişe bozukluğu ve duygusal olarak "güçlü" tepki vermenin ardında beyindeki serotonin seviyesini belirleyen bir genin rolü olduğu yönünde ipuçları vermeye başladı. Depresyon ve endişe rahatsızlığı olan hastaların "serotonin taşıyıcı" genlerinin ya sayısının az ya da etkinliğinin zayıf olduğu yönünde veriler elde edildi. Würzburg Üniversitesinden Klaus-Peter Lesch'in önderliğindeki bir araştırma grubu 1996'da yayımladıkları bir makalede, bu genin kısa ve uzun olmak üzere iki farklı yapıda olabildiğini, genin uzun formunun beyinde daha fazla serotonin taşıyıcı üretilmesini sağladığını açıkladı. Lesch'nin grubu, 505 kişi üzerinde endişe ile ilgili özellikler açısından yaptığı incelemede genin kısa formunu taşıyan kişilerin endişe seviyesinin çok daha yüksek olduğunu belirledi. Bilim adamları bu çalışmalarıyla, endişe açısından kişiler arasında görülen farklılığın %7-9'unun "endişe geni" olarak da adlandırılan "serotonin taşıyıcı gen" tarafından belirlendiği sonucuna vardı. 2002'de Ahmad Hariri ve ekibinin yaptığı bir çalışmada ise 28 sağlıklı deneğe korkmuş, kızgın ve nötr ifadeler taşıyan yüz fotoğrafları gösterilip denekler bu görüntülere bakarken fonksiyonel manyetik rezonans görüntüleme tekniği (fMRI) ile beyinlerinin görüntüleri alındı. Bir veya iki kısa gen (biri anneden diğeri babadan gelen) taşıyan 14 deneğin beyinlerinde, beynin amigdala adı verilen ve korku tepkisinde başrolü oynayan bölgesinin etkinliğinin arttığı bulundu. Stony Brook Üniversitesinden Turhan Canlı, Lesch'in grubu ile birlikte yaptığı bir ortak çalışmada 42 deneğe olumsuz, nötr ve pozitif kelimeler gösterip fMRI ile beyin görüntülerini aldı. Olumsuz kelimelere, bir veya iki kısa taşıyıcı geni olan deneklerin beyinlerindeki amigdala bölgesinin, iki uzun gen taşıyan deneklerinkinden daha büyük tepki gösterdiğini buldu. Turhan Canlı ve grubu 2005 yılında yayımladıkları bir makalede taşıyıcı geni kısa olan deneklerin boş bilgisayar ekranına baktıklarında dahi amigdalalarının daha etkin olduğunu bildirdi. Ayrıca bu deneklerin sadece amigdalalarının değil, diğer beyin kısımlarının da normalin üzerinde etkin olduğunu gözlemlediler. Canlı, bu verilerin "serotonin taşıyıcı geni kısa olan kişilerin beyinlerinin, genelde daha uyarılmış durumda olduğunu gösterdiğini" belirtiyor. Serotonin taşıyıcı gen üzerinde yapılan daha sonraki çalışmalar da genin uzun formunun depresyon ve endişe rahatsızlıklarına karşı koruyucu olduğunu gösteriyor.

Her ne kadar serotonin taşıyıcı gen ile endişe arasındaki ilişki kanıtlanmış olsa da bu gen kişiler arasında endişe açısından gözlemlenen farklılığın %10'dan daha az bir kısmından sorumlu. Bu alanda çalışan genetik bilimciler endişe durumunda en az on beş genin rol oynadığını tahmin ediyor. Aynı bilim insanları genetik nedenlerin yanı sıra çevrenin de endişe rahatsızlığı üzerinde etkili olduğunu vurguluyor. Panik atak konusunda Boston Üniversitesinde araştırmalar yapan Psikolog David H. Barlow, bazı insanların bir iki defa panik atak yaşarken diğerlerinin sürekli panik rahatsızlığı yaşamasını üç sebebe bağlıyor.

1. *Biyolojik yatkınlık:* Endişeye karşı biyolojik yatkınlığı olanlar günlük olaylara çok daha güçlü tepkiler veriyor.
2. *Psikolojik yatkınlık:* Çocukluğun erken dönemlerinde, özellikle aşırı derecede koruyucu ebeveynlerin çocuklarına dünyanın tehlikeli bir yer olduğunu, stresin altından kalkılamaz ve kontrol edilemez bir şey olduğu öğretmesi endişe rahatsızlığına neden olabiliyor.

3. Özel psikolojik yatkınlık: Gerçekte tehlikeli olmadıkları hâlde çocukluk döneminde bazı durumların veya cisimlerin tehlikeli olduğuna inanmak, ileri yaşlarda kişide endişe bozukluğuna yol açabiliyor.

Amerikalıların yaklaşık %25'inin yaşamlarının bir döneminde endişe bozukluğu ("yaygın endişe bozukluğu", "fobi", "sosyal endişe", "travma sonrası stres bozukluğu" ve "obsesif kompulsif bozukluk") yaşadığı tahmin ediliyor (ülkemizde oranların ne olduğu henüz bilinmiyor). Pek çok insan ise endişe yaşıyor ama endişe bozukluğu teşhisi konacak düzeyde değil. Arizona Üniversitesinden Psikolog Hal Arkowitz ve Emory Üniversitesinden Scott Lilienfeld, düşük ve yüksek düzeyde endişe yaşayan bu iki grup için farklı tedaviler uygulanması gerektiğini, bu nedenle endişe bozukluklarının tedavisinde psikoterapi (bilişsel-davranışçı tedavi) ve ilaçla tedavi olmak üzere iki ana tedavi yönteminin uygulandığını belirtiyor. Genelde psikologlar bilişsel-davranışçı tedaviyi uygularken psikiyatristler ilaçla tedaviye öncelik veriyor.

Bilişsel-davranışçı tedavide kişinin korktuğu veya endişe ettiği durumlarla kademeli olarak yüzleşmesine ve endişe bozukluğunda sıkça görülen "felaket" düşüncelerinin azaltılmasına ve kontrol edilmesine yönelik bir tedavi uygulanıyor. Arkowitz ve Lilienfeld bu tür bir tedaviden sonuç alınabilmesi için yaklaşık on altı tedavi seansına ihtiyaç olduğunu belirtiyor. Endişenin güçlü olması ve diğer psikolojik problemlerin endişeye eşlik etmesi durumunda daha uzun süreli tedavi gerekebiliyor.

İlaçla tedavi yönteminde, depresyonun da tedavisinde yaygın olarak kullanılan ve genelde SSRI olarak adlandırılan, serotonin miktarını artırmaya yönelik ilaçlar ve benzodiyazepin grubu ilaçlar kullanılıyor. Benzodiyazepinler yine sinir hücreleri arasındaki iletişimde görev alan bir diğer nörotransmiter olan gama amino bütirik asitin (GABA) etkisini artırarak hastanın rahatlamasını sağlıyor. Antidepresanların etkilerinin görülebilmesi için 2-4 hafta süresince alınmaları gerekirken, benzodiyazepinler alındıktan sonraki 10-30 dakika içerisinde etkilerini gösteriyor. Bu gerçek de özellikle panik ataklarının tedavisinde kullanımlarını yaygınlaştırmış. Bununla birlikte benzodiyazepinlerin pek çok hastanın bilmediği yan etkileri var. Endişe bozukluğunun genelde kronik bir rahatsızlık olması bu ilaçların uzun süreli alınmasını gerektiriyor. Bu da hem psikolojik hem de fiziksel birtakım yan etkilerin ortaya çıkma olasılığını artırıyor. Günümüzde bilim insanları ve araştırmacılar, benzodiyazepin grubu ilaçların bu yan etkilere sahip olmayanlarını geliştirilmeye çalışıyor.

Paul yaşadığı o ilk panik atağından sonra doktor doktor dolaşıp yaşadıklarına bir açıklama bulmaya çalıştı ama yapılan testlerin hiçbirinde bir anormallik tespit edilemedi, her şey normaldi. Değişik ilaçlar denedi, psikiyatrik tedavi gördü, hatta depresyon ve endişe konusunda Arizona Üniversitesinde gerçekleştirilen bir araştırmaya denek olarak katıldı. Bu arada göğsüne "Laboratuvar Kobayı" yazdırdığı tişörtünü giymeyi de ihmal etmemişti. Bütün çabalarına rağmen o temmuz günü yaşadığına benzer panik atakları devam etti. Ansızın gelen ataklar giderek sıklaştı. Araştırmacı gazeteci kişiliği ile endişe ve panik atakları konusunda eline geçeni okuduğu için, bir süre sonra görüştüğü doktorlardan bile daha fazla bilgisi olduğunu düşünmeye başladı. Son bir çare olarak kendini işine verdi. O da çözüm olmadı. Paul endişe ve panik atakları yüzünden işkenceye dönüşen yaşamında belki de en büyük teselliyi bir komşusunun bir kış akşamı beklenmedik şekilde kapısını çalıp eline verdiği bir kitapta buldu. Claire Weekes'in *Peace from Nervous Suffering* adlı kitabı Paul'un yaşadıklarına tercüman olmuştu. Yalnız olmadığını bilmek her nedense acısını azaltmıştı. Kitabı o günden sonra yanından hiç ayırmadı, cepheden haber yapmak zorunda kaldığı zamanlarda bile kitap çantasının cebindeydi.

Paul yıllar sonra mücadelesini nihayet kazanacaktı. Fakat on yılı aşkın süre ilaç kullanmıştı ve beyni etkileyen pek çok ilaçta olduğu gibi kullandığı ilaçları bırakırken de çok zor günler yaşadı. Birkaç yıldır panik atak yaşamamasına rağmen belki sadece birkaç dakika, bir gece, belki de birkaç gün veya birkaç hafta sonra tekrar bir atak geçirebileceğinin bilinciyle yaşamak zorundaydı.

Endişe rahatsızlıkları, ülkemizde de giderek artan sayıda insanı etkiliyor. Bu rahatsızlıklarla baş etmenin en etkin yolu onların ne olduklarını ve nasıl ortaya çıktıklarını bilmekten geçiyor. İşin güzel yanı moleküler yaşam bilimlerindeki ilerlemeler sayesinde, milyonlarca insanın yaşamını dayanılmaz bir çileye dönüştüren endişe rahatsızlıklarının tedavisine her gün biraz daha yaklaşmamız.

Uykulu Beyin

34 yaşında, üç çocuk annesi olan Tracy Williams'ın o güne kadar normal seyreden yaşamı ansızın değişmeye başladı. Yıllardır gün boyu acil hemşiresi olarak çalıştığı hastanede yardıma ihtiyacı olanların yardımına koşan Tracy şimdi yardıma muhtaç konuma düşmüştü. Her şey çocuğunu acile getirmiş bir anneye neler yapması gerektiğini anlatırken başladı. Tracy aniden kendini yere yığılmış ve acil servisin tavanındaki lambalara bakarken buldu. Kendini güçsüz veya hasta hissetmemişti ama ayağa da kalkamıyordu. Birkaç dakika içerisinde bu garip duygu ve hisler yavaş yavaş kayboldu ve Tracy işine geri döndü. Olanları unutmaya çalıştı. Bir iki gün sonra acilde çalışırken yine kendini yerde buldu, durup dururken yine yere yığılmıştı. Olay üçüncü defa tekrar edince doktora gitti. Doktora, düştüğünde bilincinin yerinde olduğunu ve nerede olduğunu bildiğini ama bir türlü hareket edemediğini söyledi. Kasılmış boynu ve kafasındaki şişliğin dışında tek hatırladığı aşırı yorgunluktu. Garip bir

şekilde o gün doktorun ofisinden ayrılırken de ansızın yere yığılıp kalmıştı. Yapılan testlerin; EKG, ekokardiyogram, kan testleri hepsi normaldi. Doktorlar bir şey bulamayınca onu eve gönderdiler ancak ondan sonraki iki ay boyunca düşmeler devam edip sayıları on yediyi bulunca Tracy doktora geri döndü. Doktorlar bu sefer sara hastalığının tedavisinde kullanılan ilaçlarla başladılar tedaviye ancak düşmeler devam etti. Bunun üzerine ilaçların dozları yavaş yavaş artırıldı. Yüksek dozlar bir süre sonra düşmesini önledi ancak artan dozlar beraberinde çok kötü yan etkiler getirmişti. Kusma ve bulantı hissi en belirgin yan etkilerdi. Düşmeler kontrol altına alınmıştı ama ilaçların yan etkileri dayanılmazdı. Aylar sonra güçlü yan etkilere dayanamayan Tracy ilaçlara bir süre ara verdi fakat tekrar düşmeye başlayınca mecburen ilaçlara geri dönmek zorunda kaldı.

Evde düşünce problem olmuyordu çünkü bir süre uyuyor ve kendini güçlü hissedince kalkıyordu ama iş yeri uyumasına uygun değildi. Belli bir süre sonra Tracy artık hastaları kendi başına taşımamaya bebekleri kucağına almamaya başladı. Düşmemek için de hep sırtını duvara dayıyordu fakat bir defasında yoğun bakım ünitesine portatif bir monitör taşırken merdivenlerde düşünce işler değişti ve işini kaybetme korkusu yaşamaya başladı. İş arkadaşları da ona karşı garip davranmaya başladılar çünkü ekip hâlinde çalışıyorlardı ve ekipten birinin başarısızlığı herkesi etkileyecekti. Düşüşler devam ettikçe Tracy'nin yaşamı da alt üst olmaya devam ediyordu. Her düşüş onu depresyonun derinliklerine taşıyordu. Yedi yıl boyunca çok sayıda tetkikler yaptırdı, değişik doktorlara gitti, farklı ilaçları denedi. Bir ara doktorları rahatsızlığının tamamen psikolojik olduğunu ve düşmeleri durdurmanın onun kendi elinde olduğunu dahi söylediler. Bu tanı onun kendine güvenini yıkmıştı ama psikoloğa gitmesi sonucu değiştirmedi.

Yine bir gün doktoru ile görüşürken doktoru ona geceleri normal uyuyup uyumadığını sordu. Doktorun üç çocuğa bakan, eşi akşamları hukuk fakültesine devam eden, gündüzleri acil serviste çalışan ve bütün bunların üstüne bir türlü tedavi edilemeyen düşüşler yaşayan birinin rahat uyku çekebileceğini düşünmesine inanamamıştı. "Elbette doğru düzgün uyuyamıyorum, yıllardır da bu böyle" diye cevap verdi. Bunun üzerine doktoru onu "uyku laboratuvarına" gönderdi. Tracy şimdiye kadar yaptırdığı tetkikler gibi uyku testinin de olumlu bir sonuç vermeyeceğini düşünüp karşı çıktı önce ama doktorun ısrarı üzerine kabul etti. Yine de bir test için boşu boşuna bir sürü para harcayacağını düşünüyordu oysa sonuç hiç de beklediği gibi olmadı. Uyku testleri Tracy'nin yıllardır yaşadıklarının nedenini ortaya çıkarıverdi. Teşhis, bir uyku bozukluğu rahatsızlığı olan ve yaklaşık iki binde bir kişiyi etkileyen "narkolepsi"ydi. Düşmeler ise narkolepsinin belirtilerinden olan "katapleksi" yani kas tonusu dediğimiz ve kasların normal fonksiyonunu yerine getirmesinin bir anda ortadan kalkması sonucuydu. Tracy narkolepsi hakkında araştırma yapıp bulduklarını okumaya başlayınca teşhisin ne kadar doğru olduğunu gördü. Semptomlar birebir tutuyordu; gün boyu aşırı uykulu olmak, gerçekmiş gibi görünen rüyalar. Sanki tanımları kendisi yazmıştı. Tracy'nin probleminin nedenleri onun "uyku"sunda yatıyordu.

Günlük yaşantımızın üçte birini uyuyarak geçiririz. Pek çoğumuz için uyku gece başımızı yastığa koymamızla başlayan ve yedi sekiz saatlik bir süreden sonra uyanmamızla biten daha çok dinlenmekle özdeşleştirilen fizyolojik bir gereksinimdir. Meyve sineğinden şempanzeye, fare ve tavşandan kertenkele veya köpeğe kadar her canlının bizler gibi uykuya ihtiyaç duyması, uykunun aslında çok temel ve önemli işlevleri olduğunu gösteriyor. Bununla birlikte neden uyuduğumuza veya uykunun işlevinin ne olduğuna dair sorulara tümüyle bilimsel cevaplar verebilmiş değiliz. Nörobilimlerdeki gelişmelerle artık uykuya dair sırların perdesini aralamaya başladık.

Uyku araştırmalarının babası sayılan Stanford Üniversitesinden William Dement uykuyu "duyumsal izolasyonun yaşandığı zaman dilimi" olarak tanımlıyor. Bir diğer deyişle uykuya daldığımız andan itibaren çevreden gelen duyusal girdiler bilincimize ulaşamıyor. Uyku konusunda elde edilen verilerden belki de en beklenmedik olanı uykunun sanıldığı gibi beynin aktivitesinin minimuma indiği bir zaman dilimi olmadığının, aksine beyinde olağanüstü düzeyde aktivite gerçekleştiğinin ve ayrıca uykunun son derece karmaşık, bütün vücudu kapsayan ve regüle eden bir işlev olduğunun ortaya çıkması oldu. Bu çalışmalar sonucu uykunun organizmanın uyanıkken işlevlerini normal olarak yerine getirmesi için temel teşkil ettiği ortaya çıktı.

1964 yılında, Randy Gardner adında 17 yaşındaki bir lise öğrencisi bir bilim yarışması için aralıksız 264 saat (11 gün) uykusuz kalmayı başararak bir rekora imza attı. Gardner'in bu girişimi uyku araştırmacısı William Dement tarafından bilimsel metodlarla takip edildi. Gardner'ın bu süredeki sağlık durumu da John Ross tarafından belgelendi. Gardner bu sürede uyanık kalmak için hiçbir ilaç kullanmadığı gibi kahve dahi içmemişti. Dement'e göre bu deneme ekstrem uykusuzluğun yorgunlukla gelen duygusal durumdaki değişikliklerin (terslik, duygusallık, konsantrasyon güçlüğü vb.) dışında önemli bir etkisinin olmadığını göstermişti çünkü deneyin onuncu gününde Dement ile Gardner pinpon oynamışlar ve oyunu Gardner kazanmıştı. Öte yandan Gardner'ın sağlık durumunu takip eden John Ross'un raporu farklıydı. Ross, Gardner'da duygusal durumdaki değişikliklerin yanında konsantrasyon problemi, kısa süreli hafızada problemler, paranoya ve halisünasyonlar gözlemlemişti. Deneyin dördüncü gününde Gardner kendini Amerikan futbolunun ünlü isimlerinden Paul Lowe, caddenin ismini taşıyan direği ise insan zannetmişti. On birinci günde ona 100'den başlayarak devamlı olarak 7 rakamını çıkarması istendiğinde 65'te durmuş, neden durduğu sorulduğunda ne yaptığını unuttuğunu söylemişti. Fakat son gün gerçekleştirdiği basın toplantısında Gardner son derece sağlıklı görünüyordu ve konuşması da düzgündü. Rekorundan sonra aralıksız 14 saat 40 dakika uyumuş, gece 10 gibi uyanıp 24 saat uyanık kalmıştı ama bundan sonraki günlerde günde sekiz saat düzenli uyumaya başlamıştı. Her ne kadar Gardner'dan sonra onun rekorunu kıranlar olduysa da Gardner'ın denemesi detaylarıyla ve bilimsel olarak incelenen tek deneme olduğu için bu konudaki rekor olarak hatırlandı ve hatırlanıyor.

Uyku konusundaki ilk bilimsel çalışmalar, 1925 yılında Şikago Üniversitesinde çalışmaya başlayan ve ilk "uyku laboratuvarı"nı kuran Nathaniel Kleitman ile başlıyor. Kleitman'ın 1939 yılında yayımladığı *Uyku ve Uyanıklık* adlı kitabı günümüzde dahi bilim çevrelerinde uyku araştırmalarının başlıca kitabı olarak kabul ediliyor. O günlerde Keitman'ın uyku üzerine doktora yapan öğrencisi Eugene Aserinsky 8 yaşındaki oğlunun uykusunu incelemeye başlıyor. Oğlunun başına bantla yapıştırdığı kablolar ve bu kabloların bağlandığı, beyin dalgalarını saptayan bir aletle uyku ve uyanıklık sırasında oğlunun beyin dalgalarını incelemeye başlıyor. Uykuda olan birini seyrettiyseniz uykunun bazı dönemlerinde kapalı olan göz kapakları arasındaki göz küresinin sağa sola, aşağı yukarı çok çabuk hareket ettiğini görmüşsünüzdür. Aserinsky beyin dalgalarının bu devrede değiştiğini gözlemliyor. Beynin dalgaları uyanıklık dalgalarına benzediği hâlde oğlunun hâlâ uykuda olduğunu görüyor. 1953 yılında hocası Kleitman ile birlikte yayımladıkları bir makale ile günümüzde "REM uyku" yani hızlı göz hareketinin (İngilizcede *Rapid Eye Movement* = REM) uykunun belli bir dönemini yansıttığını açıklıyorlar. Bu makalede ayrıca REM uykunun rüya görmekle ilişkili olduğunu da öne sürüyorlar. Günümüzde bu keşif modern uyku araştırmalarının başlangıcı olarak kabul ediliyor.

Sayısız bitki ve hayvan türü gibi yerkürenin sakinleri olan bizlerin yaşamı da 24 saat üzerine kurulmuştur. Bilimde buna "Circadian Rhythm" adını veriyoruz. Latince bir kelime olan *circa* = yaklaşık ve *diem* veya *dies* ise gün demektir. Dolayısıyla "Circadian Rhythm" "yaklaşık bir gün" anlamına gelir. Uyku ve uyanıklık aslında beyin tarafından kontrol edilir. "Circadian saat" olarak da bilinen bu döngüyü beynin hipotalamus bölgesinde yer alan ve "suprachiasmatic nucleus" (SCN) adı verilen bölge düzenler. SCN'in zedelenmesi normal uyku-uyanıklılık döngüsünün ortadan kalkmasına neden olur. SCN bu işlevi yerine getirirken gün ışığı ile ilgili bilgiyi gözün retina tabakasından alır ve bu bilgiyi manalandırarak beyinde şekli çam ağacı kozalağını andıran ve bu nedenle "pineal gland" adı verilen bölgesine aktarır. Pineal glandden gelen bu veri üzerine uyku hormonu olarak da bilinen melatonin adlı hormonu salgılar. Gece melatonin miktarı artarken gündüz azalır. Dolayısıyla melatonin miktarı ile uyanıklılık hâli tamamen ters orantılıdır. Uyku esnasında vücudun temel ısısında da düşüş olur.

Kleitman ve Aserinsky ile başlayıp daha sonra diğer bilim adamlarının katkılarıyla devam eden çalışmalar sonucu beyin dalgalarının gece boyunca düzenli olarak değişim gösterdiği keşfedildi. Elektroensafalogram (EEG) ile belirlenen beyin dalgalarına bakıldığında uykunun REM uyku ve REM olmayan (Non-REM = NREM) uyku olarak genelde iki fazı olduğu ve NREM'in ise 1. safha, 2. safha, 3. safha ve 4. safha olmak üzere dört farklı çeşidi olduğu ortaya çıktı.

Gece yatağa yattığımızda önce NREM uykunun birinci safhası ile uyumaya başlarız ve uykumuz giderek derinleşir. Dördüncü safha uykumuzun en derin olduğu safhadır. Bu safhada beynimiz delta dalgaları" adı verilen ve bu safhaya özgü dalgalar yaymaya başlar fakat gece boyu bu safhada kalmayız. Bir süre sonra uykumuz hafiflemeye yani 4. safhadan 3, 2 ve 1. sahfaya doğru değişmeye başlar. İlk döngünün en sonunda REM uyku gerçekleşir. İşte bu safhada rüya görmeye başlarız. Bu ilk döngü yaklaşık olarak 90 dakika sürer. Gece boyu bu döngü defalarca tekrar eder ancak döngü süresi ve her döngüde gerçekleşen derin uyku (4. ve 3. safha) süresi azalırken REM uykunun süresi artar. Uyku analiz laboratuvarlarında çıkarılan *Polysomnograf* adını verdiğimiz ve uykudayken beyin dalgalarının değişimini gösteren diyagrama bakınca kişinin hangi safhada olduğunu, rüya görüp görmediğini hemen söyleyebiliriz. Bu tür çalışmalardan genç yetişkin birinin uykusunun yaklaşık %20-25'inin REM uykuda geçtiğini öğrendik. Gece ilerledikçe REM uykunun süresi de artar. Bebekler günün büyük bir kısmını uykuyla geçirirken yaş ilerledikçe uykunun miktarı da azalır. Yaşa bağlı uyku değişikliğine baktığımızda değişimin sadece miktarla sınırlı kalmadığını, uykunun kalitesinin de değiştiğini görüyoruz. Uykuda 4. safha en fazla bebeklerde görülürken en az ileri yaşlarda görülür. Bu da geneklikle 35 yaşından sonra uykunun hem süresinin hem de kalitesinin azaldığını gösteriyor. Yaşlandıkça uyku döngülerinin sayısı artmakta, daha sık uyanılmakta daha da önemlisi derin uyku dediğimiz ve delta dalgalarının yayıldığı uykunun miktarı oldukça fazla azalmakta hatta ortadan kalkmaktadır. Onlu yaşlarda olan insanlar yetişkinlerden daha faza uykuya ihtiyaç duyarlar ama yapılan çalışmalar onlu yaşlardakilerin yaklaşık %80'inin yeterince uyumadıklarını gösteriyor.

REM uykuda gözlerimiz oynadığı hâlde vücudumuz oynamamaktadır. Sadece arada bir el ve ayakların kıpırdadığı görülür. O hâlde nasıl oluyor da rüyada gördüklerimizi gerçek zannedip elimizi kolumuzu oynatmıyor, yataktan kalkıp rüyada gördüklerimizi bir aktörün rol oynaması gibi canlandırmaya çalışmıyoruz? Bu konuyu uyku konusundaki araştırmaları ile bilinen ve *Temel İçgüdü, Vücut Isısı* ve *Doğanın Ucubeleri* adlı popüler bilim kitaplarının yazarı, *Behavioural Neuroscience* bilimsel dergisinin baş editörü ve üniversitemiz psikoloji bölümü profesörlerinden Mark Blumberg'e sordum.

Bahri Karaçay: Bazı rüyalar, özellikle kâbuslar, o kadar gerçekçi ve güçlü ki uykuda bile olsak gördüklerimizi canlandırmaya çalışıyoruz ama bunu gerçekleştiremiyoruz. Bununla beraber ender olmakla birlikte bazı hastaların uykudayken yataktan kalkıp uykuda gördüklerini canlandırmaya çalıştıklarını da biliyoruz. Bunun arka planında yatan gerçek nedir?

Mark Blumberg: Uyku konusunda, rüyalarımızın mı hareketleri yansıttığı yoksa hareketlerin mi rüyayı yansıttığı önemli bir sorudur. Bu konu aslında Freud'a kadar uzanıyor, nitekim 20'nci yüzyılda uyku konusunda araştırmaların yapılmasının ve uykunun psikiyatri alanında incelenmesini sağlayan Freud ve onun çalışmalarıdır. Geleneksel inanış hareketlerin rüyaların sonucu olduğu şeklinde. Bu düşünceye göre örneğin bir köpeğin uyurken ayaklarını kıpırdatması rüyasında bir tavşanın peşinden koşmasından dolayıdır. Yani rüya meydana geliyor ve hareket onu takip ediyor. 1960'larda araştırmacılar uyku sırasında, özellikle de REM uyku sırasında, kas tonusunun engellendiğinin farkına vardılar. Bu durum kasların dolayısıyla el ve ayakların uyanıkken olduğu gibi hareket etmesinin engellenmesi anlamına gelir. Bu konu üzerinde düşünen bilim insanları kas tonusunun bizleri korumak için engellendiğini düşünmeye başladılar çünkü kas tonusu engellenmese uykumuzda dolaşıp rüyamızda gördüğümüz şeyleri gerçekten yaşıyor gibi elimizi kolumuzu oynatarak kendimize zarar verebiliriz. Bu engelleme ortadan kalkınca rüyada görülenler harekete dönüşüyor.

B.K.: Beynin hangi bölümleri bu işlevleri yerine getiriyor?

M.B.: Beyinde bu konudaki kilit bölgelerden biri beyin sapı. Aktif uyku sırasında ön beyin rüya üretmek üzere beyin sapı tarafından uyarılıyor ve beyin sapından gelen bilgileri gelişigüzel entegre edip rüyayı sentezliyor ancak rüyadan kaynaklanan motor aktiviteler yani vücudun, el ve ayakların hareket etmesi engelleniyor. Eğer bu engelleme tamamen gerçekleşmiyorsa bu sefer bir bakıma rüyanın yan ürünü olarak kıpırdanmalar meydana geliyor. Freud'un ileri sürdüğü "rüyalar kendiliğinden oluşur" görüşünü çürüten bu görüş günümüzde ağırlık kazanmış durumda.

Doğrusu benim için rüya o kadar ilginç değil çünkü biz rüya görmek için uyumuyoruz. Rüya görmek uykunun yan ürünü olabilir. Bazıları rüya görmek için uyuduğumuz görüşünü savunuyorlar fakat bu görüş artık inandırıcı değil. Hayvan deneylerinde beyin sapının engelleme mekanizması ortadan kaldırılınca hayvanlar REM uykusuna dalıyorlar ama ortalıkta dolaşıp sanki karşılarında bir düşman varmış gibi saldırgan sesler çıkarıyorlar. Bunu görünce araştırmacılar, rüyanın korteks tarafından yaratıldığını ve engelleme ortadan kalktığında hayvanların rüyalarını dışarı yansıtan hareketleri yaptığını ileri sürdüler. Diğer yandan "REM davranış bozukluğu" (RBD) adı verilen rahatsızlığı olan insanlarda nedenin kas tonusundan kaynaklanmadığını biliyoruz. Bu hastalar uykularında el ve ayakları, vücut hareketleri ile şiddetli ve öfkeli davranışlar sergiliyorlar. Acaba beyin sapı mı bu şiddet hareketlerini ortaya çıkarıyor yoksa şiddet hareketlerinden dolayı mı hastalar şiddet rüyaları görüyorlar? Bunun kesin cevabını verebilmiş değiliz. Dolayısıyla probleme bütünsel bir açıdan yaklaşmamız gerekiyor. Beyin sapını, korteksi ve uzuvları içine alacak bir modele ihtiyacımız var.

B.K.: Size biyolojik saat hakkında soru sormak istiyorum ama önce okuyucularıma kısa bir ön bilgi vereceğim. İlk uyku laboratuvarının kurucusu Kleitman bir defasında ekip arkadaşları ile birlikte bir aydan uzun bir süre Kentucky'de bulunan Mammoth Mağarasında, yerin 50 metre altında kalıyor. Bunu gün ışığının etkisinin olmadığı bir ortamda 24 saatlik uyku ve uyanıklık döngüsünün değiştirilmesinin zihinsel faaliyetleri nasıl etkileyeceğini belirlemek için yapıyor. Bu çalışmalardan bahseder misiniz?

M.B.: Serbest uyku sistemi 24 saatlik döngüden farklı çünkü gün ışığı uyku döngümüzü sürekli olarak düzenliyor. Bunun için yapılmış çalışmalardan birinde denekler gün ışığını geçirmeyen, yerin altında odalara yerleştirildiler. Deneyin başlangıcında odanın ışığını 24 saatlik programa göre kontrol ettiler ve her gün deneklere o günün gazetesini verdiler, böylece günleri takip edebiliyorlardı. Işığı kontrol ettikleri sürece günlük döngü normal devam etti. Deneyin ikinci aşamasında ışık kontrolü deneklere verildi ancak bu sefer deneklerin uyku düzeni tamamen bozuldu. Bazen iki saat uyudular bazen 18 saat. Denekler "yeni bir gün başladı" dediklerinde onlara yeni bir gazete verildi. Deneyin sonunda okunmayan gazeteler birikmişti. Bu da zaman içerisinde deneklerin 24 saatlik döngüyü kaybettiklerini gösteriyordu. Bu deneylerden ortalamanın 24 değil 25 saate yaklaştığı ortaya çıkmıştı. Normal yaşantımızda ise her gün ışık ve karanlık sayesinde günümüz 24 saatlik döngüde kalıyor.

B.K.: Uyku konusunu düşünürken bundan iki yüz bin yıl önce Afrika'da yaşamış ve bugünkü insanlığın orijinini oluşturan atalarımızı düşündüm. Gün boyu av peşinde koşup nihayet mideye indirdikleri lezzetli bir avdan sonra güvenli bir yere çekilip, örneğin bir ağacın dalında veya bir kayanın gölgesinde uykuya daldıklarını düşündüm. Derin uykuya dalarak kas tonusunu kaybetmek bir an için tehlikeli göründü gözüme. Çünkü kendileri gibi yaşam kavgası veren diğer canlılar arasında yaşıyorlardı ve derin uyku onların da bir anda yem olmasına neden olabilirdi. Hiç bu konuda düşündünüz mü? Doğal seçilim açısından düşündüğümüzde uykunun ne avantajı var, bir başka deyişle neden uyuyoruz?

M.B.: Bu konuda birçok hipotez var. Her hayvan dinlenme safhası yaşıyor ancak uyku dediğimiz şeyin kendine özgü özellikleri var. Bu özellikler onu basit bir dinlenmeden çok farklı kılıyor. Ayrıca her bir hayvan türünün uyuma şekli ve yeri de farklı. Bu özellikleri bahsettiğiniz şekilde yem olmalarını önlüyor. Kendinden geçercesine derin uykuya dalanlar da bugün artık aramızda değiller. Fakat eğer bütün hayvanlar uyuyorsa ki öyle, uykunun çok temel biyolojik bir işlevi ve çok önemli bir amacı olmalı. Öyle olmasaydı hâlâ uyuyor olmazdık.

Uykunun önemini gösteren çok önemli bir çalışma 1983 yılında Şikago Üniversitesinde yapıldı. Allan Rechtshaffen liderliğindeki bir araştırma grubu kobayları dönen yuvarlak bir disk üzerine koydular. Tam ortadan şeffaf bir plastikle kafesi ikiye ayırdılar. Kafesin her iki yanına eşit sayıda kobay yerleştirdiler. Kafesin tabanını diske kadar su ile doldurdular. Disk dönerken kobaylar suya düşmemek için diskin üzerinde yürümeye başladılar. Deney süresince kobaylarin başlarına iliştirilmiş saç kılı inceliğinde kablolar aracılığıyla beyin aktivitelerini, dolayısıyla uyku ve uyanıklık durumunu takip ettiler. Kafesin bir yanındaki kobaylar uyku belirtisi gösterdiğinde diski hareket ettirerek onların uyumalarını önlediler. Her defasında bu tekrarlandı ve sonuçta bu gruptaki kobaylar günlerce uykusuz bırakıldı. Kontrol grubundaki kobaylar ise yeterince uyudular. Deneyin beşinci gününden itibaren uykusuz kalan kobaylar bir bir ölmeye başladılar. Fiziksel olarak da çok kötü görünüyorlardı, tüyleri pörsümüştü hatta derilerinde yer yer lezyonlar oluşmuştu. Kontrol grubunda ise herhangi bir anormallik görülmemişti. Bu deney uykunun ne kadar önemli olduğunu ilk kez çok güçlü bir şekilde ortaya koyuyordu.

Uykunun amaçları için öne sürülen hipotezlerden biri de gece aptalca şeyler yapmamak için uyuyoruz şeklinde fakat bunun doğru olması imkânsız. Çünkü yaşamımız boyunca en çok bebeklik dönemimizde uyuyoruz ve bu dönemde aptalca davranma gibi bir durumumuz yok. İşte bu nedenle, ben çalışmalarımı uyku ve onun gelişmemizdeki rolü üzerinde yoğunlaştırdım. Şimdiye kadar yaptığımız çalışmalar aslında yıllar önce, 1966 yılında Roffrag'ın ileri attığı ve uykunun gelişim için gerekli olduğunu öne süren "ontogenetic hipotez"ini destekliyor. Bulgularımız aktif uyku sırasında beyin sapının bir yandan ön beyni diğer yandan kas sistemini uyararak beyin ve nöromuskülar sistemin gelişimini sağladığını gösteriyor.

Mark Blumberg uykunun özellikle bebeklik döneminde beyin ve kas sisteminin gelişimini sağladığını gösterirken Stanford Üniversitesinden Matt Walker ve grubu, insanlarla yaptıkları çalışmalarda uykunun hafıza ve öğrenme işlevleri açısından önemli olduğunu gösteren veriler elde ettiler. Uykunun motor hareketleri öğrenmedeki etkisini belirlemek üzere deneklere bilgisayarda 4,1, 3, 2, 4 rakamlarına aralıksız basmalarını söylediler. Denekler 30 saniye tuşlayıp 30 saniye beklemek üzere bunu on iki defa tekrarlayarak bu görevi öğrendiler. Görevi öğrendikten 12 saat sonrasında ve ertesi günün sabahında yani uykudan sonra denekler bu işlemi yaparken onların hızlarını ölçtüler. İlk gün içinde hızda pek bir değişiklik olmadı ama uykudan sonra hızları %19 oranında artmıştı. Bu sonuç deneklerin öğrendiklerini aynı gün 12 saat sonra henüz tam pekiştirmemiş olduğunu ama araya uyku girince uzun süreli hafızaya aktarılmış olduğunu gösteriyordu. Benzer bir çalışmada denekler, bu sefer ilk günün sabahı değil akşamı eğitim aldılar ve ertesi gün sabah uyuduktan sonra ve üçüncü günün sabahı test edildiler. Deneklerin hızları hem ikinci günün sabahı hem de üçüncü günün sabahı %21 oranında artmıştı. Araştırmacılar bir adım daha ileri giderek bu sefer deneklerin ilk 24 saat içerisinde uyumalarını engelledikten sonra aynı eğitimi verip hızlarını ölçtüler. Denekler öğrenmek için aynı süreyi kullanmış olmalarına rağmen ne yapacaklarını tam olarak öğrenememişlerdi. Ayrıca 4, 1, 3, 2, 4 rakamlarını peş peşe tuşlarken durmadan hata yapıyorlardı.

Walker ve grubu uykunun öğrenme üzerindeki etkisini belirlemek için yukarıdakine benzer değişik testler yaparken deneklerin beyin aktivitelerini işlevsel manyetik rezonansla (fMRI) görüntülediler. Elde ettikleri sonuçlar uyku sırasında hafızaya aktarılan bilginin beyinde yeniden organize edildiğini gösteriyordu. Dahası beyinde, uyku sırasında hafızaya aktarılan bilgiler daha önce öğrenilmiş olan bilgilerle iliştiriliyor ve yeni bağlantılar kuruluyordu. Bir başka deyişle uyku yaratıcılığı körüklüyordu.

Walker ve ekibinin çalışmaları öğrenme hafıza ve uyku arasındaki ilişki hakkında çok daha ilginç sonuçları da gün ışığına çıkardı. Örneğin öğrenmeden önce uyumanın hafıza oluşmasında çok önemli pozitif etkisinin olduğu, yeterince uyku alınmadan öğrenilmeye çalışılan şeylerin hafızada kalmadığı ortaya çıktı. Bu deneyler arasında ilginç bir deneme de vardı. Uykusunu almış veya yeterince uyumamış deneklere onar kelime gösterildi. Yanlız bu kelimeler üç farklı özellik taşıyordu, ilk onu duygusal olarak pozitif, ikinci onu nörtal ve üçüncü onu da negatif kelimelerdi. Bu ilk üç gruba ek olarak daha sonra deneklere yine pozitif, negatif ve nötral olan yeni kelimeler gösterildi. Aradan bir süre geçtikten sonra deneklerin bu kelimeleri ne kadar hatırlayabildikleri ve özellikle yeni ile eski kelimeler arasındaki ayrımı ne ölçüde başarabildikleri ölçüldü. Uyku eksikliği öğrenmenin etkinliğini %40 oranında düşürmüştü. Daha ilginç olanı ise uykusuzluğun en büyük etkiyi pozitif kelimelerde göstermesiydi. En az etki ise nörtal kelimelerde gözlenmişti. Uykusuz kalanlar negatif kelimeleri hafızalarında çok daha iyi tutmuşlardı. Bu sonuçlar depresyon ve uykusuzluğun birlikte görüldüğü gerçeğini çağrıştırıyor.

Yaşam çoğu zaman önümüze küçüklü büyüklü problemler çıkarır. Problemlerle haşır neşir olunan bir günün ardından, gecenin bir yarısında uyandığımızda küçük problemleri olduğundan çok daha büyük, büyük problemleri ise başa çıkılmaz gibi görürüz. Aynı gecenin sabahında uyandığımızda ise problemin hiç de o kadar büyük olmadığını aksine kolaylıkla üstesinden gelebileceğimizi fark ederiz. Uykunun daha doğrusu iyi uyuyamamanın bir ürünü olan bu durumda beyinde neler olup bittiği ilk defa Harvard Üniversitesi ve Kaliforniya Üniversitesinden bir grup araştırmacı tarafından 2007 yılında belgelendi. Gönüllü denekler önce 35 saat uykusuz bırakıldılar ve onlara duyguları harekete geçirecek -onları sinirlendirecek veya üzecek- resimler gösterildi. Denekler resimlere bakarken onların beyinlerinde meydana gelen değişiklikler ise işlevsel manyetik rezonans görüntüleme tekniği ile belgelendi. Deneklerin beyinlerinde amigdala adını verdiğimiz bölgeye olan kan akışının %60 oranında arttığı gözlendi. Amigdalanın beyinde duygu ve hislerle ilgili işlevleri yerine getirdiğini biliyoruz. Ayrıca ortaya konacak tepkinin de amigdala yanında onun bağlantılı olduğu diğer sistemlerin, özellikle medial-prefrontal korteksinde önemli rolü olduğunu biliyoruz. Beynin bu bölümü amigdalayı kontrol ederek, özellikle baskılayarak kişinin anormal bir tepki göstermesini önler ve ortam ve şartlara uygun bir tepki vermesini garanti altına alır. Uykusuz deneklerde ise amigdala ile prefrontal korkets arasındaki bu işlevsel bağlantının çalışmadığı veya sekteye uğradığı gözlendi. Araştırmacılar sonucu "sanki uykusuzluk beyni ilkel bir seviyeye geri götürüyor, beyin duygusal tecrübeleri normalde kontrol edip onlara karşı uygun tepkiler verirken uykusuzluk durumunda onları belli bir bağlamda değerlendirip uygun bir tepki yaratamıyor" diye yorumladılar.

Tracy ve onun gibi narkolepsi adı verilen uyku rahatsızlığı çekenler için ilk müjdeli haber yine William Dement'ten geldi. 1970'lerde Dement insanlardakine çok benzer bir rahatsızlığın köpeklerde de olduğunu, biraz da tesadüf eseri öğrendi. Bir tanıdığına çalışmalarını anlatıyordu, bu sırada Tracy'nin rahatsızlığı olan narkolepsi ve katapleksiden bahsetti. Tanıdığı, komşusunun anlatılanlara tıpa tıp uyan bir köpeği olduğunu söyledi. Bunun üzerine Fransız poodle cinsi olan bu köpek sahibinden izin alınarak uçakla Kaliforniya'ya, Dement'in laboratuvarına getirildi. Bu köpekten sonra Dement narkolepsi çeken başka cins köpekler de buldu ve onları da laboratuvarlarına alarak bir sürü oluşturdu. Bu köpekler üzerinde yıllarca çalışan Stanford Üniversitesi Narkolepsi Merkezi müdürü Emmanuel Mignot ve ekibi 1999 yılının Ağustos ayında yayımladıkları bir makale ile bu köpeklerde narkolepsiye hücre zarında yer alan ve reseptör adı verilen bir proteinin geninde ortaya çıkan bir bozukluğun neden olduğunu duyurdular. Onlardan bağımsız olarak Teksas Üniversitesinden bir diğer araştırma grubu da Mignot'un grubunun bulduğu reseptöre bağlanan ve ligand olarak adlandırdığımız molekülde bir anormallik olunca, bu anormalliği taşıyan farelerin narkolepsi yaşadığını bildirdiler. Reseptöre bağlanan ligand "hypocretin" adlı moleküldü. Pek çok narkolepsi hastasında hypocretinin üretilmediği, bazılarında ise bu molekülü üreten hücrelerin bilinmeyen bir nedenle yok olduğu ortaya çıktı.

Narkolepsi uyku rahatsızlıklarından sadece biri, tıp literatüründeyse yüzden fazla uyku bozukluğu yer alıyor.

Uyku konusunda yapılan araştırmalar bütün hızıyla devam ederken bir zamanlar sadece dinlenme ve tembellik olarak görülen uykunun aslında yaşantımızın her döneminde sağlıklı bir yaşam sürmemizde çok önemli olduğunu öğreniyoruz. Özellikle Walker ve grubunun bulguları öğrenci olan okurlarıma çok değerli ipuçları veriyor. Geçtiğimiz günlerde yeterince uyumayan insanların bağışıklık sisteminin düzenli uyku uyuyanlarınkinden %40 daha zayıf olduğu ve bu nedenle daha sık soğuk algınlığı ve gribe yakalandıkları açıklandı. Bu veri uykunun gelişim, hafıza ve öğrenme yanında bağışıklık sisteminin normal çalışması için de son derece önemli olduğunu gösteriyor. Bu bilgiler ışığı altında sağlıklı bir yaşam için sağlıklı beslenmeye ve düzenli egzersiz yapmaya, bir de düzenli ve yeterli uyku uyumayı eklememiz gerekiyor.

Unutan, Hatırlayan Beyin

Şimdi size "canım baklava çekti" desem büyük ihtimalle siz de baklava düşünmeye başlayacaksınız. Bir pastanenin vitrinindeki veya bir süpermarketin tezgâhında dilimler hâlinde kesilmiş, bir tepsi içerisindeki baklava canlanacak gözünüzün önünde. Fırının sıcağında kabarmış sarı kahverengi karışımı renkteki kıtırımsı üst yufkaların ilk ısırığınızda ağzınızda dağılması hayalinizde canlanacak. Eğer karnınız açsa ilk lokmayla baklavada saklı şerbetin ağzınıza dağıldığını hissedip belki tadını iyice çıkarmak için dilinizle damağınız arasında baklava lokmasını sıkıştırıp şerbetin iyice tadına varmaya çalıştığınızı düşüneceksiniz. Belki fıstıklı baklavanın ağzınızda nasıl eridiğini veya bülbülyuvasının boğumlarındaki tatlı sertliği düşüneceksiniz. Belki de baklavayı yedikten sonra dişleriniz arasına kaçıp inatla dilinizin hamlelerine karşı koyan kırıntıların sizi nasıl rahatsız ettiğini hatırlayacaksınız. Peki, bu bilgi nerede ve nasıl depolanıyor?

Yaşam boyu pek çok şey öğreniyoruz. Derslerde öğrendiğimiz bilgilerin yanında bisiklete binmeyi, bir müzik aleti ile melodiler çalmayı veya fırça ve renkleri kullanarak bazen gördüklerimizi bazen aklımızda olanları tuvale yansıtmayı öğrenebiliyoruz. İleri düzeyde eğitimle, bir hastanın kalbinin arızalı olan kapakçığını çıkarmayı veya tıkanmış damarlarını açmayı, uçak kullanmayı, bilgisayar programı yazmayı öğrenebiliyoruz. Öğrenebildiklerimizin listesi âdeta sınırsız ancak eğer hatırlayamazsak bu öğrendiklerimizin hiçbir değeri olmayacağı da bir gerçek. Daha önce defalarca tecrübe etmiş olsak bile hafızamız olmasa, her şeye daha önce hiç görmemiş ve tecrübe etmemişiz gibi tepki vereceğiz.

Tepkilerimiz hafızamızdaki birikimlerce yönlendirilir. Bu birikimleri kullanarak hem bugün hem de gelecek için kararlar veririz. Aslında kişiliğimizi kim olduğumuzu bile hatırladıklarımıza borçluyuz, bir bakıma aslında bizler hafızamızdan ibaretiz. Bunu Alzheimer hastalığının kurbanlarından, onların nasıl yalnızlaştıklarından, eşlerini ve çocuklarını tanımamaları bir yana kendilerinin kim olduğunu bile hatırlayamamalarından biliyoruz.

İnsan hafızası olağanüstü bir kapasiteye sahip fakat unutmak da türümüzün bir özelliği. Tarih dersinde öğrendiğimiz savaşları, bunların kimler arasında olduğunu, kimin galip geldiğini, yapılan antlaşmaları unutmamız yanında bizim için daha önemli olan şeyleri de unutuyoruz. Özellikle yaşımız ilerledikçe yavaş yavaş unutkanlıklarımızın farkına varıyoruz. İsimleri unutuyoruz, doğum günü veya evlenme yıl dönümü gibi önemli tarihleri bile unutuyoruz.

Öte yandan sayıları çok az da olsa aramızdan olağanüstü hafızaya sahip insanlar çıkıyor, daha önce hiç bulunmadığı bir şehri havadan kısa bir helikopter uçuşu ile görüp hafızasında kalanlarla şehrin karakalem resmini büyük bir doğrulukla ve detaylı olarak çizebilen Stephen Wiltshire, hafızasında otuz bin kitabı tutan ve Oscar Ödüllü *Yağmur Adam* filmine esin kaynağı olan Kim Peek veya yaşamı boyunca yaptığı her şeyi, yediği her yemeği ve güncel olayları hatırlayan Jill Price süper hafızaya sahip olanlardan birkaçı. Ortalamanın çok üzerindeki hafıza gücü olarak niteleyebileceğimiz fotografik hafızaya sahip olanların sayısı ise çok daha fazla, belki siz veya tanıdığınız biri pi sayısının virgülden sonra birkaç yüz basamağını ezberden söyleyebilirsiniz. Peki, hafıza nasıl oluşuyor? Beyinde bir hafıza merkezi var mı?

1596-1650 yılları arasında yaşamış olan ve modern felsefenin babası olarak bilinen Descartes "insan vücudu makine gibidir ve fizik kuralları uygulanarak anlaşılabilir ancak en önemli ve sadece insana özgü olan ruh, bilimsel metotların ulaşımı dışındadır. Ona ancak rasyonel düşünce ile yaklaşılabilir" demişti. Descartes bu düşüncesinde yanılmıştı. Onun yanılgısına belki de en güzel açıklamayı, 1953 yılında James Watson ve Rosalind Franklin ile birlikte DNA'nın yapısını çözen Francis Crick getiriyor. Crick, *The Astonishing Hypothesis* (Şaşırtan Varsayım) adlı kitabında şöyle diyor: "Şaşırtan hipotez şudur ki siz, sevinç ve kederleriniz, hatıralarınız, hırs veya ihtiraslarınız, kimlik duygunuz ve hür iradeniz aslında olağanüstü sayıdaki sinir hücresinin ve onlarla ilgili moleküllerin hareketinden başka bir şey değil." Moleküler yaşam bilimlerinde çalışarak geçirdiğim yaklaşık yirmi yıllık sürede öğrendiklerimin beni de aynı sonuca götürdüğünü belirtmek isterim.

Hafıza konusunda belki de en önemli atılımı, hafıza araştırmalarında âdeta bir çığır açılmasına vesile olan hasta H.M. sayesinde yaptık (hasta haklarını ihlal etmemek için modern tıpta hastaların açık adları yerine ad ve soyadlarının baş harfleri kullanılır). Araştırma makalelerinde ve kitaplarda o hep "hasta H.M." olarak anıldı. 2008 yılı Aralık ayında 82 yaşında yaşama veda edince H.M. artık gerçek ismi olan Henry Gustav Molaison olarak anılmaya başlandı.

H.M. (1926-2008) 9 yaşında geçirdiği bir bisiklet kazasından sonra epilepsi nöbetleri geçirmeye başladı. 16 yaşına kadar epilepsi beyninin sadece bir kısmını etkilediği için nöbetleri kısmi oluyordu. 16 yaşından itibarense nöbetler şiddetli olmaya ve bütün beynini etkilemeye başladı. Nöbetlerinden dolayı okuldaki çocuklar onunla alay etmeye başlayınca ailesi kaydını başka bir liseye almak zorunda bile kaldı. Epilepsi onun yaşantısını normal bir şekilde devam ettirmesini gittikçe zorlaştırdı. Buna rağmen H.M. 21 yaşında da olsa liseyi bitirmeyi başardı. Elektrik motoru tamiri işinde bir süre çalıştı ama nöbetler sıklaşınca işten ayrılmak zorunda kaldı. O günlerde epilepsi tedavisinde kullanılan az sayıdaki ilaçları yüksek dozlarda almasına rağmen hiç fayda görmüyordu.

H.M. 1953 yılında Hartford Hastanesinde cerrah olan William Scoville'e havale edildi. Scoville ve arkadaşları önce çok sayıda test yaparak H.M.'nin beyninin epilepsiden etkilenen kısmını bulmaya çalıştılar. Eğer bulurlarsa ameliyatla beynin o bölgesini kesip çıkaracaklardı, böylece epilepsi nöbetleri de duracaktı fakat bu testler sonucunda bekledikleri gibi bir bölge bulamadılar. Bunun üzerine Scoville "deneysel" bir yaklaşımla H.M.'nin beyninin hem sağ hem de sol yarı küresinden, denizatı şeklindeki hipokampus adı verilen kısmı ve onun hemen etrafındaki dokuyu kesip çıkardı. Ameliyat amacı açısından başarılı geçmişti, Scoville istediği dokuyu kesip almıştı. Ayrıca ameliyat H.M.'nin epilepsi nöbetlerini önlemede de çok etkili olmuştu ancak ameliyatın beklenmedik bir yan etkisi ortaya çıktı. H.M. ameliyattan sonraki yaşamında hiçbir şeyi aklında tutamıyordu. 1963 yılında H.M. ile yapılan bir söyleşi sanırım H.M.'nin durumunu çok güzel açıklıyor. Söyleşiyi, ameliyattan sonra, uzun yıllar H.M.'yi inceleyen MIT'den (Massachusetts Institute of Technology) araştırmacı Suzanne Corkin yapmıştı.

Suzanne Corkin: Dün ne yaptığını biliyor musun?
H.M.: Hayır, bilmiyorum.
Suzanne Corkin: Dün ne yediğini hatırlıyor musun?
H.M.: Hayır, hatırlamıyorum.
Suzanne Corkin: Bu sabah ne yaptığını biliyor musun?
H.M.: Bilmiyorum, sana da söyleyemem çünkü hatırlamıyorum.

H.M. ismi dışında hiçbir şeyi hatırlamıyordu. İlk bakışta H.M.'nin durumu bunama gibi görünüyordu ama Montreal

Nöroloji Enstitüsünden Brenda Milner, H.M. üzerinde testler yapınca IQ'sunun normal olduğunu, şakalar yaptığını, kare bulmaca çözebildiğini gözlemledi. H.M.'nin IQ'su ameliyattan sonra 112'ydi, ortalama IQ ise 100 civarındadır. Dolayısıyla H.M. ortalamanın üzerinde bir zekâya sahipti. Ameliyat H.M.'nin diğer beyin işlevlerini de etkilememişti. Lisan konusunda bir problem yoktu. Ayrıca psikolojik bir rahatsızlığı da yoktu, depresif değildi, sadece hafızası etkilenmişti ancak hafıza konusunda da ilginç bir durum vardı: H.M. ameliyattan önceki hayatında olan biten şeyleri hatırlıyordu. Lise yıllarını ve okulda yaşadığı problemleri, çalıştığı işleri hatırlıyordu ama ameliyattan beri yaşadıklarını birkaç dakikadan fazla hafızasında tutamıyordu.

O günlerde bilimsel çevrelerde hafızanın beynin tamamına dağıldığına, beyinde herhangi bir merkeze veya özel bölgeye dayanmadığına inanılıyordu. Öğrenme ve hafıza konusunda kobaylarla yapılan ilk çalışmalar da bu yönde bilgiler vermişti. Amerikalı araştırmacı Karl Lashley, kobayların beyninin değişik bölgelerinde bir grup sinirin geri kalanlarla bağlantısını keserek öğrenme ve hafıza merkezlerini belirlemeye çalışmıştı fakat bu işlemi beynin hangi kısmında yaparsa yapsın kobayların hiçbiri öğrenme yetisini ve hafızasını tamamen kaybetmedi. Daha da önemlisi beyin lezyonu olan hastaların hafızalarındaki anormallikler de hastadan hastaya değişiyordu. Milner, H.M. hakkındaki ilk bilimsel makalesini yayımladığında pek çok bilim insanı nedenin beyin travması ve epilepsinin sonucu olduğunu düşünmüştü. Milner "sonucun H.M.'nin beyninden ameliyatla çıkarılan bölgeden kaynaklandığına inanmak o günlerde bilim insanlarına ve doktorlara zor geliyordu" diyor. Milner ise "eğer H.M. sadece kısa süre hatırlayabiliyorsa o zaman ameliyatla beyninden çıkarılan hipokampus uzun süreli hafızanın oluşmasında rol oynuyor demektir" diye düşünüyordu. Milner'ın 1962 yılında yayımladığı bir makale, bilim dünyasında hafıza konusundaki en önemli kilometre taşlarından biri oldu. Bu çalışmada Milner, H.M.'ye bir kalemle yansımasını aynada gördüğü bir yıldız şeklini çizdirmişti. İlk seferinde H.M. yıldızı çizinceye kadar epey zorlanmıştı. Ertesi gün Milner, H.M.'den yine aynı şeyi yapmasını istemişti. H.M. de hayatında ilk defa yapıyormuş gibi yıldızı çizmeye koyulmuştu fakat her geçen gün H.M. yıldızı çok daha rahat çizmeye başladı. Hatta "bu beklediğimden daha kolay oldu" diyerek kendisi de farkında olmadan yıldız çizme tecrübesinin bir şekilde hafızaya aktarıldığını doğruluyordu. Bu sonuçlar tarihte ilk defa beynin yeni hafıza oluşturmak için farklı sistemler kullandığını kanıtlıyordu.

Bugün bu sistemlerden birinin isimleri, yüzleri, yaşanan yeni tecrübeleri, olayları kaydeden ve gerektiğinde geri çağıran sistem olduğunu biliyor ve onu "açık hafıza" (dekleratif hafıza) olarak adlandırıyoruz. Bu hafıza beynin medial temporal bölgesine ve özellikle burada yer alan hipokampusa dayanır. "Örtük hafıza" (dekleratif olmayan hafıza) ise beyinde diğer sistemler tarafından oluşturulur. Yıllar önce bisiklete binmeyi veya herhangi bir müzik aletini çalmayı öğrenmiş birinin yıllar sonra düşmeden bisiklete binebilmesi veya müzik aletini hâlâ çalabiliyor olması örtük hafıza sistemlerinin ürünüdür. Bu tür hafızanın oluşmasında beynin striatum, neokorteks, amigdala ve beyincik adını verdiğimiz bölgelerinin rol oynadığını biliyoruz. Corkin bu farklı sistemleri "dün akşam yemekte ne yedin diye sorduğumda beyinde bir hafıza sistemine ulaşıyorsunuz. Fransa'nın başkenti neresidir diye sorduğumda başka bir hafıza sistemini kullanıyorsunuz. İnsan ve hayvanda, hafıza sistemlerinin bu şekilde işlev gördüğü artık bilim dünyasında kabul edilmiş bir gerçektir" şeklinde açıklıyor.

Bir yandan beynin değişik bölgelerinin hafızanın oluşmasında görev alması, diğer yandan H.M.'de olduğu gibi hipokampusun çıkarılmasının yeni hafıza oluşturmayı engellemesi birbiriyle çelişkili gibi görünüyor. Yapılan çalışmalarsa hipokampusun hafızanın kaynağı veya depolandığı yer olmaktan ziyade hafızanın oluşmasında zorunlu bir aracı olduğunu ortaya koyuyor. Beynimizde milyarlarca sinir hücresi var ve bunların her biri binlerce farklı sinir hücresi ile bağlantı oluşturmuş durumda. Sayının yüksek olması her bir sinir hücresinin diğer bütün sinir hücreleriyle tek tek bağlantı kurmasını olanaksız kılıyor. Hipokampus, hafıza oluşurken işte bu değişik beyin bölgeleri arasındaki bağlantıların oluşmasında aracı olarak görev yapıyor. Son yıllarda yapılan çalışmalar hipokampuslarındaki lezyon nedeni ile amnezi (hafıza kaybı) olan kişilerin yeni hafıza oluşturamamanın yanı sıra gelecekle ilgili olayları hafızalarında canlandırmada ve olaylar ile gerçekleri birbiriyle ilişkilendirmede zorluk çektiklerini gösteriyor.

H.M.'nin hafıza konusundaki bilimsel çalışmalara katkısı ölümünden sonra da devam etti. "Benim gibi diğer hastalara yardımı olur" düşüncesiyle bilim insanlarının incelemesi için beynini bilime bağışladı. H.M. öldükten hemen sonra Massachusetts General Hospital'a getirildi. H.M. ile 46 yıl çalışan Suzanne Corkin önce MRI ile son bir defa H.M.'nin beyninin görüntülerini çekti. Ertesi sabah H.M.'nin beyni çıkarılarak yıllarca bozulmayacak şekilde kimyasal maddelerle korumaya alındı. Beyin daha sonra San Diego'daki Kaliforniya Üniversitesine götürülerek eksi 40 derecede dondurulup daha sonra 70 mikron kalınlığında (1 mikron 1 mm'nin binde biridir) kesilip incecik parçalara ayrılarak cam slaytların yüzeyine aktarıldı. H.M.'nin beyninin tamamı kesilip aktarıldığında slaytların sayısı 2401'e ulaşmıştı. Araştırmacılar bu aşamada her bir slaydı histolojide kullanılan özel boyalarla boyayarak tek bir hücre çözünürlüğünde H.M'nin bütün beynini çalışabileceklerdi. H.M.'nin beynini slaytlara aktaran Kaliforniya Üniversitesi Beyin Gözlemleme Merkezi Müdürü Jacopo Annese, bu slaytları bir kitabın sayfalarına benzeterek "bu proje tamamlandığında H.M.'nin beyin kitabı elimizde olacak ve ondaki değişiklikleri en ince detaylarına kadar çalışabilmimizi sağlayacak" diyor.

2000 yılı Fizyoloji ya da Tıp Nobel Ödülü sahibi Eric Kandel, hafızanın sinir hücreleri arasındaki iletişim ve bu iletişim sırasında gerçekleşen fiziksel birtakım değişiklikler sonucu oluştuğunu belirtiyor. Sinir hücreleri, çekirdeğin ve çoğu hücre organellerinin yer aldığı bir hücre kısmı ile akson ve dendrit adını verdiğimiz uzantılardan oluşur. Beyindeki milyarlarca sinir hücresinin her biri binlerce diğer sinir hücresiyle akson ve dendritler vasıtasıyla iletişim hâlindedir. Bir sinir hücresiyle diğer sinir hücresi arasındaki iletişim, bir sinirin aksonunun diğer sinir hücresine ulaştığı noktada yer alan ve "sinaps" adını verdiğimiz yapılarda gerçekleşir. Bu iletişimde "nörotransmiter" adını verdiğimiz kimyasal maddeler görev alır. Bir diğer deyişle iki sinir hücresi arasındaki iletişim kimyasal olarak gerçekleşir. Bugün psikiyatrik hastalıkların tedavisinde kullanılan ilaçların çoğu nörotransmiter sistemlerini hedef alır.

Günümüz bilgileri ışığında hafızanın nasıl oluştuğu konusundaki açıklama iki sinir hücresi arasındaki iletişim bağının gücüne odaklanıyor. Bu güç, oluşan hafızanın kısa süreli mi yoksa uzun süreli mi olacağını da belirliyor. Dolayısıyla eğer iki sinir hücresi arasında belli bir uyarı açısından sadece bir defa iletişim gerçekleşmişse, onunla ilgili olan hafıza da kısa süreli oluyor. Eğer belli bir uyarı iki sinir hücresi arasında defalarca iletiliyorsa bu iki sinir hücresi arasındaki bağlantı, yani sinaps giderek güçleniyor ve sonuçta uzun süre devam edecek fiziksel yapı değişimi gerçekleşiyor. Bu da hafızanın uzun süreli olmasını sağlıyor. O nedenledir ki ders çalışmada olsun, belli bir beceri kazanmada olsun "tekrar etmek" öğrenmenin temeli sayılır. Yine bu nedenle sınavdan bir gün öncesinde öğrenilen bilgiler sınav gününden sonra belki bir iki gün daha hatırlanıp unutulur. Oysa düzenli olarak ve aralıklarla çalışma sonucu tekrarlanan bilgiler, belli bir grup sinapsın giderek güçlenmesini sağladığından bilgiler uzun süreli hafızaya kaydedileceği için uzun yıllar unutulmaz.

Son yıllarda araştırmacılar sinapsları güçlendiren ve böylece öğrenilenlerin uzun süreli hafızaya aktarılmasını sağlayan moleküller hakkında da önemli bilgiler elde etmeye başladılar. Örneğin New York Devlet Üniversitesinden (SUNY) Todd Sactor ve Andre Fenton bu moleküllerden birinin PKMzeta olduğunu buldular. Bu araştırmacılara göre PKMzeta, sinir hücreleri arasında âdeta bir yapıştırıcı görevi görüyor ve birlikte çalışan sinir hücrelerinin fiziksel olarak birbirlerine bağlanmalarını sağlıyor. Sactor ve Fenton kobaylarla yaptıkları çalışmalarla da bu tezlerini test ettiler.

Testte, Fenton önce bir kobayı rahatça dolaşabileceği yuvarlak bir platforma yerleştiriyor, kobay platformun hemen her yerinde gezinmeye başlıyor. Bir süre sonra platformun belirli bir kısmına düşük voltajlı elektrik akımı veriliyor, kobay biraz vakit geçtikten sonra elektrikli bölgeye giriyor. Girer girmez çarpılıyor ve hemen o bölgeden uzaklaşıyor. Bu tecrübeden sonra bir daha elektrikli bölgeye yaklaşmıyor. Onun bu hareketi, platformun elektrikli bölgesinin neresi olduğunu öğrendiğini ve hafızasına kaydettiğini gösteriyor. Fenton, kobayı anestezi ile uyuşturup hipokampusuna PKMzeta molekülünün çalışmasını durduracak ZIP adındaki kimyasal bir madde enjekte ediyor ve kobayı platforma geri koyuyor. Kobay platformda dolaşmaya başlıyor ve çekinmeden elektrikli bölgeye giriyor. Bu sonuç, Fenton'un kobayın hipokampusuna enjekte ettiği ZIP'ın, onun elektrikli bölge ile ilgili hafızasını sildiğini kanıtlıyor. Ancak aradan bir süre geçtikten sonra ve deney tekrarlandığında, kobayın elektrikli alana girip çarpıldığında artık oradan uzak durduğu, bir diğer değişle onun yerini ve oraya girmesi durumunda başına gelecekleri hatırladığını gösteriyor. Bu sonuç da ZIP'ın etkisinin geçici olduğunu, dolayısıyla görülen unutmanın ilacın yan etkisi olmadığını, gerçekten hafızayı kısa süreli de olsa silmesinden kaynaklandığını gösteriyor.

Biyolojik bilim dallarında ilk üçe giren dergilerden biri olan *Cell*'in (Hücre) 1994 yılı Ekim sayısında peşpeşe yayımlanmış iki makale vardı. Bunlardan biri, ABD'nin meşhur araştırma merkezlerinden olan Cold Spring Harbor Laboratuvarlarından Tim Tully'nin grubunun yaptığı bir çalışmayı aktarıyordu. İkinci makale ise yine aynı araştırma merkezinden Alcino Silva'nın grubunun çalışmasıydı. Her iki makalenin temelde ortak bir yanı vardı. Bu nedenle *Cell* dergisinin editörleri, ikisini art arda aynı sayıda yayımlamışlardı. Tim Tully'nin grubu CREB adı verilen geni meyve sineklerinde, Silva'nın grubu ise aynı geni farelerde çalışamaz hâle getirmişlerdi. Bu sinek ve farelerin geri kalan bütün genleri normaldi. Sonuç gerçekten çok ilginçti. Hem sinekler hem de fareler uzun süreli hafıza kaybına uğramışlar ve öğrendiklerini uzun dönemde hatırlayamamışlardı.

Bu satırları okurken "madem hangi genin ve hangi proteinin hafızadan sorumlu olduğunu biliyoruz, o hâlde bir hafıza hapı geliştirilemez mi?" sorusunu soruyor olmalısınız. Bu soruyu ilk soranlardan biri de tahmin edeceğiniz gibi, CREB'in hafızadaki önemini çalışmaları ile çözmüş olan Tim Tully'di. Alzheimer gibi özellikle hafızanın zayıflaması ile başlayan ve tamamen kaybolması ile sonuçlanan hastalıkların tedavisinde kullanılabilecek olması yanında, normal insanlara kazandıracağı avantajlar nedeniyle de böyle bir hafıza hapı geliştirmek bütün insanlık için büyük bir buluş olacak, ayrıca milyarlarca dolarlık bir getiri de sağlayacaktır. Böylesine büyük bir potansiyel bütün gözlerin bu hapı geliştireceklere odaklanmasına sebep oldu. "Hafıza hapı" yabancı bir dilin bir ay gibi kısa bir sürede öğrenilmesini sağlayacak, pek çok alanda üniversite eğitimi almak için gereken dört yıllık süre belki birkaç aya inebilecektir.

Hafıza hapını geliştirecekler arasında ilk isim bu konudaki öncü çalışmaları ile bilinen Tim Tully oldu. Tim, ismini hafızayla ilgisi nedeniyle Eski Yunancadan seçtiği "Helicon Therapeutics" adında bir şirket kurdu. Ama işi kolay değildi. Hafızanın iyileştirilmesinden ve geliştirilmesinden sorumlu olan önemli genlerden birinin yalıtılması sadece ilk basamaktı. Önemli olan bu genin ürününün ilaç hâline getirilmesi, ilacın istenilen beyin hücrelerine ulaşması ve o hücreler üzerindeki etkisini belli bir süre devam ettirmesiydi. Yoğun çalışmaların devam ettiğini açıklayan şirket yetkilileri, hapın şu anda deneme aşamasında olduğunu ve beş yıl gibi kısa bir süre sonra da insanların hizmetine sunulabileceğini bildiriyorlar.

Daha önce binde, belki de milyonda bir olağanüstü hafızaya sahip olan insanların görüldüğünü belirtmiştim, Jill Price bu insanlardan biri. Onu ilk defa ABC kanalının "Good Morning America" adlı programında görmüştüm. Spiker Diane Sawyer onu "hiç unutmayan kadın" diye tanıtmıştı. Tıp literatürüne J.P. olarak geçen Jill Price, sekiz yıl boyunca bilim insanlarının olağanüstü hafızasını araştırmasına izin vermişti ve nihayet bir otobiyografi yazmıştı. 1965 doğumlu Jill Price 14 yaşından beri yaşadıklarını ve etrafında olan bitenleri dakikası dakikasına hatırlıyordu. Ona rastgele bir tarih verilip o gün neler olduğu sorulduğunda, birkaç saniye içerisinde o günün haftanın hangi gününe denk geldiğini, o tarihte ne yaptığını, yine o gün dünyada ve Amerika'da olup biten önemli olayları hatasız söyleyebiliyordu. Onun durumunu anlatmak için bilim insanları yeni bir isim bulmak zorunda dahi kalmışlardı: hipertimestik sendrom. Röportajda J.P., Sawyer'ın sorduğu soruların hepsini doğru cevaplıyor, hatta bir soruda TV kanalının kullandığı kaynak kitabın hatalı olduğunu ortaya çıkarıyordu. J.P. hakkında ortaya çıkan ilginç bir gerçek de yaşadığı her şeyi kendi el yazısı ile kaydetmesi (notları 50 bin sayfayı aşıyor). New York Üniversitesi araştırmacılarından Psikolog Gary Marcus, Jill Price'ın olağanüstü hafızasının özellikle kendi yaşamına ait bilgilerle sınırlı olduğunu gözlemliyor. Hafıza için kullanılan bilimsel testlerden bazılarını Price'a uyguladığında onun yeni hafıza oluşturmada normal insanlardan çok da üstün olmadığını görüyor. Bununla beraber kendi yaşamıyla sınırlı da olsa Price'in hafızasının olağanüstülüğünü o da kabul ediyor.

Her ne kadar olağanüstü hafızaya sahip olmak ilk anda imrenilecek bir şey gibi görünse de geçmişte yaşanmış güzel hatıralar kadar keder ve üzüntüler, acı tecrübeler de hatırlananlar arasında olacaktır. Nobel Ödüllü Eric Kandel'in fakültemizde verdiği ve hafıza ile ilgili çalışmalarını anlattığı konuşmasını şu cümle ile tamamladığını hatırlıyorum: "İnanın güçlü bir hafızanız olmasını istemezsiniz, acı olayları yaşamınız boyunca yaşandığı andaki tazeliğiyle hatırlamayı hiç ister misiniz?"

Hafıza konusunda yapılan çalışmalar, -belli bir tecrübeyi yaşadığımızda- birlikte uyarılan sinir hücrelerinin uzun süre kalıcı bağlantılar oluşturduğunu ve aradan bir süre geçtikten sonra da bu sinir hücrelerinin yine birlikte uyarılması sonucu hatırlamanın gerçekleştiğini gösteriyor. Yeni tecrübeler sinir hücrelerinden oluşan bu sistemlerde var olanlara yeni bağlantıların eklenmesine neden oluyor. Dolayısıyla hafızanın oluşmasında "bağlantı" veya "ilişki" son derece önemli. Eğer beynimiz doğal hâlinde olaylar, nesneler ve gerçekler arasındaki bağlantıları kullanarak uzun süreli hafızayı oluşturuyorsa bu gerçeği eğitim metotlarına uygulayarak çok daha etkin bir eğitim sistemi geliştirmemiz söz konusu. Örneğin matematikte "üç kere iki ne eder" sorusunu "senin ve iki arkadaşının bisikletlerinin tekerleklerini kırmızıya boyamak istersek kaç tane tekerlek boyamamız gerekir" şekline dönüştürdüğümüzde öğrencinin beyni kendisi için doğal olan yolu takip edecek ve daha önce var olan bilgileri (bisikletin iki tekerleğinin olması) kullanarak çarpma işlemine ait yeni bağlantıları ekleyip onu gerçek hayatla bağlantılandıracaktır. Bu da öğrenmenin çok daha köklü ve güçlü olmasını sağlayacaktır. Yine tarih dersindeki bilgilerin, savaşların ne zaman ve kimler arasında yapıldığı ve nasıl sonuçlandığı şeklinde ezberi gerektiren bir aktarım şekli yerine öğrencinin dağarcığındaki bilgiler üzerine inşa edilecek tarzda aktarılması (o günün şartlarının bugünle benzerlikleri, farklılıkları vb.) öğrencinin önce hafızasında bağlantılar kurmasını sağlayacak bilgisi derinleştikçe de soyut konuları (savaşın politik nedenleri) kavramasına önayak olacaktır.

Öğrenciler de hafıza araştırmalarından elde edilen bilgileri ders çalışma alışkanlıklarına uygulayarak başarılarını artırabilirler. Yukarıda bahsettiğim bağlantı ve ilişki kurma metodunu ve sınavdan bir gün önce değil, aralıklarla tekrarlamaya dayalı çalışma alışkanlığını geliştirerek öğrendiklerini kısa süreli hafızadan uzun süreli hafızaya aktarmaları mümkün olacaktır.

Bu bölümü araştırmalarını hafıza ve öğrenme konusunda yoğunlaştıran Wisconsin Üniversitesinden Anthony Greene'in hafızayı güçlendirmek ve öğrenilenlerin kalıcılığını sağlamak için verdiği önerilerle bitirmek istiyorum. Greene şunları öneriyor:

1. Öğrenmek istediğiniz şeyler ile bildiğiniz şeyler arasında manalı olacak bağlantılar kurma üzerinde düşünün. Kurabildiğiniz kadar çok manalı bağlantılar kurun.
2. Ne öğrenmek istediğinizden iyice emin olun. Eğer iyice anlamadan örneğin bir formül veya yabancı dilde bir deyim ezberlemeye çalışıyorsanız kısa zamanda unutursunuz. Unutmak istemediğiniz şeyleri, onları hiç bilmeyen birine anlatıyormuş gibi kendinize anlatın.
3. Düşüncelerinizi organize edin. Karmaşık konuların önce anahatlarını çıkarın ama anahatların olabildiğince mantıklı olmasına özen gösterin.
4. Önce öğrenmek istediğiniz şeyi özetleyin, daha sonra detaylara girerek konu hakkında derinlemesine bilgi edinin.
5. Hiçbir zaman sınavdan bir gün öncesine kadar bekleyip o gece sabahlayarak öğrenmeye çalışmayın. Öğrenirken de acele etmeyin.

Öğrenmek istediklerinizi bir oturuşta değil aralıklarla çalışarak öğrenin ve öğrendiklerinizi tekrar edin.

Gizemli Beyin

17 Ağustos 1999 yaşadığımız en acı günlerden biri olarak tarihe geçti. Sabah saat 3.02'de Marmara bölgesi 7,5 büyüklüğünde, şiddetli bir depremle sarsılmaya başladı. Derin uykularından sarsıntının etkisiyle uyanan binlerce insan neye uğradıklarını anlayamadan, yerle bir olan binaların enkazı altında kalarak acı bir şekilde can verdi. Deprem o kadar güçlüydü ki etkileri, Marmara bölgesi bir yana Ankara'dan İzmir'e kadar uzanan çok geniş bir alanda hissedildi. Bu felaket resmi kaynaklara göre 17.480 insanımızın yaşamına mal olurken geride binlerce yaralı ve hayatına engelli olarak devam etmek zorunda kalan yüzlerce depremzede bıraktı.

Bu depremzedelerden biri de İzmit Gölcük'te yaşayan 30 yaşındaki Asime Genç'ti. Enkaz altında 54 saat ölümle mücadele ettikten sonra kurtulan Genç, depremde hem iki çocuğunu ve eşini hem de bir kolunu ve bacağını kaybetmişti. Genç gibi ailesini, evini veya iş yerini kaybeden binlerce insanımızın acısı ülkemizi aylarca yasa boğdu. Genç'in dramı depremden sonra da devam etti. Kaybettiği kolu ve bacağından kaynaklanan şiddetli ağrıları tedavilere ve aradan iki yıl geçmiş olmasına rağmen hâlâ devam ediyordu. Genç, kolunu ve bacağını fiziki olarak kaybetmişti ama onları hiç kaybetmemiş gibi hissediyordu. Bilim dünyasında "fantom uzuv" olarak adlandırılan bu durum, bir kaza veya hastalık sonucu kolunu veya bacağını kaybeden hastanın kolu veya bacağı hâlâ yerindeymiş gibi o uzvunu hissetmesi durumudur. Fantom kollarının normal kol gibi çalıştığını hisseden, fantom kolları ile el salladıklarını veya arkadaşlarına dokunduklarını söyleyen hastalar var. Bazı hastalarsa fantom uzuvlarının acısını uzun bir süre, bazen yaşam boyu çekiyor.

Yüz yıldan uzun bir süredir deprem, savaş ve kaza sonucu uzuvlarını kaybeden insanların fantom uzuv sendromu yaşadığı ve bu kişilerin yüzde doksandan fazlasının "fantom uzuv ağrısı" adı verilen bir ağrı çektiği de biliniyor. Bazı ampütasyon hastaları (yani kolu veya bacağı kesilmiş hastalar) hissettikleri ağrıyı, sanki yumruklarını o kadar çok sıkmışlar ki tırnakları avuçlarına gömülmüş diye tanımlıyor. İzmit depreminde uzuvlarını kaybedenlerden bazıları fantom ağrılarının şiddetini "sağlam bir insanın ayağını mengeneye sokup kırsanız, bu şiddette ağrı hissetmez" diyerek tanımlıyor. Ağrının şiddetinden intiharı dahi düşünenler oluyor. Geçmişte bu ağrının psikolojik kökenli olduğunu düşünenlerin yanı sıra ampütasyonun yapılma noktasından kaynaklandığını düşünüp uzvu ilk kesildiği yerin daha yukarısından tekrar kesen cerrahlar bile olmuş. Sonuç ise tahmin ettikleri gibi çıkmamış; hastalar fantom uzuv ağrısı çekmeye devam etmiş.

Fantom uzvun beyin-vücut bağlantısıyla ilgili olduğunu düşünen çok sayıda bilim insanı olmuştu ama 1990'lı yıllara kadar kimse fantom uzuv sendromuna neyin, nasıl yol açtığını çözememişti. Fantom uzuv konusuna ilk açıklamayı getiren ve hem de inanılmaz basitlikte bir metotla fantom ağrılarının tedavisini sağlayan Kaliforniya Üniversitesinden, Hint asıllı bilim insanı Vilayanur Ramachandran oldu.

Ramachandran, fantom uzvun sırrını aslında yıllar önce beyin üzerinde yapılmış bilimsel çalışmaları tararken buldu. Bu çalışmaları yapanlardan biri Kanadalı cerrah Wilder Penfield'di (1891-1976). Penfield çok iyi bir araştırmacı olmasının yanında özgün fikirleri ile de tanınan bir cerrahtı. Epilepsi hastalarının tedavisi için geliştirdiği cerrahi müdahale günümüzde "Montreal yöntemi" olarak bilinir. Penfield geliştirdiği bu yöntemle hastaların beyinlerindeki epilepsi nöbetlerine neden olan sinir hücrelerini bulup ameliyatla alarak tedavi ediyordu. Epilepsi hastalarının nöbetten hemen önce nöbet geçireceklerini hissettiklerini bildiği için beyne düşük düzeyde elektrik akımı verirse hastalara aynı duyguları yaşatabileceğini ve böylece epilepsiye neden olan sinirlerin yerini doğrulukla belirleyebileceğini düşünmüştü. Penfield beyin ameliyatlarını lokal anestezi uygulayarak yapıyordu. Beyinde acı reseptörleri olmadığı için kafatası açık olan hastalar beyinlerine dokunulduğunda acı hissetmez. Lokal anestezi altındaki hasta uyanıktır ve bilinci yerindedir. Penfield hastaların beyinlerinin değişik kısımlarına elektrotla düşük düzeyli elektrik akımı verip onları konuşturarak hem sorularına aldığı cevaplara hem de elektriksel uyarılar sonucu hastaların vücutlarında herhangi bir hareket olup olmadığına bakarak beyinde epilepsiye neden olan bölgeyi belirliyor, daha sonra da sadece o kısmı ameliyatla kesip çıkarıyordu. Bu yöntem sayesinde beynin sadece hastalıklı kısmını ameliyat etmekle kalmıyor, aynı zamanda ameliyat sonucu ortaya çıkabilecek yan etkileri de en aza indiriyordu.

Penfield aslında Eduard Hitzig adında Alman bir doktorun otuz yıl önce ilk defa gerçekleştirdiği deneyleri devam ettiriyordu. Hitzig askeri bir hastanede çalışıyordu ve muharebe sırasında kafatasının bir kısmını kaybetmiş, beyni açıkta çok sayıda askeri tedavi ediyordu. Hitzig bir pile bağlı kabloları beynin arka kısmına dokundurduğunda hastaların gözlerinin oynadığını gördü. Diğer hastaların beyinlerindeki aynı noktaya dokunduğunda onların da gözlerinin oynadığını gördü. Bu gözlemlerinden beynin dokunulan bölgesinin gözlerin hareketini kontrol ettiği sonucuna vardı.

1870'lerde Gustav Fritsch adında başka bir doktor Hitzig'e katıldı. İkisi birlikte deneylere devam etti. Fritsch'in evinde kurdukları bir laboratuvarda, Hitzig'in insanlarda yaptığını bu sefer köpeklerin üzerinde denediler. Köpeğin beynine düşük güçte elektrik akımı verdiklerinde köpeklerin vücutlarının farklı kısımlarının oynadığını, ayrıca beyindeki belli bölgelerin hep aynı hareketleri kontrol ettiğini buldular.

İngiliz araştırmacı John Hughlings Jackson, Fritsch ve Hitzig'in başlattığı denemeleri bir adım daha ileri götürdü. Epilepsi nöbetleri geçiren eşini gözlemleyen Jackson beynin kasları nasıl kontrol ettiği hakkında bir kuram ileri sürdü. Ona göre epilepsi nöbetleri beyindeki sinir hücrelerinden bazılarında meydana gelen elektrik boşalması sonucu ortaya çıkıyordu. Boşalım önce bir noktada başlıyor daha sonra vücudun diğer kısımlarına yayılıyordu. Bunu Jackson'ın eşinin nöbetlerinin hep belli bir akışı takip etmesinden çıkarmıştı; titremeler önce ellerinde başlıyor sonra bileklerine oradan omuzlarına ve sonra da yüzüne ulaşıyordu. Titreme en sonunda başladığı taraftaki bacağa ulaşıyor ve orada sonlanıyordu. Jackson bu gözlemlerine dayanarak beynin bölgelere ayrıldığını ve her bir bölgenin belli bir motor fonksiyonu yani hareketi kontrol ettiği kuramını öne sürdü.

Penfield bu çalışmaları bir basamak daha ileri götürmüş ve Jackson'ın kuramının doğru olduğunu ispatlamıştı. Yaptığı çok sayıdaki beyin ameliyatı, beynin korteks adını verdiğimiz yüzeyinde vücudun değişik kısımlarını kontrol eden bölgeler olduğunu ve o bölgelere elektrik akımı verildiğinde her defasında vücutta aynı yerin uyarıldığını gösteriyordu. Bir diğer deyişle, sanki beynin yüzeyinde vücudun diğer kısımlarını kontrol eden bölgelerin bir haritası vardı. Bilim dünyasında "motor homunkulus" veya "Penfield homunkulusu" olarak bilinen bu haritadaki bölgelerin büyüklüğü, vücudun değişik kısımlarını kontrol eden sinirlerin sayısı ile orantılıdır ve bu nedenle motor homunkulus (minyatür insan) bir karikatürü andırır. Çok sayıda sinir ucunun bulunduğu vücut kısımları, örneğin dudaklar ve parmaklar büyük bir yer işgal eder ama daha az sayıda sinirin sonlandığı bölgeler, örneğin bir bacak daha küçük yer işgal eder. Bu haritanın bir diğer ilginç yanı ise haritada el ve yüz bölgelerinin yan yana olmasıdır.

Penfield 1930'larda yaptığı bu meşhur deneylerinde, biraz da o günün teknolojik seviyesiden dolayı, kullandığı elektrotlarla bir kerede binlerce sinir hücresini uyarırken 1950'ler ve sonrasında geliştirilen çok küçük mikroelektrotlarla uyarı tek bir sinir hücresi düzeyine kadar indirilebildi. Mikroelektrotların özellikle hayvan deneylerinde kullanılmasıyla beynin haritası daha da detaylandırıldı.

Ramachandran'ın ilk hastası Tom Sorenson, geçirdiği bir trafik kazası sonucu sol kolunu dirseğinin üstünden kaybetmişti. Ramachandran, Sorenson'u arayarak bir araştırma yaptıklarını, onu araştırmaya dâhil etmek istediklerini söyledi. Sorenson kesilen kolunda zaman zaman kaşıntı ve şiddetli ağrı hissettiği için araştırmaya gönüllü oldu. Ramachandran, Sorenson'u ilk defa Kaliforniya Üniversitesindeki laboratuvarında muayene etti. Önce Sorenson'un gözlerini bir bezle bağladı, daha sonra ucunda küçük bir pamuk parçası olan bildiğimiz kulak çubukları ile Sorenson'un vücudunun değişik noktalarına dokunmaya başladı. Sorenson'dan vücudunun neresine dokunulduğunu söylemesini istedi. Kulak çubuğu ile çenesine dokunduğunda Sorenson "çeneme dokunuyorsun" dedi. "Başka bir şey hissediyor musun?" diye sorunca, Sorenson "Aslında çok garip ama kesilen başparmağıma, fantom başparmağıma da dokunuyorsun" dedi. Ramachandran kulak çubuğu ile bu sefer Sorenson'un üst dudağına dokundu. "Şimdi ne hissediyorsun?" diye sorduğunda, Sorenson "işaret parmağıma ve üst dudağıma dokunuyorsun" diye cevap verdi. Ramachandran "Emin misin?" diye sorunca, Sorenson'un cevabı "Evet" oldu. Kulak çubuğu çenesinin alt kısmına dokundurulduğunda, Sorenson kesilen küçük parmağına dokunulduğunu söyledi. Ramachandran, Sorenson'dan aldığı cevaplara göre Sorenson'un yüzünde fantom parmakları hissettiren yerleri bir kalemle işaretledi. Sonunda ortaya yüzün bir tarafına yayılmış bir el haritası çıkmıştı. Ramachandran, Sorenson'un yüzüne bakarken aynı zamanda ampütasyondan sonra Sorenson'un beyninde yeniden çizilmiş el haritasına bakıyordu.

Ramachandran "Penfield homunkulusu" haritasına baktığında Sorenson'un neden fantom kolu olduğunu, fantom kolunu neden yüzünde hissettiğini şöyle bir hipotezle açıkladı: "Hasta kolunu kaybedince, normalde elden beynin kolu kontrol eden bölgesine giden sinir uyarıları bir anda durur. Beynin bu bölgesine koldan uyarı gelmeyince, bu kez o bölgenin hemen yanı başındaki, yüzü kontrol eden bölgeye gelen uyarılar eli kontrol eden bölgeye de dağılmaya başlar. Böylece hasta kolunu hâlâ hissetmeye devam eder ama fantom kolunu yüzünde hisseder."

Ramachandran'ın bu hipotezinin doğru olabileceği hakkında ilk delil aslında yıllar önce maymunlar üzerinde yapılan çalışmalarla elde edilmişti. Alabama Üniversitesinden Dr. Edward Taab, Rhesus maymunlarının kol hareketini kontrol eden sinirleri keserek sonuçta ne olacağını, bu ampütasyonun maymunları nasıl etkileyeceğini öğrenmeye çalışıyordu. Taab deneylerine başladı ama hayvan hakları savunucusu grupların bu deneylerden haberdar olup protesto etmeleri sonucu deneyleri durdurmak zorunda kaldı. Uzun süren yasal işlemler nedeniyle deneylerini bir türlü tamamlayamadı. Dahası maymunlar Taab'ın laboratuvarlarından Amerikan Ulusal Sağlık Enstitüsüne (NIH) nakledildi. NIH yıllar sonra artık yaşlanmış olan bu maymunları elden çıkarmaya çalışırken orada çalışan bilim insanlarından Tim Pons yönetimden bir izin koparak maymunlar telef edilmeden hiç olmazsa beyinlerine bakmayı başardı. Pons'un bulguları olağanüstüydü: Maymunların beyinlerinde Taab'ın kestiği sinirler hâlâ aktifti ama parmaklardan uyarı gelmeyince bu sinirler yüzden gelen uyarılara cevap vermeye başlamıştı. Diğer bir deyişle, bu maymunların beyinlerinde zaman içinde yapısal bir değişiklik ortaya çıkmıştı.

Maymunlarla yapılan bazı başka çalışmalarda da benzer sonuçlar alındı. Mikroelektrotları ustalıkla kullanması ile bilinen Michael Merzenish bir deneyinde, yine maymun beyninde el haritasını çıkardıktan sonra birkaç maymunun işaret parmağını kesti. Aradan bir süre geçtikten sonra aynı maymunların beyninde el haritasını yeniden çıkardığında, işaret parmağının haritadaki yerinin kaybolduğunu ve onun yerini her iki yandaki parmakların aldığını keşfetti. Maymunların beyinlerindeki harita değişmişti ama bu "yeniden yapılanmanın" veya "yapısal değişimin" ampütasyon geçiren insanlarda da olup olmadığı bilinmiyordu.

Ramachandran kolunu kaybetmiş insanlarda da yapısal bir değişim gerçekleşip gerçekleşmediğini öğrenmek için bu hastaların beyinlerini işlevsel görüntüleme tekniğiyle incelemeye başladı. Ampütasyona uğramış insanların beyinlerini normal insanlarınki ile karşılaştırdığında, bu hastaların beyinlerinde gerçekten bir yeniden yapılanma olduğunu ve örneğin daha önce elden gelen uyarıları algılayan bölgenin şimdi yüzden gelen uyarılara cevap verdiğini buldu. Bu hastaların beyni yeniden programlanmıştı. Eldeki sadece bir ya da iki değil beş parmak için de aynı şey geçerliydi. Yeniden programlama, yüzde bütün bir eli mükemmel olarak yansıtacak şekilde gerçekleşmişti. Ramachandran kolunu kaybetmiş çok sayıda hasta üzerinde çalışmalarını tekrarladığında yeniden programlamanın diğer hastalarda da gerçekleştiğini gördü. Bununla beraber bütün vakalar birbiriyle tıpatıp aynı değildi. Hastalar arasında fark da vardı. Yüzlerinde ellerini hissediyorlardı ama parmakların yüzdeki sıralanışı ve yüzde denk geldikleri noktalar açısından farklılıklar vardı.

Ramachandran fantom elin sadece "dokunma" hissiyle sınırlı kalıp kalmadığını öğrenmek için gözleri bağlı olan hastaların yüzlerine bu sefer ucu soğutulmuş metal bir kalemle dokunmaya başladı. Hastalar "Doktor, başparmağımda soğukluk hissediyorum" cevabını verdi. Öte yandan sıcağı hissetmeleri dokunmayla ilgili olabilirdi, Ramachandran fantom elin sıcağı hissetmesinin "dokunma" hissinden farklı olup olmadığını anlamak için hastanın yüzünde parmaklarını hissettiği noktalara bir mercekle odaklanmış ışık gönderdi; çocukluğumuzda pek çoğumuzun güneş ışığını bir mercek ile kâğıt üzerine odaklayıp kâğıdı yakarken yaptığımız gibi. Bu deneyde yapmaya çalıştığı şey hastaların yüzlerine dokunmadan ısı göndermek ve fantom elin bu ısıdan etkilenip etkilenmediğini belirlemekti. Gözleri kapalı hastalar bu sefer "Doktor, başparmağımda sıcaklık hissediyorum" cevabını verdi. Dokunmanın ve sıcak ile soğuğu algılamanın beynin farklı merkezleri tarafından kontrol edildiği göz önüne alınırsa bu olağanüstü bir gözlemdi: Fantom elin oluşması sırasında hem beyinde birtakım yapısal değişiklikler ortaya çıkmış hem de bu yapısal değişiklikler beklenen işlevleri yerine getirmeye başlamıştı. Ramachandran beyinde yapısal değişikliklerin gerçekleştiğini, San Diego'daki Kaliforniya Üniversitesi laboratuvarlarından birindeki birkaç milyon dolarlık magnetoensefalograf (MEG) adı verilen, beyin aktivitesi sonucu beynin manyetik alanlarındaki değişimi kaydeden bir aletle de ispatladı. Ramachandran bazı hastalarda üç hafta gibi kısa bir sürede korteks üzerinde 2 cm'ye ulaşan değişimler gözlemledi. Bu bulgular 1994 yılında, en önemli bilim dergilerinden biri olan *Nature*'da yayımladığında bilim dünyasında çok büyük yankılar uyandırdı. Öyle ki yüksek çözünürlüklü MEG taramaları, ampütasyona uğrayan hastaların beynindeki yüz ile ilgili bölgenin, el ile ilgili bölgeyi istila ettiğini çok açık bir şekilde gösteriyordu.

1990'lara kadar bilim dünyasında paylaşılan görüş, beynin yaşamın başlangıcında şekillendiği ve ölünceye kadar o şekilde kaldığı, yani değişime uğramadığıydı. Bilim dünyasında "plastisite" olarak adlandırılan Ramachandran'ın bu yeni buluşu ise beynin düşünüldüğü gibi statik bir yapıda olmadığını, gerektiğinde yapısal değişikliklerin gerçekleştiği esnek bir organ olduğunu gösteriyordu. Yani beyin değişebiliyordu, dahası bu değişim oldukça kısa bir sürede gerçekleşiyordu.

Hastalardan bazıları ise fantom uzuvlarının donup kaldığını, ne yaparlarsa yapsınlar onu bir türlü normal konumuna getiremediklerini bu nedenle ağrı çektiklerini söylüyordu. Ramachandran kayıtlara baktığında bu hastaların ampütasyondan önce kol veya bacaklarını kontrol eden periferal sinirlerinde bir nedenle zedelenme olduğunu, uzuvlarının bazen fiziksel olarak mümkün olmayan pozisyonlarda (örneğin elin dış yüzünün geri dönerek bileğe yapışması gibi) kaldığını, hasta bu durumdayken ampütasyon gerçekleşince fantom kolun da aynı şekilde kaldığını öğrendi. Ramachandran bu durumu söyle açıkladı: "Uzuvlarımızı oynatmak üzere olduğumuzda aslında önce beynimizde yapacağımız hareketi düşünür ve programlarız. Örneğin elimizi sallayacağımızı düşünürüz, elin sallanması emri beyinden ele ulaşır ve el sallanmaya başlar. Beyinden ele 'salla' komutu geldiği hâlde eğer felç nedeniyle el oynamıyorsa, beyin ile el arasında bir iletişim problemi doğmuş demektir. Zaman içerisinde beyin ve el arasındaki bu kopukluk beyin tarafından 'el verilen komuta cevap vermiyor' şeklinde öğrenilecektir. Bu nedenle bu durumu öğrenilmiş felç diye adlandırıyorum. Kol, örneğin bir kaza sonucu aldığı pozisyondayken kesildiğinde fantom uzuv da felç geçirmiş olarak kalacaktır." Ramachandran bu gözlemlerden sonra kendine şu soruyu sordu: "Beyin uzvun felç olduğunu ona gönderdiği sinyallere karşılık bulamayarak öğreniyorsa, bu durumu tersine çevirmek yani öğrenileni silmek mümkün olamaz mı? Felç olan kolun beyinden gelen komutu yerine getiriyormuş gibi hareket ettiğini hile ile dahi olsa beyne gösterebilirsek fantom koldaki felç tedavi edilebilir mi? Bir diğer deyişle görsel aldatmacayla beyne kolun istenileni yaptığı izlenimi verilirse beynin öğrendiği silinebilir mi?" Bunu yapmanın bir yolu sanal gerçeklikti. Ramachandran bilgisayar programcısı arkadaşlarına böyle bir şeyin ne kadara mal olacağını sorup da iki milyon dolar cevabını alınca bu fikrinden vazgeçti. Olağanüstü karmaşık sorulara çok basit yöntemlerle cevap bulması ile takdir kazanmış olan Ramachandran bu soruna da çok ucuz bir çözüm buldu: 10 dolarlık bir ayna!

Ramachandran, bu fikrini ilk defa bir motosiklet kazası sonucu sol kolu felç olan bir hasta üzerinde denedi. Sol koluna giden sinirler zedelendiği için hastanın kolu bir yıl kadar alçıda tutulmuş ama iyileşmemişti. Felçli kolun verdiği ağrılar dayanılmaz olunca hastanın kolu dirseğinin üstünden kesilmişti. Oysa kolun kesilmesi de ağrılara çare olmamıştı. Ramachandran hastadan ampüte olmuş sol kolunu aynanın arkasına ve normal olan sağ kolunu da aynanın önüne koymasını ve fantom koluyla sağlam kolunu birlikte indirip kaldırmasını istedi. Hasta kollarını kaldırıp indirdiğinde sağlıklı kolunun kendisini görürken aynaya baktığı için aynanın arkasında kalan kesik sol kolu yerine sağ kolunun aynadaki yansımasını görüyordu. Aynada cisimlerin simetriğini gördüğümüz için hastanın sağlam kolunun aynadaki görüntüsü ona sol kol olarak görünüyordu. Böyle olunca da beynine sanki sol kolu kesik değilmiş ve istediğini yapıyormuş mesajı gidiyordu. Hasta ellerini oynatmaya başladı. Sevincinden bir çocuk gibi haykırarak "Aman tanrım, doktor, fantom kolum oynuyor" dedi ve ekledi: "On yıldır ilk defa fantom kolumu oynatabiliyorum, ağrım da azaldı.". Ramachandran hastanın günde bir saat ayna tedavisine devam etmesini önerdi. Daha ilk haftanın sonunda hastanın fantom kol ağrısı önemli oranda azalmıştı ve fantom kolunu oynatabiliyordu. Üç hafta sonra ise Ramachandran'ı arayarak artık fantom kolunu hissetmediği haberini verdi.

2006 yılının temmuz ayının ikinci günü, Amerikan ordusunun 32 yaşındaki topçu çavuşu Nicholas Paupore zırhlı cipiyle Kerkük caddelerinde asayiş kontrolü yaparken yol kenarına yerleştirilmiş altı bombanın peş peşe patlamasıyla ağır yaralandı ve uçakla acilen Almanya'daki Landstuhl Bölgesel Tıp Merkezine götürüldü. Şarapnel bacağına isabet etmiş, bacağının büyük bölümü parçalanmıştı. Doktorlar, Paupore'un sağ bacağını dizinin altından kesmek zorunda kaldı. Paupore ilk fantom ağrısını bacağının kesilmesinden kısa bir süre sonra hissetmeye başladı. Ayağını elektrik prizine sokmuş da elektrik akımına çarpılmış gibi hissettiğini ve dayanılmaz bir ağrı yaşadığını söyledi. En güçlü ağrı kesiciler dahi ağrısını kesmeye yetmedi. Almanya'daki hastaneden Amerika'daki Walter Reed Askeri Hastanesine aktarıldığında ona Jack Tsao adında bir doktor bakmaya başladı.

Tsao, Oxford Üniversitesinde yüksek lisans eğitimi gördüğü yıllarda Ramachandran'ın çalışmalarını okumuş ve ayna tedavisinin nasıl işe yaradığını merak etmişti. Yıllar sonra Walter Reed Askeri

Hastanesinde çalışmaya başlayınca Afganistan'daki ve Irak'taki savaşlardan dönen, kolu veya bacağı kesilmiş çok sayıda askeri tedavi etmeye başlamıştı. Tsao, Ramachandran'ın ayna tedavisini bu askerler üzerinde denemeye karar vermişti. Paupore'dan da bu çalışmaya katılmasını istedi. Başlangıçta ayna fikrini komik bulan Paupore başka çaresi kalmadığı için bu klinik çalışmaya gönüllü olarak katıldı. Jack Tsao, savaşta bacaklarını kaybetmiş 22 askeri üç gruba ayırdı. İlk grupta askerlerin bacaklarının arasına, tam ortaya büyük bir ayna koydu. Onlardan aynada sağlıklı bacaklarının yansımasına bakmalarını ve her iki bacaklarını birlikte hareket ettirmelerini istedi (ampütasyona uğrayan bacağı hareket ettiremezlerdi ama fantom bacaklarını hareket ettirmeleri istendi). Bacaklarını hareket ettirirken sağlıklı bacaklarının aynadaki görüntüsüne bakmaları askerlere sanki iki bacakları da sağlıklıymış izlenimi verdi. Tsao ikinci gruptaki askerlere de aynı şeyi yaptırdı ama bu sefer aynanın üzerini kapattı. Bu gruptaki askerler aynada hiçbir şey göremediler ve böylece deneyin kontrol grubunu oluşturmuş oldular. Üçüncü gruptaki askerlerden ise gözlerini kapatmaları ve zihinlerinde fantom bacaklarını oynattıklarını hayal etmeleri istendi. Bütün hastalar kendilerine uygulanan bu tedaviyi dört hafta boyunca her gün, 15 dakika süreyle tekrarladı. Deneme süresince kaç defa ağrı hissettiklerini ve ağrının şiddetini kaydettiler. Dört hafta sonunda elde edilen veriler değerlendirildiğinde, ayna tedavisi gören hastaların ağrılarında olağanüstü düzeyde azalma olduğu, diğer iki gruptaki hastaların ise ağrılarının azalmadığı, aksine bazılarının ağrılarının arttığı ortaya çıktı. Tsao bulgularını 2007 yılında *New England Journal of Medicine* dergisinde yayımladı. Araştırma ilk yapıldığında fantom ağrısından kurtulmuş olan hastalar, aradan iki yıl geçmiş olmasına rağmen bir daha fantom ağrısı çekmemişti. Bu çalışmalardan elde edilen sonuçlar sayesinde, ampütasyona uğrayan ve fantom uzuv ağrısı çeken her hastaya ayna tedavisi uygulanmaya başladı.

İzmit depreminden sağ kurtulan Asime Genç'e ayna tedavisinin uygulanıp uygulanmadığını bilmiyoruz ama Ramachandran'ın bulgularının Genç'e ve onun gibi deprem, trafik kazası, mayın kazası veya terör eylemleri sonucu uzuvlarını kaybetmiş onlarca hastaya fantom ağrısı hissetmeyecekleri günler vaat ettiği bir gerçek. Ankara Üniversitesi Tıp Fakültesinden Serap Sütbeyaz, Güneş Yavuzer ve arkadaşlarının yaptığı bir çalışma, normalde uygulanan programa ek olarak felçli hastalara ayna tedavisi uygulanmasının felçli uzuvların iyileşmesini artırdığını ortaya koydu. Bu ve benzeri çalışmalar Ramachandran'ın çalışmalarının ve ayna tedavisinin fantom uzuv dışındaki bazı hastalıkların tedavisinde de etkili olacağını gösteriyor.

Ramachandran'ın çalışmalarında görüldüğü gibi beynin gizemlerini öğrendikçe hem beynin nasıl çalıştığını anlıyor hem de pek çok hastalığa tedavi yolu buluyoruz. Beyin konusunda sayıları her geçen gün artan bu tür bilimsel çalışmalar artık beyin çağını yaşadığımızı gösteriyor.

Yaratıcı Beyin

Eşi benzeri görülmemiş bir eser ortaya koymak olarak tanımladığımız yaratıcılığın kaynağını hiç merak ettiniz mi? Herkes yaratıcı olabilir mi? Yaratıcılık kalıtsal mı? Acaba yaratıcı yönümüzü güçlendirebilir miyiz?

Iowa Üniversitesinden psikiyatri profesörü Nancy Andreasen yıllarını bu ve benzeri soruların cevabını aramaya adamış bir bilim insanı. Andreasen yaratıcılık ile zekânın farklı şeyler olduğunu belirtiyor ve yaratıcılığı şöyle tanımlıyor: "Yaratıcılık, yaşama yepyeni bir gözle bakabilme ve bunu kullanarak işe yarayan veya güzel şeyler ortaya çıkarabilme yeteneğidir."

Iowa Üniversitesi Tıp Fakültesi Psikiyatri Bölüm Başkanı Andreasen önce edebiyat eğitimi almış ve çalışma hayatına Rönesans edebiyatı dalında ders vererek başlamış fakat birkaç yıl sonra tıp doktoru olarak insanlara daha fazla yardımcı olabileceğini ve kafasındaki büyük sorulara ancak tıbbi araştırmalarla cevap verebileceğini düşünerek tıp okumuş. Dr. Andreasen, yaptığı çalışmalar ve olağanüstü başarıları nedeniyle ABD Başkanı Bill Clinton tarafından 2000 yılında Ulusal Bilim Madalyası ile ödüllendirilmiş. *The Broken Brain* (Bozuk Beyin), *Introductory Textbook of Psychiatry* (Psikiyatriye Giriş Ders Kitabı), *Creative Brain* (Yaratıcı Beyin) ve *Brave New Brain* (Cesur Yeni Beyin) kitaplarının da yazarı olan Dr. Andreasen'le geçtiğimiz günlerde *Yaratıcı Beyin* kitabı hakkında konuştuk.

Bahri Karaçay: 6 yaşınızdayken zekâ testine girdiniz ve bu testin sonucu sizin dâhi olduğunuzu ortaya çıkardı. Aileniz sizin hemşire ya da kreş öğretmeni olmanızı arzu etmişti, oysa siz bugün dünya çapında bir bilim insanısınız. Günümüzde bile kadınların beyin gücünden yeterince faydalanılmamasından rahatsız olduğunuzu dile getiriyorsunuz. İnsanlığın beyin potansiyelinin tamamının kullanılmamasının günümüzün en önemli sorunlarından biri olduğu görüşünüzü ben de paylaşıyorum. Her doğan çocuğun beyin kapasitesini kullanması durumunda medeniyetin nereye gelebileceğini hep merak etmişimdir. Uygun ortamı ve koşulları bulamadığı için potansiyelini kullanamamış veya kullanamayan nice yaratıcı beyin için de üzülmemek mümkün değil.

Bu nedenle öncelikle karşılaştığınız kadın erkek ayrımcılığının yaşantınızı ve özellikle bilim insanı olmanızı nasıl etkilediğini sorarak başlamak istiyorum söyleşimize.

Nancy Andreasen: Geleneklerine bağlı bir aileden geliyorum. Annemin ve babamın, yetiştirilme ortamlarının da bir sonucu olarak ailede belirli rolleri vardı. Benim de onlar gibi geleneksel yapıya uygun biri olmamı istediler çünkü beklenenin dışına çıkmamın bana zarar vermesinden endişeleniyorlardı. Elbette kendilerince benim için en iyi olanı yapmaya çalışıyorlardı. Bir ağabeyim vardı, ben de daha çok bir erkek çocuk gibiydim. Spordan hoşlanıyordum, bilime ilgim vardı. Ağabeyimin oyuncaklarıyla, kimya setiyle, amatör radyosuyla oynamak istiyordum ama her defasında hayır cevabı alıyordum. Özellikle bebeklerle oynamam için gayret sarf ediliyordu fakat ben de bebeklerden hoşlanmıyordum. Hatta 5 yaşıma girdiğim doğum günümde büyükannem bana bir bebek hediye edince ağladığımı hatırlıyorum. Bebek yerine kitap istemiştim. Ailem, fizik ve matematikten çok doğa, çiçekler ve yaban hayatı gibi şeylere yani biyolojiye yönelmemi arzu ediyordu. Benim kafamda ise hep bir beyzbol topu vardı. İstediğim oyuncakları vermemelerine kızıyordum. Babam gazetecilik, annem ise öğretmenlik eğitimi almıştı. Buna rağmen lisede fen derslerinden uzak durmamı istediler. Üniversitede öğretmenlik dalında eğitim aldım. Profesör olmak istediğimi, bunun için doktora yapacağımı söylediğimde kararıma sevinmedikleri çok açıktı. O günün şartlarında bir kadının profesör olması çok zordu. Üniversitenin belli bir bürokrasisi vardı. Lisans öğretim masraflarımı karşıladılar ama doktora için kendi başımın çaresine bakmam gerektiğini söylediler. Şanslıydım çünkü başarılıydım ve notlarım çok iyiydi. Woodrow Wilson bursuna başvurmuştum. Ülke çapında sadece 50 öğrenciye burs verilecekti ama sadece erkek öğrencilere burs vermeyi planlamışlardı. Sözlü sınavda bana erkek arkadaşım olup olmadığını ve evlenip çocuk sahibi olma planım olup olmadığını sordular. Erkek arkadaşımdan yeni ayrıldığımdan cevabım hayır olmuştu. Aynı sorulara evet diyen bir kız arkadaşım bu yüzden burs alamamıştı. Bursu kazandım ve böylece Harvard Üniversitesinde doktoramı yaptım. Daha sonra Fulbright bursu kazanarak Oxford Üniversitesine gittim. Profesör olduktan sonra bile kadın erkek eşitsizliğini hep hissettim. Aynı bölümde çalışan erkek meslektaşlarımın maaşı benimkinden daha yüksekti. Bir defasında onlara aynı işi yapmamıza rağmen neden böyle olduğunu sorduğumda "erkek olduğumuz için" cevabını almıştım.

Bir süre edebiyat öğretmenliği yaptım ama ilk çocuğumun doğumundan sonra tıp alanında çalışırsam pek çok hastaya yardımcı olabileceğimi düşünerek tıp fakültesine gitmeye karar verdim. Oraya girerken de yine benzer sorunlarla karşılaştım ama notlarım ve giriş sınavı sonucum mükemmel olunca hayır diyemediler.

B.K.: Türkiye'de bildiğim kadarıyla aynı işe ödenen ücret açısından kadın erkek arasında bir fark hiç olmadı. ABD'de bugün dahi cinsiyete göre ücret farklılığı olması şaşırtıcı bir gerçek.

N.A.: Türkiye'nin bugünkü konumunda Atatürk'ün rolünün çok büyük olduğunu biliyorum. Şahsen ben bir Atatürk hayranıyım. Bu başlı başına bir konu elbette. Evet, kadın olmanın zorluklarını çalışma hayatımın her safhasında gördüm. İki kızım var, onların ilgi duydukları alanlarda ilerlemeleri için elimden geleni yapıyorum. Çevrelerini ve yaşamı sorgulamalarını sağlamak için gayret gösteriyorum. Tarih boyunca insanoğlunun yaratıcı olmasında doğayı sevmek ve onu incelemek en önemli kaynaklardan biri olmuştur. Bugünün çocukları için endişem doğa ile yeterince iç içe olmamaları. Kırda bayırda oynayıp çiçekleri koklamaları, merada otlayan bir ineği görüp yedikleri peynirin ondan geldiğini öğrenmeleri çok önemli. Ben çocuklarıma hep doğa sevgisini aşılamaya çalıştım.

B.K.: *Yaratıcı Beyin* kitabınızın giriş bölümünde yaratıcılık konusunda bir kitap yazmayı uzun zamandır düşündüğünüzü belirtiyorsunuz. Bu düşüncenin temelinde ne vardı? Sizi bu konuda yazmaya iten belirli bir olay var mıydı?

N.A.: Aslında yaratıcılık konusunda yazma fikri uzun yıllardır, hatta genç kızlık çağlarımdan beri aklımdaydı. 13-14 yaşlarındayken bronzlaşmak için evimizin arka bahçesinde güneşlenir ve bu arada kitap okurdum. Yine o günlerde sıkça yaptığım bir şey, düşünce dünyamda zaman yolculuğuna çıkmaktı. Shakespeare'i düşündüğümü hatırlıyorum. Onun yaşadığı dönemin günümüzle benzerliklerini ve farklılıklarını, o dönemde yaşamanın nasıl bir şey olduğunu düşünürdüm. O da bizim gibi mi düşünüp hissediyordu? Onu motive eden güç neydi? Nasıl oldu da o harika tiyatro oyunlarını yazdı? Aslında bu tür soruları hayatım boyunca sordum. Psikiyatrist olmamın altında da sanırım aynı güdü vardı; insana, yaşam hikâyelerine karşı duyduğum ilgi. Kişiliğin nereden geldiği, bizim nereden geldiğimiz, bizi yaşamda bir şeyler yapamaya iten gücün ve merakın nereden geldiği, nasıl olup da sonuçta belli bir kişiliğe büründüğümüz ve kişiliğimizin ne ölçüde yaşadığımız olaylar tarafından şekillendirildiği gibi soruları kendime devamlı sordum. Aramızdan bazılarında içsel bir itici gücün olduğunu ve çevre şartları ne olursa olsun bu insanların durdurulamayacağını erken yaşlarda fark ettim. Eğer bu sizde varsa durdurulamıyorsunuz. Neden böyle veya nasıl böyle oluyor? Kitapta da sorduğum gibi nasıl oluyor da eldiven ustasının çocuğu Shakespeare oluyor. Leonardo da Vinci ve Michelangelo nereden geldiler? Onlar başarıya ulaşmak için bizim bildiğimiz gibi belli bir okul sisteminden geçmediler.

B.K.: Kitabınızda da belirttiğiniz gibi yaratıcılık konusunda ilk çalışmayı Stanford Üniversitesinden Lewis Terman yaptı. Bu çalışma hakkında okurlarımıza önce bazı kısa bilgiler aktarmak istiyorum. Çalışma 1921 yılında başladı ve 1956 yılında Terman'ın ölümünden sonra öğrencileri tarafından 2000'li yıllara kadar devam ettirildi. Terman, yaratıcılık ile yüksek IQ'nun aynı şeyler olduğuna inanıyordu. Yüksek IQ'ya sahip erkek ve kız çocuklarını erken yaşlardan itibaren takip etmeye karar verdi. Terman küçük yaşta belirlenen zekâ seviyesinin bu çocukların gelecekleri hakkında ne ölçüde bilgi sağladığını öğrenmek istiyordu. Erkeklerin IQ ortalaması 151,5'di, kızlarınkiyse 150,4 idi. Sonradan "Termitler" olarak adandırılan bu çocuklar uzun bir süre takip edildiler. Başlangıçta Termitler normal IQ'ya sahip karşılaştırma grubundakilerden daha iyi durumdaydılar. Fiziksel olarak daha güçlü, ekonomik ve sosyal yönden de daha başarılıydılar.

Ama zaman geçtikçe aralarından yaratıcı kişiliğe sahip olanların pek çıkmadığı dikkati çekti. Aralarında sadece birkaç başarılı yazar, müzisyen, aktör ve bilim insanı vardı. Yüksek IQ'larına rağmen aralarından Nobel Ödülü alan çıkmadı. İlginçtir, çalışmaya alınmak üzere değerlendirilip yetersiz bulunan ve çalışmaya dâhil edilmeyen William Shockley ve Luis Alvarez daha sonra Nobel Ödülü aldılar. Yedi yüz elli kişiyi kapsayan bu çalışma, zekâ ile yaratıcılığın birbirinden farklı şeyler olduğunu ilk defa gösteriyordu.

Bu ve bundan sonra yaratıcılık konusunda yapılan ve sizinkileri de içine alan çalışmaların ışığında yaratıcılık nasıl tanımlanıyor?

N.A.: Yaratıcılığın tanımıyla ilgili tartışmalar hâlâ devam ediyor. Terman'ın zekâ tanımlaması oldukça klasikti. Zekâ seviyesini ve kronolojik yaşı esas alan bu testler aslında öğrenme bozukluklarının belirlenmesi için kullanılıyordu. Yaratıcılığın belirlenmesi için değil, okul ortamında hangi çocukların başarılı olacağını ve hangilerinin yardıma daha fazla ihtiyacı olacağını saptamak üzere geliştirilmişlerdi. Psikometrik yaklaşımla elde edilen bu tür veriler uzun bir süre dâhilikle, o da yaratıcılıkla ilişkilendirildi. Dâhilik, zekâ ile yaratıcılık arasında bir geçit olarak algılandı. Örneğin yüksek IQ'ya sahip kişilerin yaratıcı olduğu veya yaratıcı olan pek çok kişinin dâhi olduğu söylendi. Bu da sonuçta yaratıcılığın tanımını zorlaştırdı. Oysa bugün artık yaratıcılık ve zekânın farklı şeyler olduğunu biliyoruz, Terman'ın çalışmaları bunu gösterdi. Birkaçının dışında, bu yüksek IQ'lu çocuklar büyüdüklerinde yaratıcı kişiler olamadılar. Bu arada, o günlerdeki testlerin daha çok sözel olduğunu da belirtmemiz gerekir. Sırf bu yüzden yaratıcılığa sahip olanların hepsini belirleyememiş olabilirler.

Zekâ konusunda yapılan bazı tanımlamalar da yaratıcılık tanımını etkiliyor. Bazıları zekâ ile yaratıcılığı karıştırıyorlar. Bu sorunu çözmek kolay. Öte yandan Howard Gardner gibi "çoklu zekâ" tanımı yapanlar var. Gardner zekâ testinin yetersiz olduğunu öne sürüyor, ona göre değişik zekâlar söz konusu. Örneğin matematik için ayrı, dans edebilmek için ayrı bir zekâ var. Bunlardan bazıları yaratıcı zekâyla da örtüşüyor.

Bir diğer tanımlama yaratıcı kişinin, o konuda bilgisi olan çağdaşları tarafından yaratıcı sayılmasını şart koşuyor. Bu da yetersiz bir tanım çünkü çok sayıda yaratıcı insan, örneğin Mendel, Shakespeare, Van Gogh ancak ölümlerinden sonra keşfedilmişler. Durum böyle olunca tanım hakkındaki tartışmalar da devam ediyor. Benim hoşlandığım tanım ise şu: "Yaratıcılık yaşama yepyeni bir gözle bakabilme ve bunu kullanarak güzel veya işe yarayan şeyler ortaya çıkarabilme yeteneğidir.".

B.K.: Bu konuda Iowa Üniversitesi "Yazar Programı"na katılan yazarlarla yaptığınız bir çalışma var. İzin verirseniz sorumdan önce okuyucularımıza bu program hakkında kısa bir bilgi vermek istiyorum. Iowa şehri bu program dolayısıyla 2008 yılında UNESCO tarafından Edinburgh ve Melbourne'den sonra "Dünyanın Üçüncü Edebiyat Şehri" seçildi. Şimdiye kadar programa katılan yazarlardan 16'sı Pulitzer Ödülü almış durumda. Nobel ödüllü Türk yazar Orhan Pamuk da geçmişte Iowa Üniversitesinin Uluslararası Yazarlar Programı'na katılmış. Bize bu çalışmanızda elde ettiğiniz bulgulardan bahseder misiniz?

N.A.: İlk çalışmayı 1970'lerde yapmıştım. O zamanlar ünlü yazarların ailelerinde şizofreni hastalığına yakalanmış fertler bulunduğu ve yine ailelerinde yaratıcı kişiler olduğu hipotezini test edecektim. Öncelikle James Joyce ve Bertrant Russell üzerinde durmuştum. Her ikisinin de ailesinde şizofreni vardı. Einstein'ın oğlu da şizofrendi. Iowa Yazarlar Programı'na katılacak yazarların ailelerinde de şizofreni hastaları olacağını düşünmüştüm ama hipotezim doğru çıkmadı. Bununla beraber yazarlar arasında, hem yazarların kendilerinde hem de ailelerinde ortalamaya göre daha yüksek oranda duygudurum bozukluğu görüldüğünü, ayrıca ortalamaya kıyasla yine yazarların ailelerinde daha yüksek oranda yaratıcılık olduğunu tespit ettim. Bu ailelerde zihinsel rahatsızlık ile yaratıcılık bir arada görülüyordu.

Bu çalışmayı yaptığımda yazarların ve onlarla karşılaştırdığım kontrol grubunun sosyal yönden aşağı yukarı denk olmalarına dikkat ettim. Eğitim düzeylerinin de yakın olmasına dikkat ettim. Programa her yıl sadece iki veya üç ünlü yazar geldiği için çalışma yıllarca sürdü. İlk yayınım 15 yazar ve onlarla yaş ve eğitim açısından eşit düzeyde fakat yaratıcılık gerektirmeyen işlerde çalışan 15 kişi üzerineydi. Zekâ düzeyleri de benzerdi. Aralarında IQ'su 140 veya 110 olan bir iki kişi vardı ama ortalama IQ 120 civarındaydı. Bu çalışmam insanın yaratıcı olması için mutlaka yüksek IQ'ya sahip olmasının gerekmediğini gösterdi. Yani normal IQ ile de yaratıcı olunabiliyor ancak belli düzeyde bir zekâya gereksinim olduğu şüphesiz. Örneğin yazar olmak için bir defa dili iyi bilmeye ve onu iyi kullanabilecek düzeyde bir zekâya ihtiyaç var. Bunun ötesinde o kelimeleri ustalıkla bir araya getirme yeteneği yaratıcılıktır.

B.K.: Yaratıcılıkla ilgili olarak şu anda üzerinde çalıştığınız projeden bahseder misiniz?

N.A.: İlk çalışmadan sonra kendime şu soruyu sordum: Yaratıcılığın farklı çeşitlerini incelersem sonuç nasıl olur? Bunun için otuz ünlü yaratıcı sanatçı, otuz ünlü yaratıcı bilim insanı ve otuz sıradan bireyin beyinlerini modern nöroloji teknikleri ile incelemeye karar verdim.

Çalışma yaklaşık bir buçuk yıl önce başladı ağır ilerliyor ama aşama kaydediyoruz. Çalışmanın şimdiye kadarki kısmına katılan ünlü isimlerden biri de *Yıldız Savaşları* filmlerinin yaratıcısı George Lucas. DNA'nın yapısını çözen bilim insanlarından biri olan James Watson arkadaşımdır, onu da bu çalışmaya dâhil etmeyi düşünüyorum.

B.K.: *Yaratıcı Beyin* için ünlü oyun yazarı Neil Simon ile uzun röportajlar yaptınız. Onun kişiliğinde yaratıcı insanlarda ortak görülen özellikleri tanımlıyorsunuz. Simon yaratıcı anlarını anlatırken "Bilinçli olarak yazmıyorum, sanki omzumda esin perisi oturuyor." diyor. Bu satırları okurken bu anlatılanın benim için de geçerli olduğunun farkına vardım. Bir örnek olması bakımından yakın zamanda yaşadığım bir anımı sizinle paylaşmak istiyorum. Çok yakın bir arkadaşım iş nedeniyle başka bir şehre taşındı. Taşınacaklarını birkaç aydır biliyor olmama rağmen özellikle ayrıldıkları gece derin bir hüzün yaşadım ve bu duygularla bir beste yaptım. İlginç olan melodi ve sözler benden çıkıyordu ama kaynak sanki başka bir yerdi ve ben sadece aracı oluyordum. Diğer bestelerimi yaparken de benzer şeyler yaşadığımı hatırlıyorum.

N.A.: Evet, bu çok tipik bir durum, bütün yaratıcı insanlar aynı şeyden bahsediyorlar, özellikle sanat dallarında olanlar. Ne diyeceklerini veya ne yazacaklarını o ana kadar bilmiyorlar ama o anda içlerindeki bir şey yapacaklarını üretiyor, bilinçli olarak değil bilinçdışından gelen bir şey.

Bununla beraber bilimde durum farklı olabiliyor. Yaratıcılığın her zaman duygusal kaynaklı olduğunu zannetmiyorum. Biliş ve duygunun birbirinden ayrı düşünülmemesi gerektiğine inanmakla birlikte yaratıcılığın biliş -duygu yelpazesinde bilişe yakın bir yerden kaynaklanması olasıdır. Bazıları bir problemle karşılaştıklarında onu aşırı gayret ve çalışma ile çözebileceklerini düşündüklerini ama asıl çözümün beklenmedik bir şekilde aniden kafalarında belirdiğini ifade ediyor. Böyle bir çözüm ise duygusal olmaktan çok bilişle ilgili görünüyor. Çözülmeye çalışılan problem zihinde bilgi ve tecrübelerle bir arada yoğrulup yeni bağlantılar kurulunca yepyeni bir çözüm ortaya çıkıyor. Sanatta yelpazenin duygulara yakın bölümü daha çok kullanılıyor olabilir. Farklı dünyalarda yaşamak çok önemli. Örneğin siz hem müzik hem de bilim dünyasında yaşıyorsunuz, ben de hem bilim hem de sanat dünyasında yaşıyorum. Bilim dünyasının farklı dallarında yaşıyorum, bir yandan biyolojide diğer yandan mühendislikte ve psikopatolojide yaşıyorum. Şimdilerde moleküler biyoloji öğrenmeye çalışıyorum. Birbirinden farklı dallar arasında ne kadar çok ilişki kurarsanız, orijinal bir şeyin ortaya çıkma olasılığını da o kadar artırmış olursunuz. Bu, insanın bulunduğu ortamdan ayrılıp örneğin bilimsel konferanslara gitmesi gibi durumlar için de geçerli.

B.K.: Geçtiğimiz aylarda Carnegie Mellon Üniversitesinden bir grup bilim insanının yaptığı bir çalışma basına "bilim insanları düşünceyi okumayı başardılar" şeklinde yansıdı. Ben haberi tesadüfen akşam haberlerinde izledim. Marcel Just ve ekibinin yürüttüğü çalışmada deneklere farklı aletlerin ve binaların fotoğrafları gösteriliyor, örneğin çekiç, bıçak, tornavida veya ev, ahır, şato fotoğrafları. Deneklerden, bunlardan her birine bakarken sadece onun üzerinde düşünmeleri isteniyor. Onlar düşünürken beyinlerinden gelen sinyaller taranarak veriler bir süper bilgisayara yükleniyor. Sonrasında belli bir "şeyi" düşünen deneklerin beyin görüntüleri karşılaştırılıyor. Aynı şey üzerinde düşündüklerinde farklı deneklerin beyin faaliyetlerinin inanılmaz düzeyde benzerlik gösterdiği bulunuyor. Daha sonra bu çalışmayı duyurmak üzere çekim yapmaya gelen haber ekibinden bir gönüllü istiyorlar. Kameraman asistanı denek olmayı kabul ediyor. Ondan her defasında gösterilen iki fotoğraftan birine konsantre olması isteniyor. Örneğin bıçak ile ahır veya çekiç ile ev veya apartman ile tornavida fotoğrafları gösterilip birini seçmesi ve ona odaklanması isteniyor. Beynin görüntüsü elde edilip bilgisayara yükleniyor. Bilgisayardan, önceki deneklerden elde edilen verileri kullanarak asistanın ne düşündüğünü tahmin etmesi isteniyor. Bilgisayar on kez üst üste her defasında asistanın ne düşündüğünü doğru tahmin ediyor.

Kitabınızı okurken bu çalışma aklıma şöyle bir soru getirdi. Acaba yaratıcılığın da beyin taramasında görülebilecek bir resmi var mı? Eminim kişiler arasında bu açıdan farklılıklar olacaktır ama örneğin tornavidayı düşünen beyinler arasındaki benzerlik gibi yaratıcı süreçte de benzer bir beyin aktivitesi söz konusu mudur acaba?

N.A.: Cevaplaması çok zor bir soru... Yazarlarla yaptığım çalışmada benzer şeyler düşünmüştüm ama o zaman henüz fonksiyonel manyetik rezonans görüntüleme yani fMRI yoktu. Pozitron emisyon tomografisi yani PET'i kullanıyorduk. O aralar laboratuvarımda doktora sonrası çalışması yapan bir Türk öğrencim vardı. Türkiye'de televizyonda popüler bir yarışma programı varmış. Yarışmacılara beş kelime verilip o kelimelerin kullanıldığı kısa bir öykü uydurmaları isteniyormuş hemen. Ben de yazarlar için öyle bir şey düşünmüştüm. Bir kelime verip onunla ilgili bir şeyler anlatmalarını isteyecek ve bu yaratıcılık süreci sırasında beyin aktivitesini belirleyecektim. Ama PET tarama bu iş için uygun değildi, yeterince hassas değildi, ayrıca yazarlar vücutlarına iğne batırılmasından da pek hoşlanmazlar. Bu nedenlerden dolayı bu çalışmayı yapmadık. fMRI geliştirildiğinde bu konuyu tekrar düşündüm ama orada da aletin içinde hiç konuşmadan hareketsiz kalmak gerekiyor. Bir de sizin de biraz önce belirttiğiniz gibi yaratıcılık zorla harekete geçirilemiyor, sonuçta o da olmadı. Doğrusu bahsettiğiniz gibi yaratıcılığın belli bir beyin aktivitesi görüntüsü olup olmayacağını bilemiyorum. Yine de bazı ortaklıklar var: Yaratıcı kişilerin beyinleri birbiriyle ilintili görülmeyen şeyler arasında ilişki kurmak konusunda normal insanlarınkinden çok daha etkin ve bağlantı korteskleri daha aktif. Daha geniş bir dağarcığa sahipler, zihinleri daha esnek ve bu nedenle ilintisiz gibi görünen şeyler arasında bağlantılar kurarak orijinal şeyler ortaya çıkarıyorlar. Yaratıcılığın temelinde de bu yatıyor.

B.K.: Kitabınızda, aslında her birimizin günlük yaşantısında yaratıcı olduğunu ama özellikle olağanüstü düzeyde yaratıcı insanlar üzerine yoğunlaştığınızı yazıyorsunuz.

Öğrencilerindeki yaratıcı potansiyeli ortaya çıkarmaları için eğitimcilere neler yapmalarını önerirsiniz.

N.A.: Bu kitap yayımlandığından beri davet üzerine eğitimcilere konferanslar vermekteyim. Onlara kendi başımdan geçen bir olayı anlatıyorum. Daha önce konuştuğumuz gibi yaratıcı insanlar ne söyleyeceklerini işin başında bilmiyorlar. Okuldaysa öğrencilerden kompozisyon yazmaları istendiğinde önce onlardan taslak istenir, yani giriş, gelişme ve sonuç bölümünde ne yazacakları sorulur. Bu benim için bir azaptı. Ben de önce kompozisyonu yazar bitirir, ondan sonra ana hatları yazardım. Şimdi seminer verdiğim eğitimcilere böyle öğrencileri varsa onlara zorla taslak hazırlatmamalarını öneriyorum. Matematikte de benzer bir durum var. Öğrencinin problemi çözmesinden çok çözüm yoluna bakılıyor, bundan da vazgeçilmesi gerekiyor. Matematik dehaları sonucu hemen biliyorlar ama onu kâğıda dökemiyorlar, bu çok tipik bir durum.

Eğitim sistemi esnek olmalı, eğer farklı çocuklar varsa onlara uygun ortam sağlanmalı.

Çok önemli bir başka konu da eğitim sisteminin nasıl bir yol izleyeceğidir. Öğretilecek konular açısından eğitim ne kadar genel ve ne kadar özelleşmiş olmalı? Hangi sistem yaratıcılığı daha fazla körükler? Çocuklar seçecekleri meslek için ne kadar erken yönlendirilmeliler? Bu açıdan ABD ile Avrupa arasında çok büyük bir fark var. Avrupa'da üniversiteye kadar eğitim genel, üniversiteden itibaren özelleşiyor. Ondan sonra başka bir dala geçemiyorsunuz fakat ABD'de bu böyle değil, örneğin ben önce edebiyatta olmama rağmen sonradan tamamen alan değiştirip tıbba gidebildim. Çocuklar erken yaşta yanlış bir mesleğe yönlendirilir ve oradan ayrılamazlarsa potansiyellerini hiçbir zaman açığa çıkaramazlar. Orada da başarılı olabilirler ama doğru yerde olacakları kadar değil. Özelleşmeye doğru sürekli bir baskı var ama şöyle bir düşünürseniz yaratıcı kişilerin pek çoğunun çok yönlü insanlar olduğunu görürsünüz. Einstein keman çalıyordu, Watson kitap yazıyordu yani çok sayıda başarılı bilim insanının sanata ilgisi var, bunun tersi de geçerli. Belki de yaratıcılığın birbiriyle ilişkisi olmayan kavramların bir arada düşünülüp yoğrulması sonucunda ortaya çıktığını göz önüne alıp çocuklarımızı küçük yaşlarda belirli bir konuya yönlendirmemeliyiz. Onlara birbiriyle alakasız alanları tanımaları için ortam hazırlamalıyız.

B.K.: Umarım eğitimciler bu önerilerinizi dikkate alıp hayata geçirirler. Böyle bir uygulamanın yaratıcılığı teşvik edeceği muhakkak.

Son olarak yaratıcı insanlarda gördüğünüz ortak özellikleri ve yaratıcılık protansiyelini açığa çıkarmak için hepimizin yapabileceği şeyler hakkındaki önerilerinizi sormak istiyorum.

N.A.: Yaratıcı insanlar kendilerini bulundukları ortamdan soyutlayarak sanki başka bir yere gidiyorlar. Güçlü duygular yaşıyorlar ve konsantre oluyorlar. Genelde yaratıcılık akılcı ve mantık kurallarını takip eden bir süreç değil. Yaratıcılığın nasıl ortaya çıktığını bilmiyorlar, kendiliğinden oluyor. Yaratıcı kişilerin beyni, devamlı fikir ve düşüncelerle dolu ve bu insanlar devamlı fikir ve düşünce dünyasında dolaşıyorlar. Ayrıca yaratıcı kişiler çok iyi birer gözlemciler. Çoğu zaman sanki görünmez olup diğer insanlar farkına varmadan dünyayı gözlemliyorlar.

Yaratıcılık potansiyelini açığa çıkarabilmek için kendinize daha önce hakkında hiçbir şey bilmediğiniz yeni bir alan seçin ve o konuda derinlemesine bilgi edinin. Her gün zamanınızın bir kısmını meditasyon yapmaya veya hiçbir şey yapmadan sadece düşünmeye ayırın. Gözlem yapmaya ve gözlemlerinizi kâğıda dökerek tanımlamaya veya anlatmaya çalışın. Hayal gücünüzü kullanın ve hayal edin.

B.K.: Teşekkür ederim, çok güzel bir söyleşi oldu, sizin de benim kadar zevk aldığınızı umarım.

Tanıyamayan Beyin

Bebekliğimizden itibaren yüzleri "tanımaya" başlarız. İlk sosyal ilişkimizi anne ve babamızla kurarız ve bu ilişki tamamen yüzlerimiz arasında gerçekleşir. İlerleyen yaşlarda bir insanın yüzüne bakarak o kişi hakkında çok şey söyleyebilir hâle geliriz. Hiç tanımadığımız bir yüze baktığımızda onun kadın mı yoksa erkek mi olduğunu hemen anlarız. Kişinin yüzüne bakarak onun yaşı hakkında isabetli tahminlerde bulunuruz. Yüzler kişinin sağlık durumu hakkında da ipuçları verir. Yüzümüz duygularımızın dışa açılan penceresidir âdeta. Bir kişinin yüzüne bakar bakmaz onun neşeli mi yoksa kederli mi olduğunu anlarız. Şarkı ve türkü sözlerinin dile getirildiği gibi âşık olurken de her şeyden çok karşıdaki insanın yüzüne sevdalanırız. Bütün bunları sağlayan baktığımız bir yüzü "tanıyabilme" özelliğimizdir.

Şimdi size bir kaç saniye arayla ünlü insanların yüz fotoğraflarını göstersem çoğunluğunuz yüzlerin kime ait olduğunu pek beklemeden söylersiniz. Çoğumuz için yüz özellikleri kişiden kişiye değişir ve bu özellikleri toplu hâlde değerlendirerek baktığımız yüzün kime ait olduğunu belirleriz. Ancak aramızdan bazıları bu yüzleri daha önce yüzlerce defa görmüş olsalar bile resimlerin kime ait olduklarını bir türlü çıkaramazlar. Onlar için yüz, üzerinde iki adet göz bir adet burun ve bir de ağız olan vücut parçasıdır. Aslında bu insanlar karşılarındaki yüzü en ince detayına kadar görürler çünkü görme işlevleri normaldir ama gördükleri yüz özelliklerini bir araya getirip bir bakıma yüz özelliklerinin sentezini yapıp "bu yüz falana aittir" gibi bir sonuç çıkaramazlar. Aklınıza hemen bu kişilerin hafıza sorunu yaşıyor olabilecekleri gelebilir ama sorun hafıza zayıflığından kaynaklanmamaktadır. Çok basit bir deyişle "diğer insanları tanımak" bu insanların başaramadığı bir işlevdir.

7 yaşındaki Brenna zamanının çoğunu yalnız başına ve düşünceler dünyasında geçiriyordu. Kendi başına olmayı kalabalıkta diğer çocuklarla olmaya tercih ediyordu, çünkü istemediği hâlde, her defasında hep birilerini gücendiriyordu. Örneğin bir öğleden sonra annesi onu okuldan almış ikisi birlikte eve yürüyorlardı. Yeşil ışığı beklerken birinin onu çağırdığını duydu ama etrafına baktığında tanıdık kimseyi göremedi. Belki birinin "Brenna" değil de ona yakın "Brenda" ismini bağırmış olduğunu ancak onu "Brenna" gibi anladığını düşündü. Caddeyi geçer geçmez annesi ona yeşil ışığı beklerken caddeden geçen arabadan kendisine seslenen arkadaşına karşı neden o kadar kaba olduğunu sordu ve onu azarladı. Brenna ise sesi işittikten sonra etrafına bakındığında tanıdık kimse göremediğini söyledi ama annesi ona inanmadı.

Yıllar sonra serin bir sonbahar sabahı Brenna evinin girişindeki merdivenlere oturmuş, yüzünü güneşe vermiş, kapalı gözlerle ısınmaya çalışırken dikkati radyodan gelen sese takıldı. Dr. Karl adında bir doktor programda yüzleri tanıyamadığını ve bundan dolayı çektiği zorlukları anlatıyordu. Duydukları Brenna'yı bir anda yıllar öncesine götürdü. Bir türlü anlam veremediği pek çok deneyimi, Dr.Karl'ın anlattıklarının süzgecinden geçerek bir bir anlam kazanmaya başlamıştı. Brenna sekizinci sınıftayken sınıfa yeni gelen sarışın kızın nasıl olup da zamanın sadece yarısında İrlanda aksanı ile diğer yarısında ise düzgün konuştuğunu ve bunu bir türlü çözemediğini hatırladı. Belli ki sınıf arkadaşlarından sarışın olanlarla yeni gelen İrlandalı kızı ayırt edememiş onları aynı kişi zannetmişti. Ayrıca okulda onu çok iyi tanıdıklarını söyleyen ve onunla konuşan çocukları bir türlü tanıyamadığını, karşılaştığı insanlara devamlı olarak kendini tanıttığını ve onların "Biz zaten birbirimizi tanıyoruz bu kendini tanıtma da neyin nesi?" dediklerini hatırladı. Sinemaya gitmek onun için hep büyük bir azap olmuştu çünkü filmdeki aktörlerin hepsi aynı kişi gibiydiyler. Bu nedenle filmde ne olup bittiğini anlamak imkânsızdı. Sonra tanıştığı insanların ısrarla fotoğraflarını çektiğini hatırladı. Onların yüzlerini detayları ile inceleyip daha sonra onları hatırlamaya çalıştığını ve birisiyle buluşması gerektiğinde buluşma öncesi anksiyeteden âdeta hasta olduğunu hatırladı.

İnsanların onu anlamadığını biliyordu ama onlara hak da veriyordu, nasıl vermesindi ki? Akşam beraber oluyor, uzun uzun sohbet ediyorlar hatta birlikte kampa gidiyorlar ama aradan kısa bir süre geçtikten sonra tekrar karşılaştıklarında Brenna'dan sanki daha önce hayatta karşılaşmamışlar gibi muamele görüyorlardı. Brenna'nın bu hâlini görünce kendilerini tanımazlıktan gelmeye çalıştığını düşünüyorlar, bu nedenle de ona karşı hep kırgınlık hissediyorlardı. Brenna "Yüzlerle veya isimlerle aram pek iyi değil", dese de bu pek işe yaramıyordu. Bu sorunlarından dolayı Brenna hep tanıyabildiği birkaç arkadaşıyla beraber olmayı tercih etmeye başlamıştı, onların arasında kendini güvende hissediyordu. Yalnız, bir süre sonra ilginç bazı gerçekleri fark etmeye başladı. Arkadaşlarının çoğu ortalamaya göre biraz garip görünüşlüydüler. Örneğin arkadaşlarından bazıları dövmeliydi, bazıları ya kulaklarında ya dudaklarında ya da dillerinde küçük metal halkalar taşıyor, bir kısmı ise saçlarını çok garip renklere boyuyordu. Ses tonları, konuşma tarzları da ortalamadan oldukça farklıydı. Onların bu sıra dışı özellikleri Brenna için hazine gibiydi çünkü bu özelliklerini kullanarak üçüncü, dördüncü karşılaşmalarında onları tanıyabiliyordu.

Brenna kendine yardım edecek stratejiler de geliştirmişti. Eğer elinde birinin vesikalık fotoğrafı varsa onu iyice inceliyor ve ezberlemeye çalışıyordu, bunu yapınca resmin sahibini daha kolay tanıdığını fark etmişti. Kişileri yüzlerinden değil ama onların diğer özelliklerinden, örneğin saçlarının şekli ve renginden, seslerinden veya yürüyüş tarzlarından tanıdığını anlayınca bu tür özelliklere daha çok dikkat etmeye başlamıştı. Aslında ona kalsaydı, herkesin isimlik taşımasını ve saçlarının şeklini hatta ilk tanıştığında giydikleri tişörtü bile hiç değiştirmemelerini zorunlu kılardı.

Günümüz popüler bilim literatürünün güçlü kalemlerinden Nörolog Dr. Oliver Sacks, *Karısını Şapka Sanan Adam* adlı kitabında Dr. P. adında son derece yetenekli bir müzik profesöründen bahseder. Dr. P. bir türlü öğrencilerini tanıyamaz. Sadece yüzleri tanıyamamakla da kalmaz, ortada yüz olmadığı hâlde bile yüzler görmeye devam eder. Örneğin mobilyaların küreye benzer yuvarlak kısımlarını çocuk zannedip iletişim kurmaya çalışır, geriye yanıt gelmeyince de bozulur. Kendisine şeker hastalığı teşhisi konunca Dr. P. gözlerini kontrol ettirmeye gider. Doktoru onun görüşünde hiçbir sorunu olmadığını ama beyninin görmeyle ilgili kısmında bir problem olduğunu ve bu nedenle bir nöroloğa görünmesi gerektiğini söyler. Dr. Sacks, Dr. P. ile ilk karşılaştığında onu son derece kültürlü, akıcı bir konuşması olan esprili bir insan olarak görür. Bununla beraber, Dr.P.'de bir gariplik olduğunu o da sezer. Onunla konuşurken kendisine gözleri ile değil de âdeta kulakları ile baktığını hisseder. Gözlerini kullandığında ise onun, yüzünün tümüne bakmak yerine değişik kısımlarına veya kulağına odaklandığını fark eder. Rutin nörolojik testler herhangi bir anormallik olmadığını gösterir ama tam o arada garip bir şey olur. Dr. Sacks ayak altı hissini kontrol etmek için Dr. P'nin sol ayakkabısını çıkarmıştır ve test bitince de ona ayakkabısını giyebileceğini söyler. Aradan bir dakika geçmiş olmasına rağmen Dr. P. hâlâ ayakkabısını giymemiştir, bu süre içinde ayağına bakıp durmuştur. Dr. Sacks, "Yardım edebilir miyim?" dediğinde ise "Ne için yardım?" karşılığını verir. Ayakkabısını giyebileceğini hatırlatınca bu sefer Dr. P unutmuş rolü oynar. Sonra da sol ayağını tutarak, "Bu ayakkabı değil mi?" diye sorar. Dr. Sacks, Dr. P'nin ayağı ile ayakkabısını ayırt edemediğinin farkına varır. Ona bu sefer *National Geographic* dergisinden bazı fotoğraflar göstererek ne gördüğünü sorar. Dr. P. resimleri tüm olarak görememektedir, Dr. Sacks'in yüzüne baktığında olduğu gibi gözleri sayfanın bir yerinden diğerine sıçrayıp durur. Resimlerdeki detaylara takılır ama bütünü bir türlü göremez. Kapak resmi olan çöl kumsalları fotoğrafına baktığında ise bir nehir ve kenarında bir ev gördüğünü, evin terasında insanların yemek yiyor olduklarını söyler. Bunları son derece kendine güvenle ve biraz da tebessümle söyler. Sanki her şey normalmiş ve muayene bitmiş gibi şapkasını aramaya başlar ve şapka diye karısının başını tutup çekmeye başlar. Bu garip hareket karşısında Dr. P.'nin karısı sanki bu tür hareketlere alışıkmış gibi davranır. Dr. Sacks ise son derece kültürlü ve çok başarılı bir müzik öğretmeninin nasıl olup da karısının başını şapka sandığını düşünmeye başlar. Daha sonraki randevularında yaptığı testlerde Dr. P.'nin yüzleri tanıyamadığını da öğrenir. İşin acı tarafı, Dr. P.'ye evlerinin bir duvarında asılı aile fotoğraflarını gösterip fotoğraftaki kişilerin kim olduklarını sorduğunda, Dr. P.'nin kendi çocuklarını hatta kendini dahi tanıyamadığı ortaya çıkar. Tanıyabildiği bir iki kişi vardır ama onları da yüzlerinden değil yüzlerinde sadece onlara özgü bir işaret olmasından dolayı tanıyabilmektedir.

İlginçtir, Dr. Sacks'in kendisi de kendini bildi bileli yüzleri tanıyamamaktadır. Onlu yaşlarında yaşadığı okul tecrübeleri Brenna'nınkilerle büyük benzerlik göstermektedir. Arkadaşlarını tanıyamadığı için o da defalarca zor durumda kalmıştır, ilerleyen yaşlarda zorluğun sadece yüzlerle sınırlı kalmadığının da farkına varır. Örneğin, eğer bisikletiyle bir geziye çıkıyorsa hep aynı yolu takip etmesi gerekmektedir çünkü bildiği yoldan çok az sapsa bile hemen kaybolur. Bir keresinde kendini ziyarete gelen yeğeniyle birlikte yürüyüşe çıkarlar. Aniden yağmur bastırınca geri gitmeye karar verirler ama Dr. Sacks bir türlü evini bulamaz. İki saat boyunca evi arar dururlar. Bu arada yağmurdan sırılsıklam olmuşlardır. Sonunda birinin "Dr. Sacks" diye bağırdığını duyar, adını bağıran ev sahibidir; onun, evinin önünden dört defa gelip geçtiğini görmüş ve en sonunda müdahale etmeye karar vermiştir.

Yine bir defasında altı yıllık asistanı Kate ile kitaplarından birinin basımı hakkında ilgili yayıneviyle görüşmek için randevulaşırlar. Dr. Sacks yayınevine ulaşır ve yayınevinin lobisindeki koltuklardan birine oturup beklemeye başlar. Karşı koltukta genç bir bayan oturuyordur, yaklaşık beş dakika kadar oturduktan sonra genç bayan gülümseyerek "Merhaba Oliver, beni tanıman kaç dakikanı alacak diye merak ediyordum doğrusu" der. Sacks, genç bayanın sesini duyunca onun asistanı Kate olduğunun farkına varır.

Brenna, Dr. P. ve Dr. Sacks'in rahatsızlıkları "prosopagnosia" veya "yüz körlüğü" olarak da bilinen nörolojik bir rahatsızlıktır. İsmin kökeni Yunanca iki kelimeden gelmektedir. "Proposon" yüz kelimesini karşılar, "agnosia" ise bilginin olmayışı veya tanıyamama anlamına gelir. Dolayısıyla "propagnosia", "yüz tanıyamama" veya "yüz körlüğü" demektir. Agnosianın en iyi bilinen formu yüz körlüğü olmakla birlikte değişik türleri de vardır, örneğin bazı hastalar eşyaları tanımakta güçlük çekerler. Carnegie Mellon Üniversitesinden Marlene Behrman bir hastasına ağız armonikası gösterip onun ne olduğunu sorduğunda, hasta aleti inceleyip klavye olduğunu söyler. Bu hastaların görüşlerinde herhangi bir problemleri yoktur ama gördükleri eşyanın ne olduğunu bir türlü çıkaramazlar.

Propopagnosia hakkındaki bilgimiz özellikle son yıllarda artmakla beraber, rahatsızlık tıp literatüründe yarım asırdan beri biliniyor

1944 yılı Ekim ayında Rus Kızıl Ordusu Almanya'nın içlerine doğru ilerlemektedir. Doğu Prusya cephesini savunan bir birlik ani bir Rus saldırısına uğramış ve tanklardan gelen bombaların şarapnelleri ortalığı kan gölüne çevirmiştir. Saldırıdan sadece 36 yaşında bir teğmen sağ kurtulmuştur. Birliğe yardıma gelen askerler onu hemen hasta koğuşuna taşırlar, koğuşta görevli cerrah ameliyatla teğmenin başına saplanmış şarapnel parçasını çıkarır. Birkaç hafta sonra dışarıdaki yaraları tamamen iyileşir ama teğmen artık yüzleri göremediğinden, insanları ayırt edemediğinden yakınıyordur. Sorunun ne olduğunu anlamak için teğmeni Stuttgart yakınlarındaki bir psikiyatri hastanesine gönderirler. Joachim Bodamer adında bir doktor onu muayene eder. Bodamer teğmene bir dizi test uygular ve onun durumunu en ince ayrıntısına kadar inceler. Sonunda elde ettiği sonuçları 47 sayfalık bir rapor hâlinde belgeler. Bodamer, yüz körlüğünü sistematik olarak inceleyip belgeleyen ilk kişi olarak tıp literatürüne geçmiştir. Bodamer uyguladığı testlerden birinde teğmenden habersiz, yedi yıldır evli olduğu eşine hemşire forması giydirir ve ondan hastanedeki dört hemşireyle yanyana durmasını isteyerek teğmene hemşirelerde herhangi bir değişiklik fark edip etmediğini sorar. Teğmenin cevabı "hayır" olur, eşini tanımamıştır. Bodamer bu sefer teğmenden aynaya bakmasını ve ne gördüğünü söylemesini ister. Aynaya bakan teğmen, "Acayip, kendime aynada çok baktım ama bu ben değilim artık. Hâlbuki aynada gördüğümün ben olduğumu da biliyorum," şeklinde yanıtlar.

Nörobilimlerle henüz tanışmamış olanlar beyni değişik işlevleri yerine getiren "tek" bir yapı olarak algılarlar. Yüzün tanınması da beynin işlevlerinden biridir. Basitçe bir insanın yüzüne bakar ve onu tanırız. Prosopagnosia vakalarında da açıkça görüldüğü gibi beyin aslında çok sayıda değişik işlevleri yerine getiren, bir bakıma özelleşmiş çok sayıda mekanizmalardan (bunlara nöral ağ adını veriyoruz) oluşur. Beyinde görmeyle, duymayla veya hafızayla ilgili merkezler olduğunu biliyoruz. Bu merkez veya sistemlere biraz daha yakından bakarsak acaba her bir yapı altında daha da özelleşmiş bölümler bulur muyuz? Peki, aynı gibi görülen işlevler hep beynin aynı bölgesi tarafından mı yerine getiriliyor? Örneğin yüzleri tanıyamayan hastaların hepsi eşyaları da mı tanıyamıyor? Sadece Brenna, Dr. P. ve Dr. Sacks örneklerine baktığımızda dahi prosopagnosia vakalarının hepsinin aynı olmadığını, bazılarının diğerlerinden çok daha ağır olduğunu görüyoruz. Dr. P. eşyaları tanıyamadığı hâlde Brenna ve Dr. Sacks'te böyle bir sorun gözlenmiyor. Bu konuda yapılan bilimsel çalışmalar gerçekten eşya tanımakla yüz tanımanın birbirinden ayrı işlevler olduğunu gösteriyor. Dolayısıyla "tanıma" dediğimiz ve dışarıdan tek bir işlev olarak gördüğümüz bir özelliğimiz için dahi beynimizde değişik sistemler var.

Prosopagnosia rahatsızlığında, beyinde hangi kısmın işlevini yerine getiremediği konusundaki en önemli bilgiler, yaşamının büyük bir bölümünü yüz tanımada herhangi bir sorunu olmadan yaşayan fakat bir kaza, felç veya beyin tümörü gibi nedenlerle yüzleri artık tanıyamaz hâle gelen hastalardan elde edildi. Bu çalışmalar sonucu bu hastaların beyinlerinin inferiyor bölgesi dediğimiz kısmında ve *fusiform gyrus* olarak adlandırılan yapıda veya temporal lob ile oksipital lobun birleştiği noktada lezyon olduğu ortaya çıktı. Fusiform gyrus bölgesi bu nedenle "fusiform yüz bölgesi" olarak da anılmaya başladı. Teknolojik gelişmelerle CT ve MRI gibi dışarıdan yapılabilen görüntüleme teknikleriyle propagnosia hastalarının beyinleri incelendiğinde de fusiform yüz bölgesinde lezyonlar olduğu belgelendi. 1990'larda işlevsel MRI adı verilen görüntüleme tekniğinin geliştirilmesiyle daha fazla bilgi elde etmek mümkün oldu. Normal deneklere değişik yüz resimleri, şehir resimleri veya obje resimleri gösterilirken fMRI ile beyin aktiviteleri görüntülendi. Bu çalışmalarda da deneklerin yüze bakmaları hâlinde fusiform yüz bölgesinde aktivitenin arttığı gözlendi. Fusiform yüz bölgesi yüz tanımada kilit rol oynamakla beraber tanıma işlevinde hafıza ve duyguların da önemli olduğunu biliyoruz. Bu nedenle bu işlevleri yerine getiren hipokampüs ve amigdala ile birlikte beynin farklı işlevlerinin üst düzey koordinasyonunu sağlayan frontal korteks de tanımada rol oynuyor.

Yüzle ilgili sinirlerin sadece insanlara özgü olmadığını da biliyoruz. Son yıllarda yapılan çalışmalarda makak maymunlarının beyinlerinde de topografik olarak insandaki fusiform yüz bölgesine karşılık gelen bölgede yüze duyarlı bir yapının varlığı keşfedildi.

Prosopagnosianın, doğuştan olabildiği gibi yaşamın ileri dönemlerinde de felç sonucu veya beyin tümörü sonucunda ortaya çıkabildiğinden bahsetmiştik. Dr. Sacks yıllar sonra görüştüğü kardeşinin de yüz tanımada sorun yaşadığını öğreniyor. Konjenital, yani doğuştan var olan prosopagnosia hastalarının beyninde gözle görülebilir herhangi bir lezyon görülmediğini burada belirtmek gerekiyor. Ancak Londra'daki Cognitive Neuroscience Enstitüsünden Garrido ve arkadaşları 2009'da yayımladıkları bir çalışmada doğuştan prosopagnosia hastalarının beyinlerinde gri maddenin normal insanlarınkiyle karşılaştırıldığında daha az olduğunu bildirdiler. Artan sayıda prosopagnosia hastaları ile yapılan çalışmalar rahatsızlığın genetik temelleri olduğunu da gösteriyor, aynı ailenin birden fazla üyesinde prosopagnosia olduğu birçok vakada gözlendi. Bir çalışmada on kişilik bir ailede anne, baba ve çocuklardan yedisinde prosopagnosia varlığı saptandı, bu sonuçlar şüphesiz genetik etmenlerin yüz tanımada önemli olduğunu gösteriyor. Öte yandan yüz tanımada hangi gen veya genlerin rol oynadığını henüz bulabilmiş değiliz.

Prosopagnosia hastaları yaşadıkları topluma ayak uydurabilmek için değişik stratejiler kullanırlar, üç farklı prosopagnostik hastanın bu konuda söyledikleri şöyle:

> "Tanıdığım kişilerin olduğu veya olabileceği yerlere gitmemeye çalışıyorum çünkü onları tanıyamayabilirim."
>
> "Caddede yürürken düşünceye dalmış taklidi yapıyorum."
>
> "Aralarında tanıdıklarım olabilir düşüncesiyle herkese yakın ve arkadaşça davranıyorum."

Prosopagnostikler insanları yüzlerinden ziyade başka özellikleriyle tanımaya çalışırlar. Örneğin ses onlar için önemli bir tanıma aracıdır, yüzüne bakarak tanıyamadıkları kişileri konuştukları zaman seslerinden tanırlar. Giyeceklere de son derece dikkat ederler, örneğin kişinin şapka, takı veya çanta gibi aksesuarlar taşıyıp taşımadığı prosopagnostikler için önemli ipuçlarıdır. Kişileri yürüyüş tarzlarından ve huylarından tanımaya çalışırlar. Yüz özellikleri, saç veya sakalın varlığı ve şekli, benler, geçmişteki bir kazadan geriye yüzde kalan izler prosopagnosia hastaları için önemli belirleyicilerdir. Normal deneklerle prosopagnostik hastaların göz hareketleri karşılaştırıldığında aralarında farklar bulundu. Normal deneklerin biriyle konuştuklarında genelde gözlere odaklandıkları gözlenirken prosopagnosia hastalarının gözlerinin, yüzde herhangi bir yere odaklanmadıkları, aksine bir şeyler arıyorlarmış izlenimi verecek şekilde değişik noktalara baktıkları gözlendi. Bunun nedeniyse baktıkları yüzü diğerlerinden ayıran ve onu daha sonra tekrar gördüklerinde tanıyabilmelerini sağlayacak delilller arıyor olmaları.

Prosopagnosianın toplumda ne kadar yaygın olduğunu belirlemek üzere ABD ve İngiltere'de yapılan sınırlı sayıdaki çalışma oranın %2'lere kadar çıkabildiğini gösteriyor. Bu da sadece ABD'de 6 ile 8 milyon arasında prosopagnosia hastası olduğunu gösteriyor. Prosopagnosianın Türkiye'de ne kadar yaygın olduğunu bilmiyoruz ve bu rakamın belirlenmesine ihtiyacımız var. Doğuştan prosopagnostik olan çocukları bir an önce belirleyerek onları yaşam boyu bu rahatsızlığın olumsuzluklarından koruyabilir, en azından bunlardan daha az etkilenmelerini sağlayabiliriz. Toplumun prosopagnosia hakkında bilinçlenmesi bu açıdan son derece önemli. Nasıl ki artık disleksik çocuklara özel eğitimler vererek onların eğitimlerine katkıda bulunabiliyor ve yaşamlarını kolaylaştırabiliyorsak, aynı şekilde prosopagnosia hastalarının da yaşamlarını kolaylaştırabiliriz.

Suçlu Beyin

Benjamin Gilmer kendini bildi bileli hep doktor olmak istemişti. Yıllar sonra bu rüyası gerçekleşiyordu. Eğitimini bitirmiş ve tayini North Carolina eyaletine bağlı Cane Creek adlı küçük, sevimli bir kasabaya çıkmıştı. İşe başlamayı dört gözle bekliyordu ancak işiyle ilgili garip iki şey vardı. Kendisinden önce orada çalışan doktor öz babasını öldürdüğü için ömür boyu hapisteydi. İkinci gariplik ise baba katili o doktorla soyadlarının aynı olmasıydı: Önceki Doktor Vince Gilmer, kendisi Doktor Benjamin Gilmer! ABD'de doktorlara soyadlarıyla hitap edilir. İşte bu nedenle iş görüşmesi yaptığı heyette isim benzerliğinden dolayı bazı hastaların muayenehaneye gelmeyeceğini düşünüp kaygılananlar dahi olmuştu. Ama eğitimi süresince çok başarılı olduğu için onu kaçırmak istememiş, işe almışlardı.

Dr. Gilmer'ın garipliğin ilk işaretlerini görmesi için fazla beklemesi gerekmedi. İlk hastalarından birini muayene etmek için odaya girdiğinde kadının panik atak geçirdiğini gördü. Hasta nefes nefeseydi, kalbi göğsünü yırtıp çıkacakmış gibi çarpıyordu. Zavallı kadın kendisini baba katili Dr. Gilmer'in muayene edeceğini düşünmüştü.

Aradan zaman geçtikçe ve hastalar yeni Dr. Gilmer'a alıştıkça ona önceki Dr. Gilmer'dan bahsetmeye başladılar, anlattıkları gazetelerin tanıttığı "soğukkanlı katille" hiç uyuşmuyordu. Vince Gilmer hastaları için her şeyi yapmaya hazır, babacan bir doktordu.

Ruth Tracy, Vince Gilmer'ın hastalarından biriydi. Muayene olmak için Vince Gilmer'a ilk göründüğünde işini daha yeni kaybetmişti. Kocası da çalışmıyordu ve sağlık sigortaları yoktu. Ruth, Vince Gilmer'a herhangi bir tahlil yapmamasını çünkü ödeyecek paraları olmadığını söylemiş ama o duymamış gibi yapıp tahliller için para almamıştı, altı ay boyunca Ruth Tracy'den muayene ücreti de almamıştı. Bu sürede onu ilaç şirketlerinin verdiği örnek ilaçlarla tedavi etmişti.

Benjamin Gilmer pek çok hastadan benzer şeyler duyuyordu. Vince Gilmer son derece sevecen, yardıma hazır, nazik ve hastalarını dikkatle dinleyen bir doktordu. Parası olmayan bir hastasından para yerine mısır aldığı dahi olmuştu. İhtiyacı olanlara maddi yardımda bulunmuştu, yılda bir kasabanın itfaiye erlerini bedava sağlık kontrolünden geçirmişti, doktorların hastaların evlerine gitmesinin tarih olduğu ABD'de o, ücretsiz ev ziyaretleri yapmıştı. Tanıdıklarına sebepsiz yere hediyeler alan biriydi, onları selamlarken sarılmayı ihmal etmezdi, hastaları onun yanından hep kendilerini daha iyi hissederek ayrılırdı.

Jarol Davis de onun hastalarından biriydi ve Vince Gilmer'ın babasını azaptan kurtarmak için öldürdüğünü düşünüyordu. Vince'in babası dünya genelinde 25 milyondan fazla insanı etkilediği tahmin edilen bir hastalığın, Alzheimer hastalığının kurbanıydı.

Alzheimer hastası bir yakını olan herkes gibi Vince için de babasının durumu dayanılmazdı. Peki, bu durum her ne kadar içler acısı olsa da baba katili olmasını gerektirir miydi?

Benjamin, hastalardan Vince Gilmer hakkında yeni şeyler öğrendikçe olan bitende bir gariplik olduğunu düşünmeye başladı. Dava hakkında araştırma yapmaya ve ilgili kişilere ulaşarak onlardan bilgi almaya karar verdi. Bir taraftan da korkuyordu, sonuçta söz konusu olan bir katildi, hapisten çıkıp kendisinin peşinden gelebilirdi. Ne de olsa Benjamin onun yerini almıştı, onunla aynı yaştaydı, onun kurduğu, yıllarca uğraşıp başarıya ulaştırdığı muayenehanesini âdeta sahiplenmişti hatta onun eski evinde oturuyordu. Bazı hastalar Benjamin'in fiziksel olarak da Vince'e benzediğini söylüyordu. Vince Gilmer onu da ortadan kaldırmaya çalışabilirdi.

Benjamin, cinayet öncesinde olup bitenleri anlamaya çalıştı. Cinayetten yaklaşık bir yıl kadar önce Vince Gilmer ciddi bir trafik kazası geçirmişti. Otomobili takla atmış ve otobanın kenarındaki direklerden birine çarpmıştı, direk otomobilin üstüne düşmüş, otomobili neredeyse ikiye bölmüştü. Vince hastanede kendine geldiğinde karısı dâhil kimseyi tanıyamamıştı ve bu durumu yaklaşık 24 saat sürmüştü.

Kazadan bir süre sonra sürpriz bir gelişme daha olmuştu. Vince diğer günlerden farksız bir günde işe gelmiş ve muayenehanede çalışan iş arkadaşlarına eşinden ayrıldığını haber vermişti. Hâlbuki Vince'i tanıyanlar o güne kadar mutlu bir evliliği olduğunu düşünüyordu. Vince hemen o hafta sonu kendine kalacak bir yer ayarlamış ve evden ayrılmıştı bile. Ayrılık içkiye yönelmesine neden olmuştu ama içki problemini işine hiç yansıtmamıştı ve her şey normal düzeni içinde seyretmişti.

2004 yılının 28 Haziran günü de olağan bir şekilde başlamış, önce babasını kaldığı hastaneden alıp muayenehanesine yakın bir bakımevine taşımak üzere işten erken ayrılmıştı. Babası 60 yaşındaydı ve ilaçlarını düzenli olarak alması gerekiyordu ama hastalığı ilerlediği için ilaçlarını almada, üstünü değiştirmede, yemeğini yemede hatta tuvalet ihtiyacını gidermede yardıma ihtiyacı vardı. Yürüyemiyor, yürümek için ya yürütece ya da tekerlekli sandalyeye ihtiyaç duyuyordu. Vince babasının hastanede gördüğü bakımdan memnun kalmamıştı, daha yakınında olursa onu daha sık kontrol edebilirdi.

Bakımevine gitmeden önce babasının en sevdiği göle uğramak üzere yola koyulmuşlardı. Ne olduysa yolda olmuştu. Vince, mahkemede olanları anlatırken babası ile geçmişte yaşadığı bazı kötü olayları hatırladığını, Vietnam gazisi olan ve savaştan sonra garipleşen babasının yolculuk esnasındaki bazı hareketlerinin ve sözlerinin durumu iyice kötüleştirdiğini, kafasındaki bir sesin "onu öldür, onu öldür" deyip durduğunu ve sonunda o sese kulak vererek babasını öldürdüğünü itiraf etmişti.

Babasının cesedi sonraki cuma günü bulunmuş, Vince'in özel olarak kendi ismini işlettiği tişört sayesinde de kimliği hemen belirlenmişti. İlginç olan ise cinayetin gerçekleştiği pazartesi gününden cesedin bulunduğu cuma gününe kadar Vince'in herhangi bir anormal davranış sergilememiş olmasıydı. Salı günü polise babasının gece habersiz olarak evden ayrılıp kaybolduğunu bildirmişti. Hastalarıyla randevularını iptal etmemiş, günlük yaşamına hiçbir şey olmamış gibi devam etmişti. Cuma günü evine gelip birkaç soru soran dedektifse onun cinayetle bir bağlantısı olduğunu hemen anlamış ve tutuklama kararı çıkartmak üzere evden ayrılmıştı.

Bütün bunlar Vince'in soğukkanlı bir katil olduğu görüşünü destekliyordu, fakatBenjamin'in dikkatini çeken bir şey vardı, Vince'in savunması dönüp dolaşıp tek bir kelimede sonlanıyordu: "Serotonin". Vince'e göre kendini kaybetmesinin ve babasını öldürmesinin nedeni beynindeki serotonin yetersizliğiydi. Serotonin beyinde sinir hücreleri arasında uyarı akışı sağlayan ve nörotransmiter adını verdiğimiz moleküllerden biridir.

Daha önce de belirttiğim gibi, beyin, nörotransmiterleri son derece ekonomik kullanır. İşlerini gören nörotransmiterler salgılandıkları sinir hücresine geri döner ve bir sonraki sinir ateşlenmesi ile tekrar sinaps boşluğuna boşalıp yine kendi almaçlarına bağlanarak önceki sinirden gelen uyarıyı bir sonraki sinire aktarırlar. Sıkça kullanılan bir antidepresan grubu, sinapslardaki serotonin miktarını yükseltmeye yöneliktir. Kısaca SSRI (*Selective Serotonin Reuptake Inhibitor* yani seçici serotonin geri alım engelleyici) olarak anılan bu grup ilaçlar, isimlerinden de anlaşılacağı gibi ikinci sinir hücresine iletiyi aktaran serotoninin birinci sinir hücresine geri alımını engelleyerek sinapstaki serotonin miktarının artmasını sağlar. Artan serotonin depresyonda olan hastanın yeniden normale dönmesini, depresyondan kurtulmasını sağlar. Ancak bu ilaçların etkilerinin görülebilmesi için birkaç hafta kullanılmaları ve bu sürede kan dolaşımındaki miktarlarının belli bir düzeye ulaşması gerekir. Aniden değil, doz azaltarak bırakılmaları gerekir. Aniden bırakılmaları durumunda kişide intihar düşünceleri, ajitasyon ve hatta psikozlar ortaya çıkabilir.

Vince yıllardır kaygı bozukluğu yaşıyordu, eşinden ayrılması durumunu daha da kötüleştirince SSRI almaya başlamıştı. Babasını görmeye gitmeden iki gün önce ilaç almayı aniden bırakmıştı. Mahkemede bu nedenle beyninin normal çalışmadığını, aşırı derecede ajite olduğunu hatta kafasının içinde sesler duymaya başladığını söylemişti. İlacı aniden bırakmasının yan etkileri çok kötü olmuştu.

Onu kontrol eden bir psikolog; cinayeti işlerken bilincinin yerinde olduğuna, işlediği suçtan kurtulmak için yalan söyleyip numara yaptığına karar vermişti. Mahkemede jüri üyeleri de aynı sonuca varmış ve Vince'i müebbet hapse mahkûm etmişlerdi. Bütün bunlara rağmen dava kayıtlarını inceleyen Benjamin hâlâ Vince'in gerçeği söylüyor olabileceğini düşünüyordu. Araştırmalarında bazı kişilerde antidepresan kullanımının veya bırakılmasının kişiyi şiddete yönelttiğini okudu. Ayrıca beyinde meydana gelen hasarların bazılarının da kişiyi şiddete yöneltebildiğini öğrendi. Vince'in geçirdiği kazanın yaptıklarında etkisi olabilirdi ve Benjamin sonunda Vince ile irtibat kurmaya karar verdi.

Hapishanede onu ziyaret ettiğinde, Vince'in gerçekte olduğundan en az on, on beş yıl daha yaşlı göründüğünü fark edecekti. Vince'in konuşması da anormaldi, ağzından çıkan kelimenin ne olduğunu anlamak çok zordu. Elleri devamlı hareket ediyordu, birini yumruk yapıp diğerinin içinde ovuşturuyordu. Bunu devamlı yapmaktan avcunun içi kıpkırmızıydı. Kollarını göğsüne yakın tutuyor, durmadan konuşuyor, bazen çocuk gibi bir etrafa bir tavana bakıyor, bir konudan diğerine atlıyordu. Dişlerinin birkaçını da kaybetmişti, sorulduğunda hapishane doktorundan kendisine SSRI verilmesini istediğini, verilmeyince de kendini kaybettiğini, bunun sonucu olarak gardiyanlardan dayak yediğini, dişlerini de o sırada kaybettiğini söyleyecekti. Benjamin, diğer mahkûmlardan ve gardiyanlardan Vince'in durumunun zaman içinde giderek kötüleştiğini de öğrenecekti.

Üç hafta sonra Benjamin tekrar hapishaneye gitti. Bu sefer yanında bir arkadaşı, psikiyatrist Steve Buie de vardı. Bir saatlik kontrolden sonra Buie de Vince'in anlattıklarının inandırıcı olmadığı sonucuna vardı. Bununla birlikte Vince'in hareketlerinin gerisinde SSRI'ı bırakmasının veya beyin hasarının yanı sıra başka anormallikler de olabileceğini düşünmüştü. Vince'te bir anormallik olduğu kesindi, özellikle bu kadar hızlı yıpranıp yaşlanıyor olması normal değildi. Benjamin ve Buie hapishaneden ayrılırken bir ara Buie aniden durup Benjamin'e "Huntington olabilir mi?" diye soruverdi.

Hapishanedeki diğer mahkûmlara yaşamına son vereceğini söylemeye başlayınca Vince'i bir psikiyatri kliniğine gönderdiler. Klinikteki doktor onu muayene ettikten sonra, hapishanede yıllardır isteyip durduğu ama bir türlü alamadığı 80 mg SSRI'i yazıvermişti. İlacın etkileri olağanüstüydü. Bir süre sonra konuşması düzelmeye ve söyledikleri anlaşılmaya başladı. Konuşmasının akıcılığı ve içeriği zihinsel işlevlerinin de iyileştiğine işaret ediyordu. Artık eskisi gibi konudan konuya atlamıyor, sorulara mantıklı cevaplar veriyordu. Hastane doktoru sadece SSRI almasını sağlamakla kalmayıp onda Huntington hastalığına neden olan mutasyonun olup olmadığını belirlemek için Vince'ten kan alıp genetik test için bir laboratuvara göndermişti. Testin sonucu pozitifti: Vince, Huntington hastalığına neden olan mutasyonu taşıyordu. Belli ki Huntington hastalığının ilerlemeye başlaması Vince'in daha önce başlayan ve yaşamakta olduğu psikolojik problemlerin üstüne tuz biber ekmişti. (Huntington hastalarının şiddete başvurmadığını, aksine şiddete maruz kalabildiklerini belirtmek isterim).

Huntington hastalığı beyni etkileyen, zamanla kötüleşen ve henüz tedavisi olmayan genetik bir hastalıktır. Beynin kaslarının kontrol edilmesini etkiler, bilişsel açıdan kötüleşmeye ve psikiyatrik problemlere neden olur. Fiziksel semptomları çoğu zaman orta yaşlarda (35-44) ortaya çıkar. Yavaş gelişen ve genellikle de 10-20 yıllık bir süre içinde kişiyi yürüme, konuşma, düşünme ve mantıktan yoksun bırakan elim bir hastalıktır. Semptomlar bebekken de, genç yaşlarda da ortaya çıkabilir.

Huntington hastalığı adını 1872 yılında kalıtsal olduğunu ilk defa gözlemleyen Dr. George Huntington'dan alıyor. Hastalık Huntingtin geninde meydana gelen mutasyon sonucu ortaya çıkar ve dominant kalıtım yolu izler. Bildiğiniz gibi her birimiz biri annemizden diğeri babamızdan gelen ve çiftler hâlinde bulunan yaklaşık 20-25 bin gen taşıyoruz. Örneğin her birimizde iki Huntingtin geni var. Hastalık dominant kalıtım yolu izlediği için bunlardan birinde mutasyon olması hastalığı ortaya çıkarır. Resesif kalıtım izleyen hastalıklarda ise hastalık ancak her iki gende de mutasyon olması durumunda ortaya çıkar. Genetik bozukluğun dominant veya resesif kalıtım yolu takip etmesi hastalığın o bozukluğu taşıyan kişinin çocuklarında ortaya çıkma ihtimalini de belirler. Yirmili yaşlarda çocuk sahibi olmuş birine orta yaşlarda Huntington hastalığı teşhisi konması, o kişinin çocuklarının %50 olasılıkla Huntington hastalığına yakalanacağı anlamına gelir. Bilinmeyen bir nedenle bu hastalık Batı Avrupa, Asya ve Afrika kökenli insanlarda daha fazla görülüyor. İnsan gen haritasına baktığımızda bazı genlerin yapısında tekrarlayan DNA dizilimine rastlıyoruz. Huntingtin geni (HTT) bu tekrarların görüldüğü genlerden biri. HTT'nin yapısında bu tekrar, sitozin-adenin-guanin (CAG) üçlü nükleotidinden oluşuyor ve proteinin yapı taşları olan amino asitlerden glutamini kodluyor. HTT proteini, bu tekrardan dolayı yan yana dizilmiş onlarca glutamin amino asitinden oluşan bir bölüm içeriyor. Bu üçlünün sayısı ile Huntington hastalığının ortaya çıkması ve şiddeti arasında ters bir bağlantı söz konusu. 26'dan az CAG tekrarı olması normalken, 27-35 arasında olması hastalığın ortaya çıkma riskini artırıyor ama bu kişiler genellikle hastalığa yakalanmıyor. 36-39 CAG tekrarı olması hastalığa yakalanma riskini artırıyor ama bu kişilerin sadece bir kısmı hastalığa yakalanıyor. Tekrarların sayısının 40 ve üzerinde olması hastalığın ortaya çıkmasını bir bakıma garantiliyor. 36-39 tekrar olması durumunda hastalık çok daha ileri yaşlarda ortaya çıkıyor.

Huntington hastalarının %7'sinde 40 ve üzeri CAG tekrarı görülüyor ve hastalığın belirtileri bu kişilerde 20 yaşın altında ortaya çıkıyor, bu da hastalığın çok ağır seyretmesine neden oluyor. Huntingtin genindeki mutasyon beynin değişik bölgelerini etkiliyor ancak farklı bölgeler üzerindeki etkisi de farklı oluyor. Hastalığın en belirgin fiziksel semptomu "Huntington dansı" olarak da tanımlanan, kişinin vücudunun kendi kontrolü dışında, aniden ve rastgele hareket etmesi. Hastalık beynin korteks adını verdiğimiz ve ileri düzey işlevlerden sorumlu bölgesini de etkilediği için zaman içinde kişilikte değişmeler ve bilişsel özelliklerde kötüleşme ortaya çıkar. Beynin vücudun hareketlerini yöneten bölümlerindeki sinir hücreleri hastalıktan etkilendikçe hasta vücudunu kontrol edemez hâle gelir, anormal yüz ifadeleri birbirini takip eder, yemek yemede ve yutkunmada zorluklar ortaya çıkar, konuşma da etkilendiği için hasta iletişimde zorluklar yaşamaya başlar. Hastalığın tedavisi olmadığı için hasta giderek kötüleşir ve hastalığa yenik düşerek yaşamını yitirir.

Benjamin, Vince'e inanmakta haklı çıkmıştı. Onun defalarca tekrarladığı "beynimde bir gariplik var, beynim normal çalışmıyor" ifadesi savcı ve jüri üyeleri tarafından inandırıcı bulunmamıştı ama gerçeği yansıtıyordu. Benjamin bu durumu kullanarak davanın yeniden görüşülmesini sağlamaya çalışacaktı.

Belli ki Vince kendini savunacak durumda değildi. Belki Vince'in suçlu olduğu gerçeği değişmeyecekti ama müebbet hapisten kurtulması mümkün olabilirdi. Ancak hapiste kalmasıyla dışarda olması artık pek fark etmiyordu çünkü Vince, hapiste mahkemenin verdiği, dışarda ise genlerinde yatan ölüm fermanıyla baş başaydı.

Vince'in hikâyesi bir istisna gibi görünse de beyin zedelenmesi içeren adli vakaların sayısı giderek artıyor. Modern sinirbilimlerdeki gelişmeler sayesinde artık beyinde meydana gelen zedelenmeler veya anormallikler ile davranış bozuklukları arasında ilişki kurmaya başladık. Bu konudaki bilgi ve birikimimiz arttıkça beynin biyolojisinin davranışlarımızın oluşmasında ne kadar önemli olduğunu fark etmeye ve bir zamanlar düşündüğümüzün aksine her zaman kendi isteğimiz doğrultusunda davranamadığımızı görmeye başladık. Bu konuda ilginç bir örnek ABD'de bir öğretmeninin başına gelenler oldu.

Evli olan 40 yaşındaki Bay Oft daha önce hayatında hiç yapmadığı bir şeyi yapmaya, gizli gizli internette cinsel içerikli sitelere girmeye başlıyor. Bu yetmiyormuş gibi çevresindeki kadınlarla konuşurken de uygun olmayan cinsel içerikli kelimeler kullanıyor. Tedavi görmek için gittiği klinikte çalışan hemşirelere ve diğer hastalara sarkıntılık etmeye kalkınca yargıç hapsine karar veriyor. Hapse gitmeye hazırlandığı gece ağır baş ağrısı şikâyeti ile hastaneye kaldırılıyor. Yapılan testlerde yazı yazmada ve çizim yapmada güçlük çektiği de ortaya çıkıyor. Virginia Üniversitesi Hastanesinde beyninin MRI çekildiğinde beyninde, sağ orbitofrontal kortekste yumurta büyüklüğünde bir tümör olduğu ortaya çıkıyor. Ameliyatla tümör alındıktan sonra olağanüstü bir şekilde Bay Oft'un davranışları normale dönüyor, cinsel içerikli sitelere de girmiyor. Bay Oft bir yıl kadar sonra tekrar baş ağrılarından şikâyet etmeye başlıyor. Ayrıca anormal davranışları da yeniden su yüzüne çıkıyor. Beyin MRI çekildiğinde ilk ameliyatta tümörün küçük bir parçasının beyinde kaldığı ve aradan geçen sürede yeniden büyümüş olduğu anlaşılıyor. İkinci bir ameliyatla bu tümör de alınınca uygunsuz davranışlar ve cinsel içerikli internet sitesi tutkusu da kendiliğinden kayboluyor.

Beynin frontal ve temporal lob adını verdiğimiz bölgelerinin tahrip olması ve bu bölgelerde beyin dokusu kaybı sonucu ortaya çıkan fronto-temporal bunama hastalığında kişilerin sosyal kuralları çiğnemekten çekinmediği, örneğin sokak ortasında giysilerini çıkardıkları, mağaza sahibinin gözünün içine baka baka mağazadan bir şeyler çaldıkları veya herkesin gözü önünde çöplerden çıkardıkları yiyecekleri yedikleri gözleniyor. Çünkü bu hastalarda, normalde kişilerin toplum içinde uygunsuz davranmasını engelleyen beyin mekanizması bu işlevi idare eden beyin dokularının zedelenmesi sonucu çalışmaz hâle geliyor.

Bazı beyin rahatsızlıkları için kullanılan ilaçların beklenmedik sonuçları da beynin biyokimyasında meydana gelecek küçük değişikliklerin dahi önemli sonuçlar yaratabileceğini ispatlıyor. Mayo Clinic'te Dodd ve arkadaşlarının yaptığı bir çalışmada tedavi amacıyla etken maddesi Pramipexole olan ilacı alan bazı Parkinson hastalarının kumara karşı aşırı derecede ilgi duymaya başladığı, hatta bir kaçının çok kısa sürede on binlerce dolar kaybedecek kadar bağımlı hâle geldiği gözleniyor. Aynı ilacı kullanan bir kısım hastada ise aşırı yemek yeme, aşırı alkol tüketimi veya aşırı cinsel istek gibi bağımlılıklar ortaya çıkıyor. Peki, nasıl oluyor da bir ilaç kişilikte bu kadar değişiklik yaratabiliyor?

Parkinson hastalığının sonucu olarak, beynin *substantia nigra* adı verilen bölgesinde yer alan ve dopamin adını verdiğimiz nörotransmiteri üreten sinir hücreleri ölür. Bu sinirler birtakım motor işlevleri kontrol ettiği için hastalığın erken evrelerinde kişilerin yürümesinde anormallik gözlenir. İlerleyen evrelerde zihinsel sorunlar ve kişilikle ilgili problemler de ortaya çıkar, özellikle depresyon, uyku bozukluğu, duygusal problemler ve nihayet bunama hastalığın en sık görülen semptomları arasındadır. Pramipexole beyinde eksik olan dopaminin yerini doldurmak için kullanılır. Dopamin, motor işlevlerin yanı sıra beynin ödül sisteminin de bir parçası olduğu için kişiyi zevk aldığı etkinliklere, yemeye, içmeye ve karşı cinse yönlendirir. İşin güzel tarafı ilaç nedeniyle ortaya çıkan bu semptomlar, ilacın dozunun azaltılması ile ortadan kalkar.

Yukarıda sadece birkaç örneğini verdiğim bu durumlar insan davranışlarının arka planında beynin biyolojisinin olduğunu gösteriyor. Bu bilimsel gerçeklerin ışığı altında hâlâ "davranışlarımız yüzde yüz kendi kontrolümüz altındadır" diyebilir miyiz? Vince'in davranışı acaba ne oranda kendi isteklerinin, ne oranda SSRI'ı bırakmasının, çekmekte olduğu psikolojik rahatsızlıkların ve bütün bunların üstüne Huntington hastalığının eklenmesinin sonucudur? Frontotemporal bunama geçiren birinin mağaza sahibinin gözü önünde hırsızlık yapmasına bilerek ve isteyerek yaptığı bir hareket olarak mı, yoksa yanlış olduğunu bildiği hâlde bir türlü kendini kontrol edemeyerek kalkıştığı bir hareket olarak mı bakmamız gerekir? Tahmin edeceğiniz gibi konu hukuki açıdan da büyük önem taşıyor.

Hukuk devletlerinde suçlu birinin hüküm giymesi, uzmanlar tarafından akli dengesinin yerinde olup olmadığının belirlenmesine bağlı. Ceza kanunumuz akıl hastalığını cezai sorumluluğu ortadan kaldıran veya önemli derecede azaltan sebeplerden sayıyor ancak söz konusu kişinin akıl hastası olduğunun bir psikiyatristin raporu ile belgelenmiş olması şartı aranıyor. Akıl hastası olduğu belgelenen kişiler ise güvenlik tedbirleri alınmış sağlık kurumlarında koruma ve tedavi altına alınıyor. Bilinen akıl hastalıklarında bu değerlendirme kolaylıkla yapılabiliyor ancak akıl hastalıkları kategorisine girmeyen vakalarda, örneğin Vince Gilmer ve Bay Oft örneklerinde, kişinin akıl hastası mı, yoksa normal mi olduğunu neye göre belirleyeceğiz? Akıl hastalığı da olsa, beyin rahatsızlığı da olsa veya beyinde bir tümör de olsa, sonuçta her ikisinin de hareketlerinin temelinde beyinlerinde olup bitenler yatıyor.

Bir adım daha ileri gidip suçun köklerini genler düzeyine indirgediğimizde durum daha da karmaşıklaşıyor. Bilimsel çalışmalar bazı genleri taşıyan insanların suç işleme olasılıklarının taşımayanlara göre daha yüksek olduğunu gösteriyor. Kişinin suç genleri taşıyıp taşımadığını davanın belgeleri arasında değerlendirmeye kalkışmak şimdilik "daha da neler" dedirtecek bir yaklaşım olarak görülebilir. Ancak geçmişte akıl hastalarına yapılan ve bugünün kriterleri ile işkence sayılan uygulamalar, bu tür bir yaklaşımın hiç de yersiz olmadığını gösteriyor. Orta Çağ'da akıl hastalarının şeytanın etkisinde olduğuna inanılıyor, şeytanın veya kötü ruhların bedenlerini terk etmesi için hastalar işkenceye varan işlemlere maruz bırakılıyordu. Örneğin hastalar sıcak suya sokuluyor veya sülfür dumanına maruz bırakılıyordu. Bu uygulama, kötü ruhların bu işkenceye dayanamayıp hastanın vücudunu terk edeceği mantığıyla yapılıyordu. Huntington hastalarının sonu çok daha kötü olabiliyordu, cinlerin onların vücutlarını tutsak aldığına veya büyücü olduklarına inanıldığı için bu insanlardan öldürülenler olduğu biliniyor.

İkizler ve evlatlıklar üzerinde yapılan çok sayıda çalışma, suç işlemeye yatkınlığın ve antisosyal davranışların kalıtsal olduğunu gösteriyor. Bu çalışmalardan bir kısmı, bazı genleri taşıyanların suç işleme olasılıklarının taşımayanlara kıyasla dört kat, cinayetten yargılanma olasılıklarının sekiz kat, cinsel tacizde bulunma olasılıklarının on üç kat fazla olduğunu ortaya koyuyor. Elbette her şey genlerde bitmiyor. Saç ve göz rengimiz gibi tamamen genlerin kontrolünde olan özelliklerimiz dışındaki çoğu özelliğimiz, genlerimizle yaşadığımız çevre arasındaki etkileşim sonucunda ortaya çıkıyor. Nitekim İngiltere'deki King's Collegedan Avshalom Caspi liderliğindeki bir grup araştırmacı, çocukluklarından beri takip edilen 26 yaşındaki 442 Yeni Zelandalı erkek üzerinde yaptıkları bir araştırmada, MAOA geninin (monoaminoksidaz geni, beyinde norepinefrin, serotonin ve dopamin gibi nörotransmiterlerin miktarlarını belirleyen bir gen) düşük düzeyde çalışan formunu (MAOA-L) taşıyanların -özellikle de çocukluklarında istismara maruz kalmışlarsa- herhangi bir suçtan hüküm giyme olasılıklarının dört kat daha fazla olduğunu buldu. Geni taşıyan ama normal bir çocukluk geçirmiş olanlarda genin herhangi bir etkisi olmamıştı. Bu sonuç da kişinin genetik yatkınlığının yanı sıra yetiştiği çevrenin ve yaşam tecrübelerinin de belirleyici olduğunu gösteriyor. Meyer-Lindenberg ve grubu ise MAOA geninin farklı formlarının etkisinin beyne de yansıdığını buldu. Örneğin MAOA-L genini taşıyanların amigdalaları bir tartışma sırasında çok daha etkindi, öte yandan beynin davranışları kontrol eden prefrontal bölgesindeki işlev azalmıştı. Bu kişilerde beynin fiziki yapısı da genin diğer formunu (MAOA-H) taşıyanlardan farklıydı. Bu çalışmalara göre genlerle başlayan farklılıklar, beynin yapısına ve biyolojisine, oradan da kişinin davranışına ve suç işlemeye yatkınlığına kadar uzanıyordu.

Bu gelişmeler ışığında, nasıl DNA mahkeme salonlarına tamamen girmişse, geleceğin hukuk sisteminde de beyin konusundaki biyolojik verilere daha çok yer verileceğine kesin gözüyle bakılıyor. Genetik, beyin ve davranışlar arasındaki ilişkiler hakkında öğreneceklerimiz şüphesiz suç işlemeye yatkın fertlerin erken yaşlarda belirlenmesine yardımcı olacaktır. Böyle bir bilgi ile donanmış toplumlar, bu çocukların yetişmesine gösterecekleri yakın ilgi ile hem bu insanları topluma kazandıracak hem de suç oranı çok daha düşük yarınları garanti altına alacaklar.

Kaynakça

Aamodt, S. ve Wang, S. (2008), *Welcome to Your Brain : Why You Lose Your Car Keys but Never Forget How to Drive and Other Puzzles of Everyday Life,* (New York: Bloomsbury).

Aamodt, S. ve Wang, S., "Building Self-Control, the American Way", *New York Times,* 17 Şubat 2012.

Akrowitz, H. ve Lilienfeld, S. O., "A Pill to Fix Your Ills?", *Scientific American Mind,* s. 80-81, Şubat/Mart 2007.

Akrowitz, H. ve Lilienfeld, S. O., "Why Do We Panic?", *Scientific American Mind,* s. 78-79, Ekim/Kasım 2008.

Andreasen, N.C. (2005), *The Creating Brain : The Neuroscience of Genius,* (New York: Dana Press).

Blumberg, M.S. (2010), "Beyond Dreams: Do Sleep-related Movements Contribute to Brain Development?" *Frontiers in Neurology,* 1: 140.

Cahill, L. (2009), "His Brain, Her Brain", *Scientific American Mind,* 20, s. 40-47.

Canli, T. ve Lesch, K.P. (2007), "Long Story Short: The Serotonin Transporter in Emotion Regulation and Social Cognition", *Nature Neuroscience,* 10, s. 1103-1109.

Carey, B, "H.M., an Unforgettable Amnesiac, Dies at 82", *New York Times,* 4 Aralık 2008.

Casey, B.J., Somerville, L.H., Gotlib, I.H., Ayduk, O., Franklin, N.T., Askren, M.K., Jonides, J., Berman, M.G., Wilson, N.L., Teslovich, T., vd. (2011), "Behavioral and Neural Correlates of Delay of Gratification 40 Years Later", *Proceedings of the National Academy of Sciences of the United States of America,* 108, s. 14998-15003.

Caspi, A., McClay, J., Moffitt, T. E., Mill, J., Martin, J., Craig, I. W., Taylor, A., Poulton, R., "Role of Genotype in the Cycle of Violence in Maltreated Children", *Science,* Cilt 297, s. 851-854, 2002.

Chan, B.L., Witt, R., Charrow, A.P., Magee, A., Howard, R., Pasquina, P.F., Heilman, K.M. ve Tsao, J.W. (2007), "Mirror Therapy for Phantom Limb Pain", *The New England Journal of Medicine,* 357, s. 2206-2207.

Concetta, M.T. (2002), "How Music Can Reach the Silenced Brain", *Cerebrum,* (DANA Foundation), s. 22-33.

Connellan, J., Baron-Cohen, S., Wheelwright, S., Batki, A. ve Ahluwalia, J. (2000), "Sex Differences in Human Neonatal Social Perception", *Infant Behavior and Development,* 23, s. 113-118.

Damasio, A.R. (1999), *The Feeling of What Happens : Body and Emotion in the Making of Consciousness,* (New York: Harcourt Brace).

De Neve, J.-E. (2011), "Functional Polymorphism (5-HTTLPR) in the Serotonin Transporter Gene is Associated with Subjective Well-being: Evidence from a US Nationally Representative Sample", *Journal of Human Genetics,* 56, s. 456-459.

Dehaene, S. (2009), *Reading in the Brain. The Science and Evolution of a Human Invention,* (New York, NY: Viking, Penguin Group).

Dehaene, S., Pegado, F., Braga, L.W., Ventura, P., Nunes Filho, G., Jobert, A., Dehaene-Lambertz, G., Kolinsky, R., Morais, J. ve Cohen, L. (2010), "How Learning to Read Changes the Cortical Networks for Vision and Language", *Science,* 330, s. 1359-1364.

Dodd, M., Klos, K. J., Bower, J. H., Geda, Y. E., Josephs, K. A., Ahlskog, J. (2005), "Pathological Gambling Caused by Drugs Used to Treat Parkinson Disease", *Archives of Neurology,* Cilt 62, s.1377-1381.

Dr. Gilmer ve Mr. Hyde (2013), *This American Life,* http://www.thisamericanlife.org/radio-archives/episode/492/dr-gilmer-and-mr-hyde

"Dünedin Çalışması". <http://dunedinstudy.otago.ac.nz/>.

Eagleman, D., Incognito (2012), *Secret Lives of the Brain,* (Vintage Books, Random House).

Engel, H. (2007), *The Man Who Forgot How to Read,* (Ontario, Canada: Harper Collins Publishers Ltd.).

Feinstein, J.S., Adolphs, R., Damasio, A. ve Tranel, D. (2011), "The human amygdala and the induction and experience of fear", *Current Biology,* 21, s. 34-38.

Fisher, H.E. (2004). *Why We Love : The Nature and Chemistry of Romantic Love* (New York: H. Holt).

Gilbert, D.T. (2006), *Stumbling on Happiness,* (New York: A.A. Knopf).

Greely, H., Sahakian, B., Harris, J., Kessler, R.C., Gazzaniga, M., Campbell, P. veFarah, M.J. (2008), "Towards Responsible Use of Cognitive-enhancing Drugs by the Healthy", *Nature,* 456, s. 702-705.

Gruter, T., Gruter, M. ve Carbon, C.C. (2008), "Neural and Genetic Foundations of Face Recognition and Prosopagnosia", *Journal of Neuropsychology,* 2, s. 79-97.

Halpern, D.F., Benbow, C.P., Geary, D.C., Gur, R.C., Hyde, J.S. ve Gernsbacher, M.A. (2007), "The Science of Sex Differences in Science and Mathematics", *Psychological Science in the Public Interest,* 8, 1-51.

Hathaway, W., "Henry M: The Day One Man's Memory Died", *Hartford Courant Gazetesi,* 22 Aralık 2002.

Horstman, J., ve Scientific American inc. (2012), *The Scientific American Book of Love, Sex, and the Brain : The Neuroscience of How, When, Why, and Who We Love,* (San Francisco: Jossey-Bass).

Hotz, R.L. (2005), "Deep, Dark Secrets of His and Her Brains", *Los Angeles Times.*

"Kaliforniya Üniversitesi Beyin Gözlemleme Merkezi". <http://thebrainobservatory.ucsd.edu/>.

Karaçay, B. (2009), "Beynin Gizemleri", *TÜBİTAK Bilim ve Teknik Dergisi,* 504, s. 58-63.

Karaçay, B. (2009), "Yaratıcı Beyin", *TÜBİTAK Bilim ve Teknik Dergisi,* 497, s. 38-43.

Karaçay, B. (2010), "Beyin ve Kişilik", *TÜBİTAK Bilim ve Teknik Dergisi,* 507, s. 70-77.

Karaçay, B. (2010), "Müzik ve Beyin", *TÜBİTAK Bilim ve Teknik Dergisi,* 512, s. 32-39.

Karaçay, B. (2010), "Beyin, Hafıza ve Hafızanın Genleri", *TÜBİTAK Bilim ve Teknik Dergisi,* 513, s. 46-51.

Karaçay, B. (2010), "Tanıyamayan Beyin", *TÜBİTAK Bilim ve Teknik Dergisi,* 516, s. 64-69.

Karaçay, B. (2010), "Uyku", *TÜBİTAK Bilim ve Teknik Dergisi,* 517, s. 60-67.

Karaçay, B. (2011), "Korkusuz Beyin", *TÜBİTAK Bilim ve Teknik Dergisi,* 522, s. 28-33.

Karaçay, B. (2011), "Okuyan Beyin", *TÜBİTAK Bilim ve Teknik Dergisi,* 526, s. 20-27.

Karaçay, B. (2012), "Aşık Beyin", *TÜBİTAK Bilim ve Teknik Dergisi,* 534, s. 18-23.

Karaçay, B. (2012), "Endişeli Beyin", *TÜBİTAK Bilim ve Teknik Dergisi,* 540, s. 40-44.

Karaçay, B. (2012), "Modern Bilimin Işığında Mutluluğun Sırları", *TÜBİTAK Bilim ve Teknik Dergisi,* 532, s. 16-25.

Karaçay, B. (2013), "Hayatta Başarının Sırrı", *TÜBİTAK Bilim ve Teknik Dergisi,* 545, s. 20-25.

Karaçay, B. (2013), "Suçlu Beyin", *TÜBİTAK Bilim ve Teknik Dergisi,* 550, s. 32-37.

Kross, E., Berman, M.G., Mischel, W., Smith, E.E., ve Wager, T.D. (2011), "Social Rejection Shares Somatosensory Representations with Physical Pain", *Proceedings of the National Academy of Sciences of the United States of America,* 108, s. 6270-6275.

LeDoux, J.E. (1996), *The Emotional Brain : The Mysterious Underpinnings of Emotional Life,* (New York: Simon & Schuster).

Lesch, K.P., Bengel, D., Heils, A., Sabol, S.Z., Greenberg, B.D., Petri, S., Benjamin, J., Muller, C.R., Hamer, D.H., ve Murphy, D.L. (1996), "Association of Anxiety-related Traits with a Polymorphism in the Serotonin Transporter Gene Regulatory Region", *Science,* 274, s. 1527-1531.

Levitin, D.J. (2006), *This is Your Brain on Music : The Science of a Human Obsession,* (New York, N.Y.: Dutton).

Lin, L., Faraco, J., Li, R., Kadotani, H., Rogers, W., Lin, X., Qiu, X., de Jong, P.J., Nishino, S. ve Mignot, E. (1999), "The Sleep Disorder Canine Narcolepsy is Caused by a Mutation in the Hypocretin (orexin) Receptor 2 Gene", *Cell,* 98, s. 365-376.

Lyubomirsky, S. (2008), *The How of Happiness : A Scientific Approach to Getting the Life You Want,* (New York: Penguin Press).

Mannes, E. (2009), *The Music Instinct, Science and Song,* Mannes Production. (Film).

Mischel, W., Ebbesen, E.B. ve Zeiss, A.R. (1972), "Cognitive and Attentional Mechanisms in Delay of Gratification", *Journal of Personality and Social Psychology,* 21, s. 204-218.

Moffitt, T.E., Arseneault, L., Belsky, D., Dickson, N., Hancox, R.J., Harrington, H., Houts, R., Poulton, R., Roberts, B.W., Ross, S., vd. (2011), "A Gradient of Childhood Self-control Predicts Health, Wealth, and Public Safety", *Proceedings of the National Academy of Sciences of the United States of America,* 108, s. 2693-2698.

Newquist, H.P., Kasnot, K. ve Brace, E. (2004), *The Great Brain Book : An Inside Look at the Inside of Your Head,* (New York: Scholastic Reference).

Nishizawa, S., Benkelfat, C., Young, S.N., Leyton, M., Mzengeza, S., de Montigny, C., Blier, P. ve Diksic, M. (1997), "Differences between Males and Females in Rates of Serotonin Synthesis in Human Brain", *Proceedings of the National Academy of Sciences,* 94, s. 5308-5313.

Ramachandran, V.S., Rogers-Ramachandran, D. ve Cobb, S. (1995), "Touching the phantom limb", *Nature,* 377, s. 489-490.

Rechtschaffen, A., Gilliland, M.A., Bergmann, B.M. ve Winter, J.B. (1983), "Physiological Correlates of Prolonged Sleep Deprivation in Rats", *Science,* 221, s. 182-184.

Sacks, O. (2007), *Musicophilia; Tales of Music and the Brain,* (Random House of Canada Limited).

Sacks, O., "Face blind", *New Yorker,* 30 Ağustos 2010.

Sacks, O.W. (1998), *The Man Who Mistook his Wife for a Hat and Other Clinical Tales,* (New York, NY: Simon & Schuster).

Saphire-Bernstein, S., Way, B.M., Kim, H.S., Sherman, D.K. ve Taylor, S.E. (2011), "Oxytocin Receptor Gene (OXTR) is Related to Psychological Resources", *Proceedings of the National Academy of Sciences,* 108, s. 15118-15122.

Schlam, T.R., Wilson, N.L., Shoda, Y., Mischel, W. ve Ayduk, O. (2013), "Preschoolers' Delay of Gratification Predicts Their Body Mass 30 Years Later", *The Journal of Pediatrics,* 162, s. 90-93.

"Stanford şeker deneyi". <http://en.wikipedia.org/wiki/Stanford_marshmallow_experiment>.

Sweatt, D.J. (2003), *Mechanisms of Memory,* (Academic Press).

The Secret Life of the Brain. <http://www.pbs.org/wnet/brain/history/2000bc.html?position=193?button=3>.

Tuğcu, B. (2010), "Anadolu'da, Canlıda Yapılan İlk Trepanasyon Örneği: Aşıklı Höyük İnsanı", *Türk Nörosirurji Dergisi,* Cilt: 20, Sayı 2, s. 70-75.

Vandevelder, P., "Jokers Wild", *New York Times,* 12 Temmuz 2012.

Volkow, N.D., Fowler, J.S., Logan, J., Alexoff, D., Zhu, W., Telang, F., Wang, G.J., Jayne, M., Hooker, J.M., Wong, C., vd. (2009), "Effects of Modafinil on Dopamine and Dopamine Transporters in the Male Human Brain: Clinical Implications", *Journal of American Medical Association,* 301, s. 1148-1154.

Walker, M., *Secrets of the Sleeping Brain.* <http://fora.tv/2009/08/11/Matt_Walker_Secrets_of_the_Sleeping_Brain>.

Yang, T.T., Gallen, C., Schwartz, B., Bloom, F.E., Ramachandran, V.S. ve Cobb, S. (1994), "Sensory Maps in the Human Brain", *Nature,* 368, 592-593.

"Your Brain in Love and Lust". <http://www.scientificamerican.com/video.cfm?id=your-brain-in-love-2012-02-14>.